KB120326

팩트체크 저널리즘

나남
nanam

나남신서 1975

# 팩트체크 저널리즘

2019년 3월 5일 발행
2019년 3월 5일 1쇄

지은이      김양순 · 박아란 · 오대영
            오세욱 · 정은령 · 정재철
발행자      趙相浩
발행처      (주) 나남
주소        10881 경기도 파주시 회동길 193
전화        (031) 955-4601(代)
FAX        (031) 955-4555
등록        제 1-71호(1979.5.12)
홈페이지    http://www.nanam.net
전자우편    post@nanam.net

ISBN  978-89-300-8975-3
ISBN  978-89-300-8655-4(세트)

책값은 뒤표지에 있습니다.

이 책은 2019년 서울대학교 언론정보연구소 연구기금의 지원을 받아 출간되었습니다.

나남신서 1975

# 팩트체크 저널리즘

김양순 · 박아란 · 오대영
오세욱 · 정은령 · 정재철 지음

# 왜 지금 팩트체크인가?

정은령 | 서울대 언론정보연구소 SNU 팩트체크 센터장

## 1. 한국 언론과 사실성 구현의 실패

'팩트를 챙기라'는 말은 언론인이 되는 첫 순간부터 매일 반복적으로 듣게 되는 얘기다. 사실을 제대로 확인하지 못했을 때, 언론인은 직분을 제대로 수행하지 못했다는 낭패감에 사로잡히고, 독자나 시청자들로부터 도덕적 비난을 면치 못하며, 그로 인해 피해를 입은 취재대상이 제기하는 소송 등에 시달리게 된다. 한마디로 사실검증은 언론인을 언론인일 수 있게 하는 취재윤리의 핵심이자, 이를 제대로 수행하지 못했을 경우에는 직분을 유지하기 어렵게 하는 부메랑이다.

취재보도의 원칙 중에서 '사실성이 가장 중요하다'는 것은 한국 언론인들 사이에 부동의 가치로 여겨져 왔다(남재일·이강형, 2017; 한국언론진흥재단, 2017). 그러나 정확성을 제대로 실행하고 있는가에 대한 한국 언론인들의 자기평가 수준은 낮다. 중립성 등 여타의 취재보도 주요

원칙와 비교했을 때 언론인들이 생각하는 중요도와 실행도의 차이가 가장 큰 항목이 정확성이다(남재일·이강형, 2017). 즉, 사실성이 가장 중요하다고 생각하면서도 사실성을 잘 구현하지 못하고 있다고 언론인들 스스로 통감하고 있는 것이다.

왜 이런 일이 벌어지고 있을까. 24시간 체제가 되어 버린 뉴스 생산을 뉴스룸의 적은 노동력으로 감당해 내기는 역부족이다. 하루만 지나도 뉴스 가치가 없어지고 마는 발생기사라도 쓰지 않으면 '물을 먹게 되고', 시간에 쫓기다 보면 사실확인을 할 여유는 없어진다. 이른바 '받아쓰기 저널리즘'이 고착화된 구조적인 이유다. 언론의 검증기능이 약화된 결과는 참담하다. 세월호가 침몰했을 때는 해경의 발표만을 믿고 "전원구조"라는 오보를 생산해 '기레기'라는 오명을 얻었고, 박근혜 정부의 국정농단 사태가 드러났을 때는 언론이 그간 제대로 된 견제와 감시를 해 왔었는가라는 반성이 기자 사회 내부에서 터져 나왔다(최승영, 2016).

언론이 사실을 검증하기에 환경은 점점 더 녹록하지 않아지고 있다. 유튜브, 페이스북, 트위터, 메신저 등 누구나 쉽게 이용할 수 있는 소셜미디어는 정보의 다원적인 생산과 수평적인 소통이라는 긍정성을 갖지만, 어떠한 검증의 리트머스도 거치지 않은 허위 정보의 채널이 되기도 한다. 정치인부터 온라인 공간에서 주목받고 싶어 하는 개인까지 여러 층위의 발화자들은 게이트키핑이나 검증을 거치지 않은 주장을 '사실'이라고 못 박아 퍼뜨린다. 정치공간에서의 경쟁자뿐만이 아니라 성소수자, 난민, 외국인 노동자, 세월호 유족, 5·18 민주화운동 유공자 등 사회적 약자와 국가폭력의 피해자들이 허위 정보 유포자들의 공격목표가 된다. 이러한 상황에서 화자의 말을 옮겨 적으며 상황으로부터 거리두기를 하려는 객관주의의 태도는 진실을 제대로 전해야 한다는 언론의 적극적인 책임을 방기하는 것에 다름 아니라는 회의가 꾸준히 이어져 왔다. 뉴스의 이용자들은 정보 홍수 속에서 '누가 무슨 발언을 했다', '무슨 일이 벌어졌다'는 것을 전달하는 데서 그치는 보도가 아니라, 그러한 발언과 행위의 맥락이 무엇인지, 과연 진실이라고 믿어도 좋을 만한 충분한 근거가 있는지, 언론이 더 충실하게 신뢰할 수 있는 설명을 해 주기를 요구하고 있는 것이다.

1980년대 이후 미국 언론계에서 저널리즘 혁신운동의 성격으로 시작된 팩트체크 저널리즘도 이처럼 '지금의 보도로 충분한가'라는 문제의식에서 출발했다. 팩트체크 저널리즘을 주창한 언론인들은 특히 객관주의 저널리즘의 정치보도에 대한 한계에 대해 "오랜 시간 동안 유권자는 '그는 이렇게 말했고, 그녀는 이렇게 말했고'(He said, she said) 라는 보도 외에는 (정치적 판단의 근거로 삼을 만한) 아무런 결론이 없는 상태에 내던져져 왔다"(Spivak, 2010) 며 취재보도의 관행을 비판적으로 성찰했다. 이러한 문제의식에 기반을 두고, 화자가 한 말 그 자체를 정확하게 옮기는 것이 사실성의 구현이 아니라 취재보도를 하는 언론인이 진실의 판정자(arbiter of truth) 로서 화자가 한 말의 사실성 여부를 가려야 한다는 것이 현재 진행되고 있는 팩트체킹1)의 핵심이다(Graves & Glaisyer, 2012).

---

1) 이 책에서는 팩트체크 저널리즘, 팩트체크, 팩트체킹을 언론사들이 수행하는 현대적인 의미의 팩트체크 행위를 지칭하는 단어로 교차적으로 사용한다.

## 2. 한국의 팩트체크 저널리즘은 어떻게 진행되고 있나

한국에서 팩트체크의 실행은 2012년 〈오마이뉴스〉가 대통령선거 공약을 검증하는 코너인 '오마이팩트'를 신설하면서 선보였다. 이후 2014년 9월 JTBC의 메인뉴스인 JTBC 〈뉴스룸〉이 팩트체크를 고정 코너로 신설해 주 4회 방송하면서 팩트체크의 대중화가 이루어지기 시작했다.

2017년은 한국 언론사에서 "팩트체크 저널리즘의 원년"(김선호·김위근, 2017)으로 평가된다. 대통령선거 기간 각 언론사가 보도한 팩트체크 결과를 별도 섹션으로 운영한 포털사이트 네이버의 팩트체크 코너에는 28개 언론사의 대선 관련 후보자 발언 공약 검증 내용이 게시됐다. 2017년 대선기간, 투표자 중 팩트체크 기사를 접해 본 적이 있다는 응답자는 53%(N = 1,092)였다.

각 언론사의 팩트체크가 활발해진 것과 더불어 팩트체크를 위한 언론사 간의 느슨한 협업구조가 마련된 것도 이 시기의 특징이다. 2017년 3월 29일 언론사와 대학 간의 협업 모델로 출범한 'SNU 팩트체크'2)는 서울대 언론정보연구소가 마련한 팩트체크 전용 플랫폼에 언론사들이 검증사실을 올리는 구조다. 최초 참여한 16개 언론사는 대선기간 동안 토론, 연설, 인터뷰, 보도자료 등으로 발화된 후보자 발언이나 후보자들의 행적과 관련해 소셜미디어 등을 통해 대중에게 회자되는 사실적 진술의 사실성 여부 등을 검증해 그 결과를 게시했고, 그 결과는 다시 포털사이트 네이버에 연동돼 대중적으로 알려졌다. 3)

---

2) http://factcheck.snu.ac.kr

2017년 대선기간 동안 팩트체크가 봇물처럼 터져 나온 이유는 허위 정보가 선거과정에서 적잖은 영향을 미쳤기 때문이기도 했다. 조기 대선이 확실시되면서, 후보자를 둘러싼 허위 정보가 경쟁적으로 생산되기 시작했던 것이다. 보수 진영의 유력한 대선 후보였던 반기문 전 UN 사무총장은 '구테헤스 UN 사무총장의 반기문 전 총장 대선도전 비난', '퇴주잔 음복 사건' 등4) 잇따른 허위 정보로 타격을 입자 출마를 포기하면서 정부에 가짜 뉴스 규제와 관련 입법을 요청했다. 선거관리위원회가 대선이 끝난 뒤 발표한 바에 따르면 19대 대선 중 사이버상 위법게시물 삭제요청은 총 40,222건이었고, 이 중 가짜 뉴스와 관련 있는 허위사실 공표는 25,178건, 후보자 비방은 841건으로 총 26,019건이었다. 18대 대선 당시 허위 사실 공표와 후보자 비방의 총 건수가 4,043건이었던 데 비하면 6배 이상이 증가한 수치였다.

선거를 둘러싸고 각 후보 진영 간에 가짜 뉴스 공방이 가열되는 사이에 국회는 입법안을 내놓기 시작했다. 2017년 3월 장제원 의원 등은 가짜 뉴스를 규제하기 위한 공직선거법 개정안을 발의했다. 이후 정보통신망법, 공직선거법, 언론중재법 개정안이 발의되었고, 가짜 뉴스 유통방지법과 같은 신규 법률안이 발의되기도 했다. 2018년 11월 말 현재

---

3) 'SNU 팩트체크'에는 2019년 2월 현재 27개 언론사가 제휴하고 있다. 검증대상도 정치영역을 넘어서, 경제, 국제, 사회, 문화, IT, 과학, 온라인 공간에 떠도는 허위 정보 등으로 다변화됐다.

4) 구테헤스 UN 사무총장이 반기문 전 사무총장의 대권도전이 UN 정신 위반이라고 비판했다는 발언이 해외 교민신문을 통해 국내 언론으로 유입됐지만, 사실 무근인 것으로 밝혀졌다. 반기문 전 사무총장이 선영에 성묘를 하며 퇴주잔을 음복했다는 영상이 소셜미디어를 중심으로 떠돌았으나, 이는 실제 영상을 짜깁기한 것으로 밝혀졌다.

'의안정보시스템'에서 '가짜 뉴스'를 키워드로 검색하면 총 22개의 관련 법안이 검색된다.

2018년 하반기 가짜 뉴스를 둘러싼 한국 사회의 여론지형은 새로운 국면으로 접어들었다. 2018년 10월 2일 이낙연 국무총리는 국무회의 석상에서 가짜 뉴스를 "사회통합을 흔들고 국론을 분열시키는 민주주의의 교란범"으로 규정하고, "검찰과 경찰은 유관기관 공동대응체계를 구축해서 가짜 뉴스를 신속히 수사하고, 불법은 엄정히 처벌할 것"을 지시했다. 이 총리의 국무회의 발언은 정부가 잇따른 가짜 뉴스로 홍역을 치른 데 따른 것이었다. 이낙연 총리가 쩐 다이 꽝 베트남 주석의 장례식에 참석해 방명록에 남긴 메시지가 소셜미디어를 중심으로 유통되면서, 이 총리가 메시지에서 언급한 주석이 북한 김정은이라는 허위 정보가 광범위하게 유포됐다. 문재인 대통령 치매설이 유튜브를 통해 확산되기도 했다.

이 총리의 국무회의 발언 이후 10월 16일 박상기 법무부 장관은 "검찰은 거짓임이 명백하고 사안이 중대하다고 판단될 때는 고소, 고발이 없더라도 적극 수사하라"고 지시했고, 유튜브 방송 등 언론기관이 아닌데도 언론보도를 가장해 허위 정보를 유포하는 행위를 처벌하는 방안을 마련하겠다고 밝혔다. 법무부의 발표 이후 민주사회를 위한 변호사 모임은 즉각 "법무부의 가짜 뉴스 대책은 표현의 자유 후퇴를 낳을 수 있다"고 우려하는 논평을 냈고, 학계는 "가짜 뉴스가 언론영역으로서 기사 품질의 문제라면 언론인끼리 사실검증보도를 하고 비판이나 논평으로 해결하면 된다. 만약 카카오톡 대화방이나 유튜브 등에서 자발적으로 의견을 개진하는 시민사회의 영역이라면 이것은 더욱 정부가 개입할 일이 아니다"라고 비판에 나섰다(강아영, 2018).

정부의 '가짜 뉴스 엄단' 움직임이 표현의 자유 등 헌법적 가치를 침해한다는 논란이 커져가는 가운데, 허위 정보를 법으로 제재할 것이 아니라 민간의 영역에서 걸러내는 한 방법으로서 팩트체크에 대한 관심이 높아졌다. EU 집행위원회가 허위 정보를 억지하기 위해 EU차원의 팩트체크 네트워크의 창설을 지원하기로 한 예에서도 볼 수 있듯이 팩트체크는 시민들이 허위 정보를 판별하여 올바르게 판단하는 데 도움을 주는 직접적인 대안이다(정은령·고예나, 2018).

정치적 양극화가 심하고, 누구나 쉽게 온라인 콘텐츠를 제작할 수 있으며, 콘텐츠가 인기를 얻으면 광고수익으로 연결되는 온라인 시장의 특성 때문에 다양한 주제로 허위 정보 콘텐츠를 만드는 사람들은 앞으로도 늘어날 수밖에 없다. 시민들이 사실에 대한 판단력을 기르기 위해서는 주어진 정보의 사실 여부를 가리는 데 참조(reference) 기능을 할 수 있는 다양한 정보원이 제공되어야 한다. 이러한 점에서 사실을 검증하는 팩트체커로서의 언론인들의 역할이 중요해지고 있는 것이다. 그러나 향후 팩트체크는 언론계를 넘어서 확장될 수밖에 없다. 사실성을 확인해야 할 영역이 다원적이기 때문이다. 일례로 소비자 분쟁 등의 경우는 해당 분야의 시민단체 활동가가, 과학을 둘러싼 쟁점은 과학자들이 기자들보다 더 역량 있는 팩트체커로서 활동할 수도 있다. 궁극적으로는 모든 시민들이 팩트체크를 할 수 있는 능력을 갖추는 것이 필요하다.

그러나 팩트체크로서 갖춰야 할 규범이 공유되지 않는다면 각 분야의 팩트체크의 수준은 균질적이지 않게 되며, 팩트체크가 이익집단별로 당파적, 경제적 이익을 위한 도구로 쓰일 수도 있다. 따라서 팩트체크의 주체가 확대되기 전에 공유할 수 있는 팩트체크의 규범 확립이 절실하다. 사실검증을 직분으로 삼고 있는 언론인들이 팩트체크의 타당한 규범을 확립하는 것이 중요한 이유는 여기에 있다.


## 3. 이 책에는 무엇이 담겼나

모든 언론 활동의 일상적인 수칙인 사실검증(*fact check*)을 수식어로 내세운 저널리즘 양식이 출현한 것은 뉴스의 독자나 시청자들은 물론 언론인들이나 연구자들에게도 여전히 낯선 현상이다. 저자들은 이 책에서 맹아단계인 한국의 팩트체크 저널리즘 현실을 고려해, 팩트체크를 현장에서 수행할 수 있는 구체적인 방법과 우리보다 앞서 팩트체크 저널리즘을 실행해 온 타국의 경험, 연구 현황 등을 동시에 서술하고자 했다. 팩트체크 저널리즘이 무엇인가에 대해 현장과 이론을 결합해 설명할 필요가 있다고 판단했기 때문이다.

이 책이 가닿기를 바라는 주요한 독자층은 언론에 관심을 갖고 있는 대학생들과 현장의 언론인들이다. 저자들은 저널리즘을 가르치는 대학의 학부 수준 강의에서 이 책이 팩트체크 저널리즘을 이해하는 입문서가 될 수 있기를 바란다. 또한 여전히 언론인들 사이에서 팩트체크 저널리즘에 대한 인식이 확산되지 않은 것을 고려할 때, 언론인들이 이 새로운 현상에 대해 조금 더 깊은 이해를 가질 수 있는 지침서로도 이 책이 이용될 수 있기를 희망한다. 이러한 집필 목표에 따라 책은 6장으로 구성됐다.

1장에서는 팩트체크 개념과 역사, 그리고 현황을 다룬다. 1980년대 말 미국 대선을 계기로 등장해 2000년대에 본격화된 팩트체크 저널리즘의 개념과 유래, 전 세계에서 활동 중인 주요 팩트체커들을 소개하고 팩트체크에 관한 국제컨퍼런스인 〈글로벌 팩트〉(Global Fact) 4회 연속 참관을 통해 본 팩트체크 저널리즘의 현주소와 과제를 짚어 보았다. 2장에서는 가짜 정보를 감별하는 체크리스트부터 이를 검증하는 도구와 방법을 설명했다. 팩트체크의 첫걸음인 '검색'부터 가장 빠른 걸음인 '직접 확인하기'에 이르는 검증과정은 복잡할 것 같지만, 어디를 체크해야 하는지 알면 그 다음부터는 어렵지 않다. 특히, 소셜미디어를 통해 가짜 뉴스와 거짓 정보가 가파르게 늘어나는 현실을 고려해 BBC와 '버즈피드' 등 전 세계 탐사기자들이 공유하는 검증 팁과 숨겨진 사이트들을 정리해 놓았다. 3장은 팩트체크 사례 연구이다. JTBC 〈뉴스룸〉 '팩트체크'를 중심으로 팩트체크의 주제선정과 검증방법 등을 정리했다. 한국 언론계에서 가장 오래 꾸준히 팩트체크를 실행해 온 JTBC '팩트체크'팀의 운영방식과 노하우, 시행착오를 소개했다.

　팩트체크와 테크놀로지를 주제로 하는 4장은 현재 실험적으로 시도되고 있는 실시간 팩트체크와 관련한 테크놀로지를 분석한다. '팩트 스트림' 등 실시간 팩트체크 사례 등을 소개하고 각 사례들에 적용되고 있는 테크놀로지의 원리와 한계 등을 짚어 봤다. 이를 통해 테크놀로지를 활용하더라도 최종적인 사실성 여부의 판단 주체는 사람이어야 함을 주장한다. 5장은 소송의 위협에 노출되어 있는 팩트체크 언론인들을 위한 법률적 이슈를 다룬다. 팩트체크로 인해 야기될 수 있는 법률적 문제로서 명예훼손 및 프라이버시 침해, 초상권 침해에 대해 짚어 보는 한편, 팩트체크 기사를 작성할 때 주의할 점도 간략하게 정리하였다. 팩트체크 저널리즘이 확산되면서, 이에 대한 연구도 활발해지고 있다. 6장에서는 저널리즘 혁신운동으로서 팩트체크의 기원에 대한 사적 고찰, 팩트체크를 둘러싼 인식론 논쟁, 팩트체크가 수용자에게 미치는 효과, 허위 정보 확산 메커니즘의 연구 등으로 확대되고 있는 팩트체크 관련 연구들의 흐름을 정리했다. 마지막으로 맺음말에서는 이 책의 독자들이 읽기를 거쳐 실천으로 나아갈 때 지침으로 삼을 수 있을 만한 팩트체크의 가이드라인을 제시했다.

이 책을 발간하게 된 배경에는 'SNU 팩트체크'가 있다. 팩트체크 저널리즘을 수행해 온 다른 나라에서도 예를 찾기 어려운 언론과 학계의 협력, 언론과 언론의 협력모델인 'SNU 팩트체크'는 한국 언론계에서 팩트체크 저널리즘이 지속될 수 있는 틀로서 기능해 왔다. 서울대학교 언론정보연구소 산하의 SNU 팩트체크 센터는 그 틀이 안정적으로 유지될 수 있도록 2017년부터 팩트체크 저널리즘 강화를 위한 취재 지원, 기자 재교육을 위한 디플로마 프로그램, 언론인을 지망하는 대학생들을 대상으로 하는 팩트체킹 인턴십, 국제컨퍼런스 등을 네이버의 후원을 받아 한국언론학회와 공동으로 수행해 왔다. 이 책의 발간도 이 같은 팩트체크 저널리즘 저변 확대의 연장선상에 있다.

한국 팩트체크 저널리즘의 짧은 역사를 돌이켜 볼 때 2017년 당시 서울대 언론정보연구소장으로서 'SNU 팩트체크'의 창설을 주도한 윤석민 서울대 언론정보학과 교수는 이 책이 발간될 수 있는 계기를 마련해 준 분이라고 할 수 있다. 이 자리를 빌려 깊은 감사의 뜻을 전한다. 현업에서 일상적인 업무를 감당해야 하는 언론인들과 다른 연구 작업 중에 틈틈이 집필에 임해야 했던 연구자들로 구성된 저자들은 분주함을 이유로 출판사 측에 약속했던 마감시한을 여러 번 넘겼다. 인내심을 갖고 기다려 준 나남의 편집부, 특히 책의 편집을 맡은 백주영 씨에게 감사 드린다.

이 책은 팩트체크 저널리즘의 완결판이 아니다. 오히려 그 시작을 위해 작은 돌을 하나 쌓아 올리는 것이라고 저자들은 발간의 의미를 생각해 왔다. 이 책을 발판으로 삼아 팩트체크 저널리즘의 실천과 연구가 잇따르고, 그것이 한국 언론계의 신뢰회복에 조금이라도 도움이 된다면 저자들의 소임은 미력하나마 다한 것이라고 생각한다. 책에 담긴 오류나 부족함의 책임이 전적으로 저자들에게 있음은 물론이다.

## 참고문헌

강아영. 2018. 10. 9. "오보와 가짜정보를 도매금 취급하는 정부·정치권", 〈기자협회보〉.
김선호·김위근. 2017. "팩트체크를 체크한다", 〈미디어이슈〉 3(7).
남재일·이강형. 2017. "좋은 저널리즘 구성 요소에 대한 기자 인식 변화 추이", 〈언론과학연구〉 17(2), 82~128.
정은령·고예나. 2018. 〈인터넷 신뢰도 기반조성을 위한 정책방안 연구〉. 방송통신위원회 방송통신융합 연구보고서, KCC-2018-26.
최승영. 2016. 10. 31. "부끄럽다 … 언론도 최순실 국정농단 공범", 〈기자협회보〉.
한국언론진흥재단 조사분석팀. 2017. 《한국의 언론인 2017》. 서울: 한국언론진흥재단.

Graves, L. & Glaisyer, T. 2012. "The Fact-Checking Universe in Spring

2012", *New America*.

Spivak, C. 2010. "The Fact-Checking Explosion: In a bitter political landscape marked by rampant allegations of questionable credibility, more and more news outlets are launching truth-squad operations", *American Journalism Review*, 32(4), 38~44.

나남신서 1975

# 팩트체크 저널리즘

차
례

# 1장

# 팩트체크 개념과 역사 그리고 현황

정재철 | 〈내일신문〉 기자

## 팩트체크란

혼재된 용어, 엇갈린 시선

국내외를 막론하고 팩트체크에 대한 명확한 정의는 없다. 영어로는 팩트체킹이 일반적 표현이다. 국내에서는 팩트체크와 팩트체킹을 혼용하며 팩트체크가 좀더 대중적으로 사용된다. 한글로 번역하는 과정도 마찬가지다. 사실확인, 사실검증 등이 혼재된 상태다.

팩트체크의 표현만 다양한 것은 아니다. 개념을 받아들이는 태도 역시 다양하다. 우선 기성언론이 기사 작성 시 과거부터 해 오던 사실확인 정도로 치부하는 경향이 있다. 이런 관점에서는 팩트체크를 언론이라면 당연히 해야 할 기본적인 활동으로 여기기 때문에 새로운 영역의 저널리즘으로 분류하기를 꺼린다. 당연한 일일 뿐 새삼스러울 것이 없다는 의미다. 반면 기성언론의 신뢰 하락에 대한 자정 노력의 하나로 새롭게 자리매김하고 있는 저널리즘으로 이해하는 흐름도 있다. 1980년대 말 미국에서 시작돼 전 세계적으로 확산되고 있는 팩트체크 저널리즘을 독자적이고 새로운 영역으로 인정하는 사조다.

이 장에서는 후자의 관점에서 팩트체크에 대한 개념과 역사를 좀더 정확하게 이해하고, 팩트체크 저널리즘의 현주소와 미래를 예측하는 데 주안점을 두고자 한다.

## 사전적 정의

팩트체크에 대한 정의는 다양하다. 그러나 전체 맥락을 보면 대동소이하다. 우선 위키피디아 정의에 따르면 팩트체크는 "비허구적 텍스트에 포함된 사실적 진술들의 진실성, 정확성을 확인하는 행위"다.

시점에 따라서는 텍스트 작성 후 배포 및 발간 이전에 이뤄지는 사전적 팩트체크와 배포 및 발간 이후에 이뤄지는 사후적 팩트체크, 크게 두 가지로 구분된다. 시점에 따라 목적도 달라진다. 사전적 팩트체크는 텍스트에 포함된 오류를 수정해 최대한 정확한 텍스트를 배포, 발행하게 하는 데 초점을 맞춘다. 만일 오류를 수정할 수 없을 경우에는 텍스트 발간을 막게 하는 데 목적이 있다. 사후적 팩트체크는 텍스트에 포함된 사실적 진술의 오류를 적시함으로써 독자와 대중이 사실을 오해하지 않고 정확하게 인지하도록 한다. 이런 측면에서 보면 현재 세계적으로 확산되고 있는 팩트체크 저널리즘은 대부분 사후적 팩트체크에 속한다.

미국언론협회(API, American Press Institute) 설명은 좀더 구체적이다. 팩트체커와 팩트체크 조직(기관)은 정치인이나 사회적 영향력이 큰 인물들에 대한 사실이라고 알려진 진술들(출판되고 기록된)을 조사하고 다시 알림으로써 이해를 증진시키는 데 목적을 두고 있다. 팩트체커들은 검증 가능한 사실을 조사하며, 그들의 활동은 정당의 당파성이나 정당에 대한 지지 여부 혹은 정치적 수사와는 무관하다. 팩트체크의 목표는 명확하고 전문적인 정보를 소비자에게 제공하고, 소비자들이 팩트체크 결과를 활용해 충분한 인식상태에서 투표하거나 다른 중요한 결정을 내리게 하는 것이다.

국내에서는 한국언론진흥재단이 발간하는 월간지〈신문과 방송〉에서 미디어트렌드 용어로 소개하고 있는데, 여기에서는 '팩트체킹'(fact checking, 팩트체크)이라며 두 가지를 함께 명시했다. 내용은 다음과 같다. "정치인이나 선거후보자 등 사회적 영향력을 가진 유력인사의 발언, 언론보도 내용, 소셜미디어에 떠도는 풍문 등을 철저히 검증한 뒤 사실 여부를 판별해 알리는 활동을 말한다."

국내 언론학계에서도 나름의 시각으로 정의한 바 있다. 2012년 관훈토론에서 오택섭 교수는 "(팩트체킹은) 대통령으로부터 국회의원, 시교육감에 이르기까지 모든 선출직 공직자와 정치, 사회, 문화 전반에 걸쳐 영향력을 행사하는 토크쇼 진행자, 파워블로거, 트위터리언, 각종 이해단체 관계자 등 여론주도층 인사의 의미 있는 발언을 심층분석해 그 발언의 옳고 그름, 진실과 거짓을 가리는 것을 의미한다"고 규정했다.

2013년 마동훈 교수 등은 "저널리즘 공공성 실현을 위한 한국형 팩트체킹 모델 연구"라는 논문에서 "저널리즘에 대한 수용자들의 불신을 극복하기 위해 정치뉴스 등 사회적으로 중요한 의미를 가진 발언의 사실과 거짓을 분별하려는 최근의 시도가 곧 '팩트체킹'(fact checking)이다. 미국 등 해외에서 먼저 등장한 팩트체킹은 언론사와 공공기관, 학자 등 검증자가 정치인 발언과 뉴스, 풍문 등의 사실 여부를 검증하고, 검증절차와 내용, 결과를 공개해 수용자의 판단을 돕는 것"이라고 설명했다.

## 팩트체커들이 설명하는 팩트체크

학자들이나 언론기관의 정의가 아니라 팩트체커들이 직접 설명하는 팩트체크는 좀더 구체적이고 생동감이 있다. 팩트체커는 팩트체크를 업으로 삼아 전문적으로 하는 사람들로 '사실검증 전문가'라 할 수 있다. 이들이 설명하는 팩트체크는 좀더 쉽고 명쾌하다.

'폴리티팩트'(PolitiFact) 설립자인 빌 어데어(Bill Adair) 미국 듀크대 교수는 제1회 글로벌 팩트체킹 서밋에서 팩트체크를 다음과 같이 설명했다. "팩트체크는 사람들이 진짜인지 아닌지 알고 싶어 하는 정보에 대한 궁금증을 단순명쾌하게 보여주는 것이다. 기성언론이 놓치고 있는 정치인들의 발언이나 약속의 진실성을 명확하게 검증한 뒤 이를 공개하는 것이다. 그렇다고 팩트체크를 기성언론이 해 오던 단순한 '사실확인' 작업과 혼동해서는 안 된다. 그것(사실확인)은 기성언론 내부의 데스크 기능이나 젊은 기자들에 대한 훈련의 문제다. 팩트체크는 그것을 넘어서는 하나의 새로운 저널리즘 영역이다. 앞으로 팩트체크 영역은 정치인뿐만 아니라 미디어와 기업, 스포츠 영역까지 확대될 것으로 본다. 실제로 일부 팩트체커들은 이를 진행하고 있다."

어데어 교수는 또 팩트체크 저널리즘이 왜 필요한지 그리고 미디어 신뢰와는 어떤 관계가 있는지에 대해서도 설명했다. "한국과 마찬가지로 미국의 많은 저널리스트들 역시 정치인에 대한 팩트체크를 꺼리는 경우가 많다. 이유는 간단하다. 정치인들을 화나게 하고 불편하게 만들고 싶지 않기 때문이다. 이는 저널리즘의 불행한 현실이라고 생각한다. 정치인들은 이제 단순한 비판기사에는 만성이 됐다. 그래서 팩트체크가 필요한 것이다. 무엇이 진실이고 무엇이 거짓인지 간단명료하게 보여줘야 하는 것이다. 팩트체크는 굉장히 어렵고 힘든 저널리즘 영역이다. 그리고 팩트체크 환경은 갈수록 복잡해지고 있다. 그럼에도 보다 분명하고 명료한 결론을 보여줘야 한다. 그렇기 때문에 팩트체크는 미디어에 대한 독자와 수용자들의 신뢰를 회복시키는 데 도움을 준다고 믿는다."

미국 3대 팩트체커 중 하나로 불리는 〈워싱턴 포스트〉(*Washington Post*) 칼럼니스트 글렌 케슬러(Glenn Kessler)는 "팩트체크는 정치인들이 더 이상 자신이 지킬 수 없는 약속을 하지 않는 것을 의미하며, 그들의 주장이 사실이 아니라는 것을 스스로 알게 되는 것"이라고 설명했다. 또 "정치인들이 그들의 발언에 책임지도록 잡아 두고, 시민들이 시사문제에 대해 보다 많은 정보를 얻도록 하는 팩트체크의 목표가 민주주의를 번영하게 하는 필수요소라고 강하게 확신한다"고 덧붙였다. 뿐만 아니라 팩트체크의 목적에 대해서도 일반인들이 흔히 생각하는 것처럼 정치인들의 태도를 바꾸는 데 있는 것이 아니라는 점을 분명히 했다. 그는 "팩트체킹은 정치인들의 행동을 변화시키는 데 목적이 있는 것이 아니다. 팩트체킹의 목적은 무엇이 진실이고 무엇이 거짓인지를 정확하게 밝혀 유권자들의 이해의 폭을 넓히고 올바른 선택을 할 수 있도록 돕는 데 있다"고 설명했다.

이탈리아 출신 팩트체커이자 국제팩트체킹네트워크(IFCN, International Fact-Checking Network) 실무책임자(director)인 알렉시오스 맨잘리스(Alexios Mantzarlis)는 팩트체크를 진행할 때 지켜야 할 주요한 원칙을 설명했다. 그는 "팩트체크는 모든 것을 회의해야 한다"면서 "(유엔 등) 권위 있는 기관의 자료조차도 무시할 수 있는 준비를 해야 한다"고 주장했다. 알렉시오스는 "팩트체커들은 어떤 주장에 대한 사실확인을 위해 원자료를 찾아볼 때 적절한 회의주의를 지녀야 한다. 그것이 유엔이 됐든 상호심사저널이 됐든 마찬가지다"라고 강조했다.

그는 또한 어떻게 검증하고 어떻게 공개할 것인지에 대해서도 분명한 태도를 지녀야 한다고 충고했다. "팩트체크를 설명하는 일은 매우 간단하지만 이를 일관되고 지속적인 방법으로 실행에 옮기기는 쉽지 않다. 우선 당신이 검증할 대상을 어떻게 선택할지 결정해야 한다. 또 어떤 소스가 신뢰할 수 있는지 또는 신뢰할 수 없는지도 분명히 해야 한다. 아울러 만약 당신이 판정 시스템을 제공한다면 그것이 어떻게 결정되고, 등급 간 차이는 무엇인지도 분명하게 밝혀야 한다. 뿐만 아니라 당신의 방법론을 공개하고 다른 어떤 매체와 비교해보더라도 가장 투명하고 정직한 정정보도 정책을 수립하도록 해야 한다. 이런 과정 모두가 당신이 정치인이나 정당 활동가들로부터 반발(공격)을 받을 때 당신을 돕게 된다"는 것이다.

이밖에도 팩트체크 저널리즘의 전진기지이자 언론인 재교육 등으로 유명한 포인터재단(Poynter Institute)의 닐 브라운(Neil Brown) 대표는

2014년 제1회 글로벌 팩트체킹 서밋(Global Fact-Checking Summit) 기조연설에서 "팩트체크는 파워(권력)에 관한 것이고, 정치인들에게 있는 권력을 시민들에게 되돌려 주는 작업"이라고 설명한 바 있다. 팩트체크는 주요 정치인 발언이나 주장에 대한 검증에 비중을 많이 두기 때문에 미국에서는 '정치적 사실검증'이라 부르기도 한다. 영국의 한 대학 교수는 좀더 의미를 부여해 '사실검증'을 뛰어넘는 '진실검증'(*truth checking*)이라고 명명하기도 했다.

조금씩 다른 시각과 설명이 존재하지만 이를 종합해 보면 팩트체크는 정치, 사회, 문화 전반에 걸쳐 영향력을 행사하는 여론주도층 인사의 검증 가능하고 의미 있는 발언(주장)을 심층분석해 참과 거짓을 가림으로써 언론수용자(유권자)들의 올바른 선택을 돕는 활동이라고 규정할 수 있다.


## 팩트체크 유래

진흙탕 선거에서 싹튼 팩트체크

현대적 의미의 팩트체크는 1980년대 후반 미국에서 시작됐다. 1988년 제41대 미국 대통령 선거는 중요한 분수령이 됐다. 당시 대선에서 공화당 조지 부시 후보와 민주당 마이클 듀카키스 후보가 맞붙었는데 정책대결은 뒷전이고 엄청난 네거티브 캠페인을 펼친 것으로 유명하다. 특히, 부시 후보 측이 듀카키스 후보에 대해 맹공을 퍼부었다. 환경,

군비, 세금문제 등을 중심으로 강도 높은 네거티브 전략을 구사했다. 그 정도가 얼마나 심했는지 선거가 끝난 뒤에도 당선자인 부시 주장의 진실성이 문제가 될 정도였다. 문제는 여기서 그치지 않았다. 언론의 신뢰까지 한꺼번에 흔들거렸다.

　근거가 부족한 주장이나 발언을 제대로 된 검증 없이 그대로 옮겨 적는 언론의 태도 역시 비판의 대상이 됐다. 국내에서도 자주 거론되는 이른바 '받아쓰기 저널리즘'이 미국 대선과정에서도 그대로 나타난 것이다. 이처럼 대선과정에서 무분별한 네거티브 캠페인과 받아쓰기 저널리즘에 대한 언론의 자성이 맞물리면서 등장한 것이 바로 '팩트체크 저널리즘'이다.

　1988년 ABC 방송 뉴스에서 '더 팩트'(The Fact)라는 고정 코너가 등장한 것도 이런 배경에서다. 4년 뒤인 1992년에는 CNN의 브룩스 잭슨 (Brooks Jackson) 기자가 정치광고를 검증하는 '애드워치'(Adwatch)와 정치인 발언과 주장을 검증하는 '팩트체크'(Fact Check) 코너를 진행하기도 했다. 같은 해 CBS 방송은 저녁 뉴스에서 '리얼리티 체크'(Reality Check)라는 코너를 고정적으로 편성했다. 그렇지만 이때까지만 해도 팩트체크는 여전히 기성언론의 한 코너에 불과했다.

## 독립적인 초기 모델

독립적인 팩트체크 사이트는 1994년에 등장했다. 미국 팩트체크의 원조, 팩트체크의 할아버지로 불리는 '스놉스'(snopes.com)가 이때 최초로 사이트를 열었고 1995년부터 본격적인 활동을 시작했다. 처음 시작

당시 '스놉스'는 각종 도시형 전설이나 루머의 검증을 제1의 목표로 제시했다. 팩트체크는 그 가운데 일부에 불과했다. 그러다 보니 '스놉스' 이후에 등장한 미국 3대 엘리트 팩트체커에 비해 상대적으로 덜 주목받았다. 하지만 대중적 인기는 상당했다. 20년이 훨씬 지난 지금까지 명맥을 유지하고 있는 것도 이런 이유에서다.

2017년 말 극심한 재정난을 호소하던 '스놉스'는 홈페이지를 통해 사상 처음으로 공개 펀딩을 시도했는데, 단 이틀 만에 2만 5천여 명이 참가해 목표액 50만 달러를 가뿐히 달성했다. 미국인 사이에 상당한 팬층을 형성하고 있음을 보여준 사례라 할 수 있다.

'스놉스'가 2018년 1월에 검증한 사례는 우리와 관련이 깊다. 사례의 내용은 당시 소셜미디어에 떠돌던, 북한 김정은 국무위원장이 도널드 트럼프 미국 대통령을 비판한 책 《화염과 분노》(Fire and Fury)를 읽으면서 환하게 웃는 모습이 담긴 사진의 진위 여부였다. '스놉스'는 이를 검증한 결과 북한이 제공한 원본사진을 합성한 거짓으로 판명 났다고 밝혔다. '스놉스'는 "김정은 위원장이 2015년 평양 대경김 가공공장을 현지 지도하는 모습을 찍은 것이며 합성사진은 얼굴 부분만 확대한 뒤 《화염과 분노》를 합성"했다고 했다.

2001년에는 본격적인 정치검증을 표방한 '스핀새너티'(Spinsanity)가 등장했다. 400건 이상의 기사와 각종 칼럼 등을 통해 대통령 발언 등을 집중 검증함으로써 적잖은 반향을 일으켰지만 2004년 운영을 중단했고, 사이트 운영자들은 2005년 사이트 폐쇄를 공지했다. 하지만 기사와 칼럼 등은 그대로 남겨 둬 원하면 누구나 찾아볼 수 있도록 했기 때문에 지금도 확인할 수 있다. 운영진들은 당시 경험을 토대로 《미국 대통령의 여론조작》(*All the President's Spin*)이라는 책도 냈다. 이 책은 부시 행정부의 교묘한 여론조작 기법과 백악관 의도를 과학적으로 분석하고 입증했다는 평가를 받았다.

## 미국 3대 팩트체커의 등장

'스놉스'가 팩트체크 초창기 모델이라면 2003년 12월 등장한 '팩트체크 닷오알지'(FactCheck. org)는 현대적 의미의 팩트체크 원조라 할 수 있다. '팩트체크닷오알지'는 CNN 기자 출신 브룩스 잭슨이 함께 참여한 펜실베이니아대의 애넌버그 공공정책센터(Annenberg Public Policy Center)에서 개설했는데, 특정 이슈에 구애받지 않고 언론이나 자본으로부터도 독립적인 운영을 표방했다.

'팩트체크닷오알지'는 주요 정치인과 공직자의 발언과 주장을 집중적으로 검증하면서 주목을 받았다. 다양한 루머검증 등을 주로 하면서 정치인 발언이나 주장 등을 검증하는 팩트체크 코너는 별도로 운영한 '스놉스'와 확실한 차이점이 여기에 있다. 대학과 공공기관의 협업 모델을 구축한 것도 눈에 띄는 대목이다. 최근에는 정치적 발언만 검증하는 것이 아니라 정치인의 과학적 발언이나 진술을 검증하는 'SciCheck', 소셜미디어 상에서 범람하는 가짜 뉴스에 대한 다양한 정보와 검증내용을 공개하는 'Viral Spiral' 등으로 영역을 확대했다.

2007년에 등장한 '폴리티팩트'는 팩트체크를 대중적으로 꽃피웠다는 평가를 받는다. '폴리티팩트'는 미국 플로리다 지역신문 〈템파베이 타임스〉(*Tampa Bay Times*) 워싱턴 지국장이던 빌 어데어가 주축이 돼 만든 팩트체크 사이트다. 주요 정치인 발언에 대한 철저한 검증과 독특한 판정 시스템으로 큰 화제가 됐다. 검증결과는 6가지 등급으로 분류한 뒤 '진실 검증기'(Truth-O-Meter)를 통해 공표했다.

판정 기준은 다음과 같다. '진실'(*true*: 정확한 발언, 특별히 빠진 중요 사항 없음), '대체로 진실'(*mostly true*: 정확한 발언이지만 해명 또는 추가 정보 필요), '절반의 진실'(*half true*: 부분적으로 정확한 발언이지만 중요한 세부 사항이 빠졌거나 맥락에서 벗어남), '대체로 허위'(*mostly false*: 진실의 요소는 갖췄으나 결정적 팩트를 무시해 전혀 다른 인상을 줄 수 있음), '허위'(*false*: 발언이 정확하지 않음), '새빨간 거짓말'(*pants-on-fire*: 정확하지 않은 발언에 웃기는 주장을 펼침)이다. 가장 심한 거짓말을 의미하는 'Pants-on-Fire'는 미국 아이들이 친구의 거짓말을 놀릴 때 쓰는 'Liar, liar, pants on fire!'에서 따온 말인데 이를 정치인들에게 적용해 흥미를 더했다.

'폴리티팩트'는 정치인의 거짓말만 검증하지는 않는다. 정치인의 말 바꾸기는 'The Flip-O-Meter'라는 틀을 통해서, 전문가, 칼럼니스트, 블로거, 정치평론가, 토크쇼 호스트와 게스트 등 미디어 관련 유명인의 발언은 'PunditFact'라는 별도 카테고리를 통해서 검증한다. 뿐만 아니라 대선 후보의 공약을 지속적으로 검증하는 작업도 진행한다. 오바마 대통령 재임 기간에 진행한 '오바미터'(Obameter)와 트럼프 대통령의 공약을 추적하는 '트럼프-오-미터'(Trump-O-Meter)가 있다. 대선공약에 대한 추적 결과는 '평가 전'(*not yet rated*), '진행 중'(*in the works*), '보류'(*stalled*), '타협'(*compromised*), '이행'(*promise kept*), '공약 파기'(*promise broken*)로 표시한다. '폴리티팩트'는 이처럼 다양하고 왕성한 활동을 인정받아 2009년 퓰리처상 탐사보도 부문을 수상하는 영예를 얻었다.

'폴리티팩트'는 애초에 영리를 목적으로 출발했지만 최근 포인터재단의 지원을 받기로 하고, 모기업인 〈템파베이 타임스〉와는 완전히 분리하면서 비영리 단체로 공익적 성격을 더욱 강화하게 됐다.

2007년 미국 유력 일간지인 〈워싱턴 포스트〉는 팩트체크 전문 칼럼인 '팩트체커'(Fact Checker)라는 코너를 도입했다. 칼럼니스트 마이클 돕스(Michael Dobbs)가 처음 만들었고, 본격적으로 활동한 것은 2008년 대선부터다. '팩트체커'의 활동은 대선 이후 약간 지지부진했는데 2011년부터 다시 유명세를 타기 시작했다. 이는 새롭게 칼럼을 맡게 된 글렌 케슬러라는 기자의 역량에 기인한 측면이 크다. 정치외교 전문기자 글렌 케슬러는 2011년 초부터 정기적으로 '팩트체커' 칼럼을 게재하면서 남다른 시각과 철저한 검증으로 명성을 날렸다.

'피노키오 지수'도 인기몰이에 한몫을 톡톡히 했다. 피노키오 지수란 거짓말을 하면 코가 길어지는 피노키오 이미지를 정치인 발언에 부여하는 것인데, 시각적 효과와 함께 대중적인 흥미를 유발했다. 피노키오 4개를 받으면 '폴리티팩트'의 'Pants-on-Fire'와 같은 새빨간 거짓말이 되는 셈이다. 어떤 주장을 펼쳤다가 피노키오 4개를 받은 정치인은 동료들로부터 '4 피노키오'라는 지적을 받을 정도로 유명세를 얻었다. 반대로 정치인 발언이 사실일 경우에는 '제페토 체크마크'(The Geppetto Checkmark)로 표현한다. 물론 '제페토 마크'는 아주 드물게 나타난다. 또 현재 진술이 사실이라 할지라도 이전의 입장과 반대인 진술일 경우에는 '뒤집힌 피노키오'로 표시한다. 트럼프 대통령 취임 이후부터는 〈워싱턴 포스트〉도 대선공약을 추적하는 카테고리를 신설해 운영하고 있다.

이렇게 '팩트체크닷오알지', '폴리티팩트', '팩트체커'를 미국의 3대 엘리트 팩트체커라고 부른다. '팩트체크닷오알지'가 2003년, '폴리티팩트'와 '팩트체커'가 각각 2007년에 탄생한 것은 우연이 아니다. 이들은 모두 대통령 선거를 치르기 1년 전에 만들어졌다는 공통점이 있는데, 대선을 앞두고 철저한 검증에 대한 국민적 관심이 커진 사회적 분위기가 반영된 것이다.


## 팩트체크의 초고속 성장과 주요국 현황

미국에서 3대 팩트체커가 대중적인 인기와 관심을 모으면서 유럽과 중남미, 아프리카, 호주 등 다양한 대륙과 나라에서 팩트체크 조직들이 속속 생겨났다. 저널리즘의 혁명이라는 평가를 들을 정도로 질적, 양적으로 폭발적인 성장을 했다.

미국 듀크대 '리포터스랩'(Repoter's Lab)은 해마다 전 세계에서 활동 중인 팩트체크 사이트를 집계해 발표하고 있다. 2018년 2월 발표에 따르면, 2014년 44개였던 팩트체크 사이트는 2015년 64개, 2016년 96개, 2017년 114개, 2018년 149개로 증가했다. 지난 4년 사이에 세 배 이상 증가한 것이다. 대륙별로는 아프리카 4곳, 아시아 22곳, 호주 3곳, 유럽 52곳, 북미 53곳, 남미 15곳 등이다. 그동안 문제가 됐던 지속가능성 문제도 일부 개선되고 있는 것으로 나타났다. 일례로 2018년 현재 5년 이상 비즈니스를 지속하고 있는 사이트가 41개이며, 이 가운데 6개 사이트는 10년이 넘었고, 팩트체크 원조인 '스놉스'는 무려 23년을 이어오고 있다. 다만 여러 가지 사정으로 활동을 중단한 사이트 역시 63개나 되는 것으로 나타나 후발주자들이나 신생 매체들은 생존이 만만치 않은 것으로 보인다.

## 성장 동력은 연대와 협력

팩트체크 저널리즘이 초고속 성장을 하고 안착할 수 있었던 근본적인 배경에는 국제적인 연대와 협업이 있다. 미국에서 시작된 팩트체크는 순식간에 유럽과 중남미 등으로 빠르게 확산됐고, 팩트체크 기법과 지속가능한 경영을 위한 아이디어도 공유됐다.

이 같은 국제적 연대와 협업을 만들어 준 대표적 기관이 바로 IFCN이다. IFCN은 해마다 열리는 글로벌 팩트체킹 서밋을 주도하고, 팩트체크 저널리즘 확산의 전진기지 역할도 자임하고 있다. 2015년에 공식 설립된 IFCN은 이탈리아 팩트체크 사이트인 '파젤라 폴리티카'(Pagella Politica)의 공동 설립자인 알렉시오스 맨잘리스가 국장으로 이끌고 있고 팩트체커로 활동한 두 명의 실무자를 새로 선임해 왕성한 활동을 하고 있다.

IFCN의 활동 목표는 크게 다섯 가지로 압축된다. ① 전 세계 팩트체크 동향을 관찰하고 그에 관한 기사를 포인터재단 팩트체킹 페이지에 게재, ② 팩트체커를 위한 훈련 프로그램 제공, ③ 팩트체크의 국제적 협력, ④ 연례 국제 컨퍼런스(글로벌 팩트체킹 서밋) 개최, ⑤ 팩트체크 기관을 위한 강령 제공 등이다.

특히, IFCN이 제공하는 팩트체크 강령은 전 세계 팩트체크 기관이나 팩트체커들이 지켜야 할 일종의 행동강령이다. 2016년 6월 아르헨티나에서 열린 제3회 글로벌 팩트체킹 서밋에서 강령을 채택키로 결정한 뒤 일부 문구 수정 등을 거쳐 그해 9월 제정했다.

"Code of Principles"로 명명된 팩트체크 강령은 크게 다음의 5가지 원칙을 담고 있다. ① 불편부당성과 공정성 준수, ② 정보원 투명성 준수, ③ 재정과 조직에 관한 투명성 준수, ④ 방법의 투명성 준수, ⑤ 공개적이고 정직한 수정 준수다. IFCN은 이를 근거로 인증절차를 시행하는데, 세계 각국에서 활동하는 팩트체크 기관이 IFCN에 팩트체크 강령을 준수하고 있다는 것을 증명하면 인증기관이 되며, 인증마크를 홈페이지에 표시할 수 있다. 2017년 6월 현재 25개 팩트체크 기관이 IFCN 인증을 받았다.

## 신기술 도입에 관심 쏟는 영국의 '풀 팩트'

영국에서는 2009년 윌 모이(Will Moy) 등이 비영리 독립기관으로 시작한 '풀 팩트'(Full Fact) 활동이 눈에 띈다. 독립적이며 초당파적인 팩트체크를 지향하는 '풀 팩트'는 정치인과 미디어, 압력단체들과 공개토론회의 서로 다른 주장을 검증한 뒤 필요한 곳에 수정을 요구한다. 또 정부부처나 학술연구 기관과도 협력해 원천적으로 기술정보의 품질과 소통을 개선하고 공공 분야의 투명성 향상을 위해 노력하고 있다.

하지만 '풀 팩트'는 어떤 정당도 지지하지 않는다. 철저한 객관성과 중립적 태도를 유지한다는 의미다. '풀 팩트'는 자신들의 활동 목표에 대해서도 "대중의 토론 질을 향상시키고, 대중들이 자신의 마음을 결정할 수 있도록 가능한 한 최고의 정보를 갖추도록 한다"고 밝히고 있다. 대중들이 '풀 팩트' 검증내용이나 말을 믿지 않더라도 직접 사실관계를 확인할 수 있도록 관련된 모든 자료와 링크를 제공하는 점도 흥미롭다.

'풀 팩트'는 새로운 기술과 팩트체크를 결합하는 시도도 진행하고 있다. 구글과 협력관계를 맺고 이른바 '자동화 검증시스템'이라는 기술개발과 실용화를 추진 중이다. 자동화 검증시스템은 크게 두 축으로 나뉘며, 온라인 공간에서 가짜 정보 등이 유통될 때마다 이를 모니터링하는 '트렌즈'(Trends) 와 토론이나 기자회견 등에서 제기된 주장이 사실인지를 실시간으로 검증하는 '라이브'(Live) 가 각 축을 대표한다.

## 해독제 같은 프랑스 팩트체커들

프랑스에서는 〈르 몽드〉(Le Monde) 의 '데코되르'(Les Décodeurs) 와 〈리베라시옹〉(Libération) 의 '데장톡스'(Desintox) 활동이 활발하다. '데코되르'는 블로그로 시작했다가 2014년부터 〈르 몽드〉의 한 섹션으로 자리 잡았다. 2018년 현재 6명의 기자와 4명의 데이터 저널리스트 그리고 개발자와 디자이너가 각각 1명씩 참여하고 있다. 이들은 〈르 몽드〉 기사는 물론이고 공적으로 중요한 정보의 진위를 검증하고, 더 나아가 독자의 이해를 높이는 데에도 집중한다. 정보의 출처와 맥락을 제공하고, 인포그래픽, 동영상 등을 자주 활용하는 것도 이런 이유에서다.

'데코되르'는 상대적으로 많은 인원을 보유하고 있는 만큼 활동반경도 넓다. 팩트체크는 물론이고 탐사보도와 미디어교육까지 담당한다.

최근 급속도로 번지고 있는 가짜 뉴스에 대한 정보도 제공하며, 허위 정보를 퍼뜨리는 사이트를 찾아내 독자들에게 주의를 당부하기도 한다. 이들이 6개월 동안 찾아낸 가짜 뉴스가 3천 개에 이른다고 한다.

'데장톡스'는 2008년에 시작된 〈리베라시옹〉의 팩트체크 서비스다. 6명의 저널리스트가 정치인 발언을 집중 검증한다. 프랑스와 독일이 공동 운영하는 채널인 ARTE 프로그램 〈28분〉(28 Minutes)에서 애니메이션 형태로 팩트체크 서비스를 제공한다. 매일 아침 라디오 정치 프로그램이나 주요 TV채널에서 방송되는 정치인들의 발언을 듣고 그 내용을 검증한다. 검증된 내용을 전달하는 방식은 대부분 비슷하다. 정치인 발언 가운데 틀린 곳을 찾아 잘못됐음을 알리고, 근거를 제시하는 방식이다. 다만 참과 거짓으로 나누는 방식이 아니라 독소(intox)와 해독(desintox)으로 설명한다는 점이 독특하다. 팩트체크가 일종의 해독제 역할을 한다는 것이다.

'데장톡스'는 루머나 가짜 뉴스보다는 정치인 발언 검증에 집중한다. 대선이 끝난 뒤에도 공약이나 발언을 검증하는 것도 이런 이유에서다. 〈르 몽드〉 팩트체크팀 '데코되르'와 마찬가지로 '데장톡스' 역시 〈리베라시옹〉의 탐사보도팀과 함께 일한다. 팩트체크팀은 아무래도 다양한 문서들 속에서 주요한 정보를 찾는 데 익숙하기 때문이다.

'데장톡스'는 2017년 9월 '체크뉴스'(CheckNews)라는 플랫폼을 새롭게 개설했다. 〈리베라시옹〉을 읽는 독자들의 질문이나 또는 검증하기를 바라는 사안에 대해 검증한 결과를 공개하는 방식이다. 이 같은 방식으로 하루에 10~15개 정도의 답변이 온라인에 게시되고 있다.

프랑스에는 흥미로운 팩트체크 사이트가 하나 더 있다. 2017년 1월 프랑스 베르사유대 공법연구소에서 만든 '쉬르리녜르'(Le Surligneurs) 다. 형광펜이라는 뜻을 지닌 '쉬르리녜르'는 엄밀히 말하자면 팩트체킹이 아니라 리걸체킹(*legal checking*)을 하는 사이트다. 정치인 등 공적 인물들의 발언 가운데 법적 검토가 필요한 발언을 모아 법학자들의 견해를 보여주는 식이다. 사이트를 보면 흑백으로 된 정치인들의 사진에 형광색 펜으로 빗금이 칠해져 있다. 법학자들이 정치인들의 발언에 대해 형광펜으로 밑줄을 쳐가면서 검증한다는 의미를 담고 있다.

　법학자들이 지닌 전문성은 실제로 위력을 발휘한다. 일례로 마크롱 대통령은 의원들의 외부 자문활동을 금지하겠다는 공약을 내놓았는데 '쉬르리녜르'는 이것이 헌법에 위배되며 법적으로 불가능하다는 점을 밝혔다. 이렇게 되자 의원들의 외부 자문활동을 완전 금지가 아니라 축소하는 법안으로 바뀌어 통과됐다. '쉬르리녜르'는 설립자 뱅상 쿠론 (Vincent Couronne) 박사가 "법을 통해 민주주의를 수호하는 것은 법조인들의 의무"라고 설명한 가치 위에서 운영된다. 다만 법학교수와 법학도들이 자원봉사 형식으로 참여하고 있어 아직은 실험적인 성격이 더 강하다는 평가를 받는다.

## 정치인 직접 출연하는 덴마크 '디텍토'

덴마크는 공영방송에서 팩트체크를 하는 '디텍토'(Detektor)를 꼽을 수 있다. 덴마크 공영방송 DR(Danish Broadcasting Corporation)이 2011년부터 방영해 온 '디텍토'는 정치인이나 관료들이 텔레비전에 직접 출연해 자기주장의 진실성을 스스로 판정하는 팩트체크 프로그램이다.

주 1회(매주 목요일) 저녁 9시부터 30분간 방송된다. 논란이 될 만한 발언이나 주장을 선별하고 발언의 진원지라 할 수 있는 당사자를 직접 방송에 출연시켜 진위를 가린다. 물론 정치인이나 관료들이 흔쾌히 응하지는 않는다. 이들의 출현이 반드시 부정적인 결과만 가져오지는 않는다. 발언자들 역시 스스로 변호할 기회를 얻는 측면도 있다. 또 자신의 주장이 틀렸다고 인정하면서 오히려 대중적 신뢰가 높아지는 경우도 확인된다.

## 언론사 4곳이 공동출자한 노르웨이 '팍티스크'

노르웨이에서는 2017년 7월에 출발한 비교적 신생 팩트체크 사이트 '팍티스크'(Faktisk)가 화제다. 경쟁관계라 할 수 있는 노르웨이 메이저 언론사 4곳이 힘을 모아 탄생시켰다는 점이 특기할 만하다. VG, Dagbladet, NRK, TV2 등 4개 회사가 공동출자했다. 공동출자임에도 팩트체크에 대해서는 철저한 독립성을 보장한다. 대신 팩트체크 결과물은 각자의 사이트에 게시할 수 있다. '팍티스크'는 메이저 언론사들의 지원이 짧은 기간에 빠르게 성장할 수 있는 동력이 됐다. 빠른 성장의 비결은 또 있다. 콘텐츠를 무료로 공유한다는 점이다. 출자한 회사뿐 아니라 다양한 언론사들이 이를 활용하는 것은 물론이다. '팍티스크'는 '틀림없는 사실'(*absolutely true*)부터 '틀림없는 거짓'(*absolutely false*)까지 5점 척도 스케일을 사용한다.

## 중남미 주도하는 아르헨티나 '체쿠에도'

라틴아메리카에서는 아르헨티나의 '체쿠에도'(Chequeado) 활동이 왕성하다. 스페인어로 '검증된'(checked) 이라는 뜻을 지닌 '체쿠에도'는 2010년에 출범해서 자국은 물론이고, 콜롬비아, 브라질, 우루과이, 엘살바도르, 멕시코, 페루 등 주변국에도 팩트체크를 전파하는 역할을 했다. 또 2016년 전 세계 팩트체커들이 모이는 〈글로벌 팩트 3〉(제3회 글로벌 팩트체킹 서밋) 를 부에노스아이레스에서 개최한 데에는 '체쿠에도'의 영향이 컸다. '체쿠에도'는 정치인, 기업인 등 여론주도층의 주장이나 발언을 검증한 뒤 '사실', '사실＋', '사실이지만…', '논쟁의 소지가 있는 발언', '거짓', '속단된 발언', '과장된 발언', '오도된 발언', '검증 불가능한 발언' 등 다양한 단계로 판정한다.

'체쿠에도'는 소셜미디어도 효과적으로 활용한다. 트위터 계정에 19만 9천여 명의 팔로워, 페이스북 계정에 6만 5천 명의 팔로워를 지니고 있을 정도이다. '체쿠에도'는 사실검증 각 단계를 안내해주면서 이용자가 스스로 사실검증을 해보도록 돕는 방식으로 시민들을 위한 교육서비스도 진행한다. 2018년 1월에는 자동화된 검증을 위한 검증로봇(체쿠에봇) 을 새롭게 선보이면서 또 한 번 새로운 도전에 나섰다.

## 아프리카 대표선수 '아프리카 체크'

라틴아메리카에 '체쿠에도'가 있다면 아프리카에는 '아프리카 체크'(Africa Check) 가 있다. 2012년에 설립된 '아프리카 체크'는 공개토론이나 아프리카 언론의 정확성 제고를 위해 설립된 비영리단체로서 국제적인 뉴스통신사 AFP의 미디어개발 자회사가 고안한 팩트체크 기관이다.

남아프리카공화국, 나이지리아, 케냐, 세네갈, 영국에 사무실을 두고 영어 및 프랑스어로 검증결과물을 공표한다. 이들은 남아공의 범죄와 인종문제부터 나이지리아의 인구문제, 아프리카 주변국의 가짜 건강치료법에 이르기까지 다양한 주제에 대한 검증을 해왔다.

아프리카 여러 나라에 팩트체크를 전파하기 위한 다양한 교육과 훈련활동에도 상당한 비중을 둔다. 이들의 활동은 아프리카는 물론이고 유럽 전역의 언론매체들이 다룰 정도로 영향력이 큰데, '아프리카 체크'가 제공하는 남아공의 주요 정당 연설 내용을 뒷받침하는 소스 리스트를 '아프리카 체크 답변양식'이라 부를 정도다.

## 위기 극복한 호주 ABC와 '더 컨버세이션'

호주에는 두 가지 팩트체크 기관을 눈여겨볼 만하다. 호주 공영방송인 ABC의 '팩트체크'(Fact Check)와 지식기반 팩트체크를 주도하는 '더 컨버세이션'(The Coversation)이다.

호주 ABC의 '팩트체크'는 2013년에 시작해 3년 동안 활동했다. 특히, 선거 공약과 정부 정책에 대한 지속적인 추적과 검증활동으로 많은 관심을 모았다. 1천여 건의 팩트체크 결과물은 ABC 홈페이지는 물론이고, 트위터, 페이스북 등 다양한 플랫폼에 게재되어 조회 수가 100만 건에 달할 정도로 화제를 모았다. 하지만 정부 예산지원이 중단되면서 경영상 큰 어려움을 겪다가 2016년부터 1년 정도 활동을 못하는 위기를 맞았다. 2017년 로열멜버른공과대(RMIT)가 운영자금을 지원하기로 결정하면서 다시 팩트체크 서비스를 재개하게 됐다. 이후 이름도 'RMIT ABC Fact Check'로 바꿨다.

2011년 3월 24일 출범한 '더 컨버세이션'은 '학문의 철저함과 언론의 감각'(Academic rigour, Journalistic flair)을 모토로 삼고 있다. 단순한 팩트체크 기관이라고 보기엔 활동영역이 훨씬 크고 광범위해서 새로운 형태의 대안 언론으로 평가되기도 한다. '더 컨버세이션'은 각 분야의 전문가를 직접 글쓰기에 참여시킨 것이 특징이다. 훈련 받은 저널리스트들이 에디터로 참여했고 호주국립대, 멜버른대 등 5곳과 협력 관계를 맺어 학자들을 참여시켰다.

'더 컨버세이션' 설립을 주도한 앤드루 재스팬(Andrew Jaspan)이 새로운 매체를 고민한 첫 번째 이유는 '언론의 신뢰하락을 어떻게 극복할 것인가'였다. 팩트체크 저널리즘의 출발지점과 문제의식이 닿아 있다. 기자들이 아닌 연구자들과 전문가들이 글쓰기에 참여하면서 형식도 달라졌다. 압축하고 요약하는 익숙한 방식이 아닌 호흡이 긴 글을 지면 제약 없이 다루는 방식을 채택했다. 애초부터 온라인 매체로 탄생한 것도 이런 배경에서다. 비영리 독립언론을 지향하는 '더 컨버세이션'은 작성된 기사를 무료로 공유한다. 광고료와 구독료 등 수익모델도 없다. 저자에게 주는 원고료도 없다. 대신 재정은 정부와 대학, 연구기관, 이용자 기부금 등으로 충당한다.

'더 컨버세이션'은 설립 이후 질적, 양적으로 크게 성장했다. 우선 외형적으로는 월 평균 방문자 수가 설립 첫 해 30만 명에서 2016년 380만 명으로 늘었고, 등록 저자 수 역시 4,300명에서 4만 3천 명으로 열 배

늘었다. 호주판으로 처음 시작한 '더 컨버세이션'은 영국, 미국, 프랑스, 아프리카, 캐나다 등 다양한 글로벌 판이 추가됐다. 기자 출신 에디터 역시 11명으로 출발해 90여 명으로 급증했다. 질적인 성장으로는 '더 컨버세이션' 기사를 다양한 언론들이 자신들 매체에 인용하거나 반영했고, 이를 통해 등록 저자들은 각종 인터뷰나 강연 등의 부가적인 기회를 갖게 됐다는 점을 꼽을 수 있다.

## 공적 영역에 관심 많은 인도

인도에서는 '팩트체커'(FactChecker.in)와 '붐'(BOOM)의 활동이 왕성하다. '팩트체커'는 인도 최초의 본격적인 팩트체크팀으로서, 인도 최초의 데이터 저널리즘 기구 '인디아스펜드'(indiaspend.org)가 운영하는 별도의 연구재단(The Spending & Policy Research Foundation)에 속해 있고 2013년 창설됐다. 데이터 저널리즘과 정책 연구를 주로 하는 재단은 보건, 위생, 법과 정의, 교육, 환경, 고용 등 다양한 공적 영역을 다루고 있다.

팩트체크도 그 일환이다. 공적인 인물이나 정부 보고서에 의해 만들어진 주장이나 진술을 선택해 진실성과 맥락을 검증한다. 이들은 자신들의 활동에 대해 흥미롭게 소개했다. "우리는 형용사를 좋아하지 않으며, 의견을 좋아하지 않는다. 우리는 감정을 다루지도 않는다. 그러나 데이터는 존재하고, 사실은 있다."

'붐'은 독립적인 디지털 저널리즘 기구이자 인도 최고의 사실검증 사이트이다. '붐'은 핑 디지털 네트워크(Ping Digital Network) 소속으로

2014년부터 네트워크 뉴스를 진행해 왔으며, 2016년 11월부터 팩트체크도 진행하고 있다. '팩트체커'와 '붐'은 인도와 남아시아에서 유일하게 IFCN 인증을 받은 팩트체크 기구다. '붐' 역시 7단계의 방법론을 공개하고 있다. 7단계 방법은 ① 사실검증을 필요로 하는 주장 선택, ② 주장의 출처 추적, ③ 원자료에 접촉(문의), ④ 주장을 옹호하거나 무효화할 증거와 데이터 확보, ⑤ 전문가 의견 청취, ⑥ 사실검증 작성, ⑦ 실수나 오류가 있을 시 즉각적이고 공개적으로 수정 등이다.

## 한국형 팩트체크의 명암

우리나라에서의 팩트체크도 최근 몇 년 사이 비약적인 발전을 하고 있다. 이는 시대적 흐름과 국내 언론환경 등이 적절하게 맞아떨어진 측면이 크다. 2016년 미국 대선을 거치면서 가짜 뉴스와 팩트체크는 세계적 이슈로 급부상했다. 이런 흐름은 국내에도 고스란히 전해졌다. 가짜 뉴스에 대한 우려가 커짐과 동시에 팩트체크에 대한 관심도 커졌다.

아울러 국내 정치상황과 이를 보도하는 언론환경도 팩트체크에 대한 관심을 키우는 데 한몫했다. 2016년 말부터 이듬해 초까지 전국을 뒤흔든 국정농단 사태 이른바 '최순실 게이트'와 수백만 시민들의 참여로 이어진 촛불집회, 그리고 대통령 탄핵과 조기 대선과정은 국내 언론환경에 적잖은 영향을 미쳤다. 국정농단 사태가 수면 위로 떠오른 결정적 계기가 언론의 끈질긴 검증에서 비롯됐다는 점은 특히 주목할 만한 대목이다.

2014년 세월호 참사 이후 언론에 대한 신뢰가 바닥까지 떨어진 상태에서 국정농단 사태를 끈질기게 검증하고 폭로한 당시 언론 활동은 다시 한번 저널리즘 본령을 회복해 가는 과정으로 평가받았다. 이런 과정을 거친 뒤에 치러진 19대 대선과정에서 상당수 국내 언론들이 팩트체크를 대폭 수용한 점은 너무도 자연스러운 현상으로 평가됐다. 하지만 지난 대선이 국내 팩트체크 저널리즘의 첫 출발점은 아니다.

한국형 모델에 대한 고민도 제법 긴 시간 동안 이어졌다. 팩트체크 관련 용어가 국내에 본격 등장한 것은 10년 정도 거슬러 올라간다. 2009년 〈중앙일보〉는 사내에 자체적으로 기사 검증을 위한 팩트체크부를 신설했다. 또 분야별 외부전문가 20명을 사외 팩트체커로 선정해 기사의 진실성을 검증하는 데 노력을 더했다. 이후 〈조선일보〉, 〈동아일보〉, 〈한겨레〉 등이 비슷한 검증 제도를 도입했다. 외부 전문가들이 언론사 기사의 사실관계를 따져 기사의 신뢰성을 높인다는 점에서 긍정적 의미는 있었다. 그러나 당시 팩트체커들은 주로 언론사 자체 기사에 대한 검증에 초점을 맞췄다. 따라서 언론사들이 데스크 기능 일부를 외부 전문가들의 손에 맡겼다는 평가가 지배적이다. 이런 점에서 보자면 비록 팩트체크라는 용어를 썼음에도 불구하고 현대적 의미의 팩트체크와는 상당한 거리가 있었다.

그러다가 2012년 제18대 대통령선거가 중요한 계기가 됐다. 당시 〈오마이뉴스〉가 운영했던 '오마이팩트'는 주요 후보자들 발언이나 주장의 진위를 본격 검증했다는 점에서 현대적 의미의 팩트체크 흐름과 맥을 같이하는 활동으로 평가된다. 또 〈슬로우뉴스〉도 세 번에 걸친 대선 후보 토론회에 대한 집중적이고 체계적인 검증을 시도했다. 〈슬로우뉴스〉는 대선 후보자들의 발언을 검증하면서 미국에서 사용하는 것과 비슷한 척도를 사용해 눈길을 끌었다. 이 밖에도 당시 대선과정에서 일부 언론들이 칼럼이나 기사를 통해 팩트체크를 시도했다. 그러나 아쉽게도 선거가 끝난 뒤에는 대부분 흐지부지된 경향이 짙다.

다시 몇 년이 흘러 이번에는 총선을 앞두고 관심이 다시 커지기 시작했다. 2016년 총선을 치르면서 팩트체크 시도는 더욱 다양한 매체로 확산됐다. JTBC의 '팩트체크', 〈뉴스타파〉의 '正말?', 〈레이더P〉의 '팩트체커', 〈오마이뉴스〉의 '오마이팩트' 등이 대표적인 경우다. 주요 일간지 가운데도 정기적이진 않지만 팩트체킹이나 팩트체크라는 타이틀을 사용하는 횟수도 많아졌다.

이 가운데 종합편성채널인 JTBC의 '팩트체크'는 대중적으로도 인기가 높아 국내 팩트체크 활성화에 상당한 기여를 한 것으로 평가받고 있다. 2014년 첫 방송을 시작한 JTBC '팩트체크'는 〈뉴스룸〉의 간판 코너로 자리 잡았고, 2015년 런던에서 열린 제2회 글로벌 팩트체킹 서밋에서도 소개된 바 있다. 총선을 거치면서 일부 활성화됐던 팩트체크는 선거가 끝난 뒤 또 다시 흐지부지된 경우가 적지 않았다. JTBC는 이런 분위기에 굴하지 않고 지속적으로 '팩트체크' 코너를 진행해 상대적으로 더욱 돋보였다.

JTBC 활약상은 다른 언론에도 적잖은 영향과 자극을 줬다. 2016년 12월 첫 방송을 시작한 SBS '사실은' 코너도 그중 하나다. 비록 팩트체크라는 이름표를 달지는 않았지만 내용면에서는 팩트체크에 매우 가깝게 출발했다. 시작화면에서 진실과 거짓을 다섯 가지 등급으로 분류하는 이미지를 사용한 점과 논란이 되는 발언이나 이슈의 사실관계를 깊이 있게 검증하는 방식이 대표적으로 그렇다. '거짓'이라는 표현이 거부

감을 주고 화면에 배치한 너무 많은 글자들이 시청자들의 집중도를 떨어뜨린다는 내부 평가가 있어 판정지표는 이제 거의 사용하지 않는다. 그럼에도 불구하고 SBS '사실은' 코너는 지상파 방송에서 2년 넘게 팩트체크를 꾸준히 이어가는 프로그램으로 평가받는다.

2016년 국정농단 사태와 이후 대선까지 이어지는 과정에서 상당수 국내 언론들은 팩트체크 저널리즘에 대한 필요성과 의미를 새롭게 새겼다. 언론사에서 팩트체크 전담팀을 만들거나 코너를 신설한 것은 물론이고 조직을 개편하거나 혁신방안을 만들 때도 팩트체크는 자주 등장하는 화두가 됐다. 2017년 대선과정에서는 20여 개가 넘는 언론매체들이 팩트체크라는 이름표를 내걸고 집중적인 검증작업을 벌이기도 했다.

## 팩트체크 전문 미디어의 등장

팩트체크 전문 미디어 등장도 관심을 끄는 대목이다. 국내 최초의 팩트체크 전문 미디어를 자처하는 〈뉴스톱〉(NewsToF)은 2017년 3월 16일 네이버 블로그를 통해 첫 시작을 알렸다. 대선과정을 전후해 본격적인 팩트체크를 진행했고, 2017년 6월 1일 공식 창간했다. 다양한 분야에서 경험을 쌓은 전직 기자 출신들이 분야별 팩트체커로 활동 중이다. 뿐만 아니라 〈뉴스톱〉은 IFCN의 원칙강령을 준수하고 있음을 공개적으로 밝히고 있고 팩트체크 선정기준과 판정분류, 판정과정, 수정과 업데이트 원칙 등을 홈페이지에 공개했다. 〈뉴스톱〉의 출현은 지금까지 국내 팩트체크가 거의 대부분 언론사 소속이었던 점에 비춰 볼 때 새로운 움직임이라 할 수 있다. 미국이나 유럽처럼 독립적으로 팩트체크를 하는 기관들이 다수 등장해 기성언론과 경쟁과 협력을 한다면 상당히 긍정적 역할을 할 수 있을 것으로 기대된다.

## 팩트체크 플랫폼 'SNU 팩트체크'

2017년 5월에 치러진 조기 대선을 전후해 한국형 팩트체크는 새로운 전환기를 맞이했다. 서울대 언론정보연구소가 개설한 'SNU 팩트체크' 출범은 그 대표적인 예다.

2017년 3월 29일부터 서비스를 시작한 'SNU 팩트체크'는 일종의 공공정보서비스 플랫폼이다. 서울대 언론정보연구소가 직접 팩트체킹을 하는 것이 아니라 제휴사로 등록한 16개 언론사들이 팩트체크를 한 결과(기사)를 게시할 수 있는 플랫폼을 제공하는 방식을 취했다. 'SNU 팩트체크'는 제휴 언론사들의 다양한 활동을 집적하고 공유하는 역할을 통해 언론사와 대학, 그리고 언론사들 간의 협업모델을 제시했고, 팩트체크에 대한 신뢰도를 높이는 데 기여했다는 평가를 받았다. 시작 당시 16개사에 머물렀던 제휴 언론사가 2018년 5월 말 현재 28개사로 늘어난 것도 이런 분위기를 반영한 것으로 보인다.

'SNU 팩트체크' 시스템은 언론사가 자체 평가한 내용에 대해 '거짓'(false) ‑ '대체로 거짓'(mostly false) ‑ '사실 반 거짓 반'(half true) ‑ '대체로 사실'(mostly true) ‑ '사실'(true)의 5단계 척도로 사실성 정도를 시각적으로 표시할 수 있도록 디자인 됐다. 사실과 거짓을 구별할 수 없는 경우는 '판단유보'(undecidable)로 표시할 수 있다.

그러나 '거짓'이라는 단어가 갖는 거부감을 해소하기 위해 이후에는

'사실', '대체로 사실', '절반의 사실', '대체로 사실 아님', '전혀 사실 아님', '판단 유보' 등으로 다소 순화된 판정 기준으로 바뀌었다.

'SNU 팩트체크'는 대선을 앞두고 출범한 탓에 대선기간 동안 왕성한 활동을 기록했다. 서비스를 시작한 2017년 3월 29일부터 제 19대 대통령 선거 전날인 5월 8일까지 검증을 위해 입력된 팩트는 모두 144개였고, 이 가운데 22개 팩트는 2개 이상 언론사가 교차검증에 참여해 총 177개의 배지(badge)가 입력됐다.

배지는 각 사가 검증한 내용과 판정의 결과가 실리는 최소 단위의 창이다. 언론사명이 함께 표시돼 언론사의 브랜드가 해당 정보를 읽는 독자들에게 노출된다. 이 기간 동안 1일 평균 4.3개의 배지가 추가됐다. 특히, 세 차례에 걸친 중앙선관위 주관의 후보자토론회 등이 열린 직후 사실검증 횟수가 크게 늘어났다.

5단계 평가척도에 판단유보까지 포함한 6개의 평가기준에 비춰볼 때 전체의 절반 수준인 88개의 배지(49%)가 검증 결과 '거짓' 또는 '대체로 거짓'으로 판정됐다. 반면 '사실'(15개) 또는 '대체로 사실'(24개)로 평가된 것은 39개로 전체의 22%에 그쳤다. 사실과 거짓이 혼재해 '사실 반 거짓 반'으로 평가된 배지도 39개로 전체의 22%였다.

# 글로벌 팩트체킹 서밋

## 어젠다로 본 팩트체킹 서밋

앞에서도 언급했지만 팩트체크의 폭발적 성장은 글로벌 팩트체킹 서밋과 이를 주도한 IFCN과 밀접한 관련이 있다.

지난 2014년 6월 영국 런던에서 열린 1회를 시작으로 해마다 열리는 글로벌 팩트체킹 서밋은 팩트체크 저널리즘의 바로미터로 인식된다. 외형적인 성장이나 변화는 물론이고, 팩트체커들이 겪는 어려움이나 팩트체크의 미래 등도 함께 다뤄지기 때문이다. 지난 5년 동안(2014~2018년) 해마다 열린 글로벌 팩트체킹 서밋에서 다룬 주요 어젠다는 팩트체커들의 관심과 팩트체크 저널리즘이 어떻게 변하고 있는지를 가장 잘 보여 준다.

우선 외형적으로는 급성장 추세가 좀처럼 꺾이질 않고 있다. 글로벌 팩트체킹 서밋 참석자와 활동 중인 팩트체크 사이트(팩트체커)의 숫자가 주요 지표다. 앞에서 밝혔듯이 '리포터스랩' 발표에 따르면 2014년 44개였던 팩트체킹 사이트는 2018년 149개로 급증했다. 글로벌 팩트체킹 서밋 참석자 숫자에도 이런 추세는 고스란히 반영된다. 서밋의 참석자 수는 1회 48명, 2회 60명, 3회 100명, 4회 188명이었고, 2018년 6월에 열린 5회 서밋에서는 참석자가 200명이 넘었다. 특히, 제5회 서밋에는 참가인원 제한이 200명이라고 사전에 공지했음에도 불구하고 신청자가 791명이나 됐을 만큼 경쟁이 치열했다.

## 왜 서밋으로 출발했나?

글로벌 팩트체킹 서밋은 지금은 잘 사용하지 않는 용어다. 제 1, 2회에서만 풀네임을 사용했다. 그러다가 제 3회 때부터는 〈글로벌 팩트 3〉 (Global Fact 3) 라는 약칭을 주로 사용하기 시작했고, 그 이후부터 〈글로벌 팩트 4〉, 〈글로벌 팩트 5〉로 이어가고 있다.

그렇다면 처음에 굳이 서밋(summit, 정상회의) 이라는 용어를 사용한 이유는 무엇일까. 당시만 해도 팩트체크 저널리즘이 이렇게 급성장하고 전 세계적으로 빠르게 확산될 것으로 보는 이는 많지 않았다. 나라마다 사정이 다르긴 했지만 상당수 팩트체커들에게 최우선 고민은 지속 가능성이었다. 생존 자체가 불확실한 경우도 적지 않았다. 때문에 초창기에는 학술적이고 이론적인 컨퍼런스가 팩트체커들에게 주요한 관심사가 아니었다. 오히려 팩트체커들은 각자의 나라에서 활동한 경험과 고민을 함께 나누고, 서로 격려하며, 대안을 모색하는 데 주력했다.

참석자들 면면도 미국을 제외하고는 대부분 1국가 1단체가 참석하는, 사실상 각 나라를 대표하는 대표선수와도 같았다. 참석한 팩트체킹 단체가 한 나라에서 2개 이상을 넘기는 경우는 거의 없었다. 애초 출발할 당시 컨퍼런스가 아니라 서밋이라는 용어가 크게 어색하지 않았던 것도 이런 배경과 무관치 않다. 하지만 해를 거듭할수록 빠르게 성장하는 팩트체크 저널리즘은 글로벌 팩트체킹 서밋의 성격도 바꿨다. 팩트체커들 중심의 서밋이 언론학자와 연구자, 개발자, 플랫폼 사업자들이 대거 참여하는 국제 컨퍼런스로 바뀐 것이다. 풀네임에서 약칭 사용으로 바뀐 것도 이 즈음이다. 풀네임을 다 쓰는 것이 번거로운 측면도 있지만 달라진 시대상을 반영한 자연스러운 명칭 변천사로 판단된다.

## 축제처럼 시작한 제1회 서밋

제1회 서밋은 2014년 6월 8~10일 영국 런던에서 열렸다. 8일은 별다른 행사 없이 저녁시간에 처음 만나 상견례를 하는 자리였기 때문에 실질적인 행사는 9일과 10일, 이틀간 진행됐다. 장소는 런던정경대 강의실이었다. 이곳에서 오전 9시부터 시작된 행사는 오후 늦게까지 이어졌다. 점심시간도 아끼기 위해 간단한 샌드위치 등으로 끼니를 대신했다. 전체 참석자는 25~26개국에서 온 팩트체커 50여 명 정도로 추산됐다. 그해 4월 '리포터스랩' 발표에 따르면 세계적으로 30여 개국 59개 팩트체킹 사이트가 활동 중인 것으로 조사된 것을 보면, 첫 해 서밋에 전 세계 팩트체커들이 거의 총 출동한 셈이다.

제1회 서밋의 어젠다는 다채롭게 구성됐다. 루카스 그레이브스(Lucas Graves) 미국 위스콘신대 교수가 전 세계적으로 팩트체크가 성장하고 있다는 내용을 발표했다. 그레이브스 교수는 미국의 대선과정에서 탄생한 팩트체크의 유래와 최신 흐름 등을 소개하면서 "다양한 형태의 조직이 세계 각지에서 성장하고 있다"고 설명했다. 그레이브스 교수는 현대적 의미의 팩트체크 유래에 대해서도 설명했다. 1980년대 후반 미국의 대선캠페인 과정에서 불거진 신뢰성 논란과 이에 맞선 언론의 자성노력이 팩트체크의 단초를 마련했다는 내용이었다.

우크라이나에서 활동 중인 팩트체커들은 진실을 찾기 가장 거친 곳이라는 주제로 자국에서 벌어지는 다양한 거짓 정보들과 이를 바로잡기 위한 팩트체커들의 힘겨운 노력을 소개했다. 당시 세계적인 이슈로 부각됐던 우크라이나 사태의 소용돌이 속에서 거짓 정보와 기사가 넘쳐나고 있는 다양한 사례가 소개됐다. 일례로 폭격으로 불타는 우크라이나 도심사진은 합성사진으로 판명 났고, 러시아 군을 향해 총을 겨누고 있는 우크라이나 군인의 사진 역시 영화의 한 장면을 캡처한 것으로 밝혀지기도 했다.

그리고 첫 회 서밋인 만큼 새롭게 팩트체크를 시작하는 후배들을 위한 선배들의 노하우 전수도 중요한 어젠다로 등장했다. 앤지 홀란(Angie Holan) '폴리티팩트' 편집장이 팩트체크를 위한 체크리스트를 포함한 실전교육을 진행했다. 앤지 홀란 편집장은 "팩트체크 작업은 까다로운 작업이며, 시간과 소스가 제한적이기 때문에 자칫하면 시간만 낭비하고 아무런 소득이 없을 수 있다"면서 "고기가 있을 법한 곳에 넓고 정확하게 투망을 던지는 어부와 같은 자세가 필요하다"고 충고했다.

이밖에도 첫 회 서밋에서는 팩트체크를 위한 크라우드 소싱 활용법, 자금조달과 지속가능한 비즈니스모델, 팩트체크의 효과, 등급을 매기는 평가시스템(*rating*, 레이팅)에 대한 찬반 등 전 세계 팩트체커들이 실제로 고민하고 있는 다양한 고민들이 주요한 의제로 등장했다.

전 세계에 흩어져 활동하던 팩트체커들이 처음 한자리에 모인 만큼 축제 같은 분위기도 났다. 공식 행사가 끝난 뒤에도 저녁식사를 같이 했고 몇 개의 그룹이 자연스럽게 형성돼 술자리도 함께 하며 팩트체크 저널리즘에 대한 속 깊은 얘기를 나눴다.

## 팩트체커 간 협업이 돋보인 두 번째 서밋

두 번째 서밋 역시 영국 런던에서 2015년 7월 22~24일에 열렸다. 장소는 런던시티대로 무대가 옮겨졌다. 제1회 서밋과 마찬가지로 본 행사 전날인 22일 저녁은 상견례로 가볍게 진행됐다. 1년 만에 다시 모이는 자리였지만 한눈에 봐도 상당한 변화가 감지될 정도였다. 참석자 국적이 훨씬 더 다양해진 것은 물론이고 숫자도 대폭 늘어났다. 국제적 관심 역시 크게 높아졌음을 알 수 있었다.

각국에서 온 팩트체커들이 자신들의 활동상에 대해 소개하는 시간 (*lightning presentations*) 을 가졌는데 이때 등장한 다양하고 생생한 사례들은 마치 전사들의 무용담을 듣는 듯했다. 관심이 높아진 만큼 영향력도 함께 커졌다. 각 나라에서 활동 중인 팩트체커들의 다양한 활약상이 구체적인 변화를 일궈내고 있었다.

실제로 '아프리카 체크'팀의 검증사례를 보면 2015년 4월 남아프리카공화국이 외국인혐오증에 따른 폭력으로 몸살을 앓고 있을 당시 〈뉴욕 타임스〉는 남아공이 인구의 10%에 가까운 500만 이민자들의 근거지가 되고 있다고 보도했다. 그러나 '아프리카 체크'팀이 검증한 결과 이민자는 500만 명이 아닌 220만 명 정도이며, 인구의 4%에 불과했다. 이들은 〈뉴욕 타임스〉가 통계의 출처로 삼은 자료가 표절시비로 인해 학술지 게재가 중단된 논문이라는 점을 밝히면서 팩트체크의 중요성을 다시 한번 일깨웠다.

이탈리아에서는 한 정치인이 자신의 페이스북에 '지중해를 넘어온 불법이민자들 때문에 수천 명의 경찰이 결핵양성 반응이 나왔다'는 글을 올렸다. 하지만 이탈리아 팩트체크 조직인 '파젤라 폴리티카'에서 즉각 검증작업을 한 결과 전혀 사실무근임을 밝혀냈다. 결국 이 정치인은 라디오 방송에서 잘못된 루머를 퍼트린 데 대해 공개 사과했다.

팩트체크 조직의 본산이라 할 수 있는 미국에서는 2016년 대선을 앞두고 다양한 팩트체커들이 활동했는데 백악관에서는 이들을 전담하는 스태프를 두 명이나 따로 둘 정도였다. 주요 대선 후보 캠프에서도 마찬가지로 팩트체커 전담인력을 두고 이들의 검증작업에 대비하는 모습을 보였다.

제2회 서밋의 주요 어젠다 역시 기본 골격은 1회 때와 크게 다르지 않았다. 팩트체크를 새롭게 시도하는 팀을 위한 선배들의 노하우 전수 시간이 마련됐다. 새롭게 시작하는 팩트체커들을 위한 훈련법, 포토체킹(photo checking), 팩트체크 역효과를 어떻게 관리할 것인지, 당파성을 어떻게 극복할 것인지, 더 나은 팩트체크를 위한 데이터 활용법 등 다양한 프로그램이 제공됐다.

이 가운데 포토체킹은 당시 광범위하게 번지고 있던 가짜 합성사진을 어떻게 검증할지에 대한 구체적인 팁을 제공해 참석자들의 많은 관심을 모았다. '아프리카 체크' 편집자인 줄리안 레이드마이어(Julian Rademeyer)와 우크라이나 팩트체크 사이트 '스톱 페이크'(Stop Fake) 공동설립자 테티아나 매티샥(Tetyana Matychak)이 공동 발표했다. 발표한 내용 가운데 일부를 소개하면 다음과 같다. 2015년 초 소셜미디어 등 온라인에는 "살인과 강간을 저지르는 보코하람에 맞서 싸우는 담대한 용기"라는 캡션이 붙은 사진 한 장이 광범위하게 유포됐다. 나이지리아에서 보코하람(Boko Haram, 이슬람 극단주의 무장단체)에 맞서 여

학생들이 직접 무기를 들고 전투에 나선 듯한 사진인데 팩트체커들이 검증한 결과 나이지리아가 아니라 2012년 말 말리에서 찍은 사진을 교묘하게 합성한 것으로 판명됐다. 또 우크라이나 인근의 미군 탱크로 널리 알려진 사진 역시 수년 전 텍사스에서 촬영된 사진을 교묘하게 합성한 것이었다.

이들은 가짜 이미지를 검증하는 구체적인 팁도 소개했다. 가장 먼저 구글 이미지 서치(Google Image Search)나 틴아이(TinEye) 같은 도구를 통해 사진을 반전시켜 보라고 충고했다. 이렇게 할 경우 원본과 다른 왜곡된 이미지가 1차적으로 걸러지는 경우가 종종 있기 때문이다. 보코하람 사진이 왜곡됐다는 것을 파악한 것도 같은 방법이었다. EXIF 데이터처럼 사진을 찍은 기기와 위치정보까지 제공하는 툴을 이용하는 것도 참고할 만하다고 소개했다. 또 기본이긴 하지만 이미지의 파일명을 확인하는 것도 좋은 방법이다. 사진을 왜곡하는 경우에도 원본파일 명을 바꾸지 않고 그냥 쓰다가 들통 나는 경우가 적지 않기 때문이다.

제2회 서밋에서는 다양한 나라의 팩트체커 간 협업모델도 선보여 눈길을 끌었다. 단적인 예로 G-20 정상회의 기간 동안 9개 나라의 팩트체크 조직이 협업을 통해 각 나라 정상들의 발언을 동시에 검증하기도 했다. 이른바 '팩트체커톤 프로젝트'(Factcheckathon)였다. 또 다른 예는 남아프리카공화국과 이탈리아 팩트체커들의 협업이었다. 당시 케냐를 방문했던 이탈리아 총리가 정상회담을 하는 사진이 케냐 언론 등을 통해 공개됐는데 이탈리아 총리의 옷이 이상했다. 양복 안에 방탄조끼를 입은 듯한 모습이었다. 정상회담 장소에 방탄조끼를 착용하고 나타나는 경우는 극히 이례적이며 경우에 따라선 외교적 결례라 할 수 있다.

이를 이탈리아와 남아공 팩트체크팀이 전문가들의 의견을 청취하고 공동으로 검증한 결과 해당 사진이 조작되지 않았다는 점을 밝혀냈다.

하지만 산이 높으면 골도 깊다는 말처럼 팩트체크 저널리즘에도 양지만 있는 것은 물론 아니다. 제2회 서밋에서 가장 비중 있게 다룬 주제가 팩트체크의 지속가능성과 수익모델 발굴이었다는 점은 팩트체크의 현실을 적나라하게 보여 준다. 팩트체크는 시간과 노력이 많이 들어가는 것에 비해 수익모델이 부족한 것이 사실이었다.

경제적인 어려움이 전부는 아니다. 일부이긴 하지만 실질적인 위협을 받는 팩트체커들도 적지 않았다. 주요 정치인들의 거짓 주장이나 발언을 주로 다루다보니 누군가로부터 불만이나 반감을 사는 경우가 심심찮게 있었고 이것이 위협으로까지 이어지기도 했다. '없애 버리겠다'는 위협을 받기도 하고 비밀 당원으로부터 고소를 당하기도 했다. 일부 여성연구원들은 심한 독설을 듣거나 가끔은 직접적인 공격을 당하기도 했다.

대선공약을 검증하는 일도 마찬가지다. 제2회 서밋에서 사례를 발표한 이란의 '루하니 미터'(Rouhani Meter)는 자신들의 이름과 사진을 공개하지 말아달라고 당부했다. 자국으로 돌아갔을 때 당할 수 있는 여러 가지 우려 때문이었다. 이런 위협에도 불구하고 팩트체크가 갈수록 확산되는 추세라는 점은 진실에 대한 갈증이 그만큼 크다는 의미로 해석된다. 누군가에게는 숨기고 싶은 것이 다른 누군가에게는 반드시 알려야 하는 진실일 수 있다. 숨기고 싶어 하는 것이 많다는 사실은 알려야 할 진실도 많다는 것의 반증이다.

제2회 서밋이 끝날 즈음 팩트체크를 한 단계 진전시킬 중요한 결정도 공개됐다. 포인터재단이 22만 5천 달러의 재원을 확보해 IFCN 활동을 공식 지원하기로 했고, IFCN 실무를 책임질 국장에 이탈리아 팩트체커 알렉시오스 맨잘리스를 선임했다. 또 포인터재단은 홈페이지에 팩트체크 코너를 별도로 신설하고, 팩트체크 온라인 강좌(e-learning packages)도 개설했다.

## 미국 대선과 트럼프에 관심 쏠린 팩트체커들

제3회 서밋은 장소부터 달랐다. 2회 연속 영국에서 열렸던 서밋은 대륙을 바꿔 아르헨티나 부에노스아이레스에 있는 토르쿠아토 디 텔라 대학 강당에서 2016년 6월 8~10일 진행됐다. 개최지를 옮긴 것은 중남미에서 맹활약중인 아르헨티나 팩트체크팀 '체쿠에도'에서 강력히 희망했기 때문이다. 장소만 바뀐 것은 아니다. 앞에서 언급했듯이 이때부터 '제 ○회 글로벌 팩트체킹 서밋'이라는 이름을 쓰지 않고 〈글로벌 팩트 ○〉라는 약칭을 사용하기 시작했다.

당시는 미국 대선이 한창인데다 트럼프 당시 대통령후보의 각종 언행이 세계적인 관심사로 떠오른 탓에 서밋을 진행하는 내내 미국 대선과 트럼프의 발언이 화제가 됐다. 특히, 팩트체크 활동마저 무시하는 트럼프 같은 정치인의 등장으로 팩트체크의 효용성이 떨어지는 것 아니냐는 우려도 적지 않았다. 그러나 경륜 있는 팩트체커들은 트럼프 같은 정치인의 등장이야말로 팩트체크가 더욱 필요하다는 것을 보여 주는 사례라고 설명했다.

〈워싱턴 포스트〉의 글렌 케슬러는 "팩트체크는 정치인의 태도를 바꾸는 데 의미가 있는 게 아니라 사실관계를 정확하게 밝혀 유권자들의 이해를 넓히는 데 있다"고 말했고, 앤지 홀란 '폴리티팩트' 편집장은 "트럼프가 아주 특이한 정치인임에 틀림없지만 그럴수록 평상시의 방식대로 지속적으로 팩트체크를 하는 것이 중요하다"고 했다. 빌 어데어 교수 역시 "우리가 트럼프의 거짓말에 대해 알 수 있는 이유가 바로 성장하는 팩트체커들의 엄청난 활동결과"라고 설명했다.

제 3회 서밋에서도 다양한 나라의 팩트체커들이 자신들의 경험을 공유하는 시간이 마련됐다. 팩트체커들의 활동이 가져온 크고 작은 변화를 공유하는 무용담이 이어졌다. 당시 아르헨티나 부통령후보로 거론되던 가브리엘라 미체티(Gabriela Michetti)는 아르헨티나 팩트체크 조직인 '체쿠에도' 활동을 공개적으로 언급하며 "이것이 우리가 우리의 잘못을 바로잡으려 하는 이유이고, 잘못을 반복하지 않으려 하는 이유"라고 말했다.

미국에서는 대선 영향으로 3대 엘리트 팩트체크 조직의 각종 기록들이 모두 새롭게 바뀌고 있는 상황이었다. 가령 '팩트체크닷오알지'의 한 대선토론 관련 내용은 180만 페이지뷰를 기록하기도 했다. 또 영국의 '풀 팩트'는 위키피디아의 창의적 방식을 도입해 자신들의 고객(언론수용자)을 확대했고, 미국의 '폴리티팩트'는 크라우드 펀딩(crowd funding, 군중 자금조달)으로 모금된 돈으로 오바마 당시 대통령의 연두연설 당시 실시간으로 주석을 다는 서비스를 제공하기도 했다.

크고 작은 좌절이나 실패담도 후발주자들에게는 훌륭한 교재가 됐다. 브라질 팩트체크 조직인 '루파'(Lupa) 책임자인 크리스티나 타르다귈라(Cristina Tardáguila)는 "TV 토론에서 정부 당국자의 주장에 맞서 건강보험 관련 기록과 자료를 시청자들에게 흥미롭게 전달하는 것이 얼마나 어려운 일인지 깨달았다"고 자기고백을 했고, 터키의 팩트체킹 조직 '도으루룩 파이으'(Doğruluk Payı)의 페르디 오즈소이(Ferdi Özsoy)는 "터키에서 어떤 사건이 발생할 때 우리는 경찰이나 구급차가 오기 전에 보도하는 것을 제한 받고 있다"며 어려움을 토로하기도 했다. 또 미국의 '폴리티팩트'는 라디오에 기반을 둔 팟캐스트를 새롭게 선보일 계획이었지만 보류 상태라고 털어놨고, 아르헨티나의 '체쿠에도'는 일반인들을 위한 스마트폰 팩트체크 앱을 출시했지만 정확한 시장조사에 근거하지 않아 좌절을 맛봤다고 고백했다.

제3회 서밋부터는 워낙 참가자들이 많아진 탓에 상당수 프로그램은 여러 개의 조를 나눠 조별 토론을 갖는 방식으로 진행됐다. 팩트체크를 처음 시작하는 팀들을 위한 별도의 프로그램을 운영하기도 했고, 경험이 많은 팩트체커들은 새로운 기술의 진화를 어떻게 팩트체크에 접목할 것인지를 놓고 열띤 토론을 펼치기도 했다. 후발주자들에게는 팩트체크의 원론과 방법론을 설명한 뒤 토론을 진행했고, 경험 많은 그룹은 기술의 진보와 팩트체크의 미래를 주제로 한 심화토론이 이뤄졌다.

팩트체크 역시 시대의 변화에 민감할 수밖에 없다. 서밋의 어젠다에도 이런 내용이 고스란히 반영됐다. '파젤라 폴리티카'의 지오바니 자그니(Giovanni Zagni)와 '체쿠에도'의 파블로 마틴(Pablo Martin Fernández) 등의 발표로 진행된 첫째 날 세션에서는 팩트체크가 일반인들에게 좀더 흥미롭게 다가가기 위해 다양한 시각적 효과나 소셜미디어를 적극 활용해야 한다는 제안이 나왔다.

둘째 날 토론과정에서는 팩트체크의 지속성을 보장하기 위해 경영적으로 안정된 기반을 어떻게 마련할지에 대해서도 많은 고민과 의견교환이 있었다. 이 주제는 제 1, 2회 서밋에서도 계속 등장했던 만큼, 지속 가능성이 중요한 문제임을 여실히 보여 줬다. 제 3회 서밋에서는 크라우드 펀딩처럼 다수의 참여를 보장하는 방식과 라이센스를 통해 일종의 로열티를 받는 방식 등이 주요하게 소개됐다.

앞에서 언급했듯이 다양한 분임토의도 이뤄졌다. 전체 참석자들을 8개 그룹으로 나눠 팩트체커만의 표준을 만드는 문제부터 팩트체크 경험의 공유, 국제팩트체킹데이 제정 등 다양한 주제에 대한 토의가 이뤄졌다. 팩트체크가 저널리즘 분야에서 성숙 단계에 접어든 만큼 팩트체커들 역시 한 차원 다른 활동과 자세가 필요하다는 데 공감했다.

서밋이 끝난 뒤에도 논의는 계속됐다. 그 결과 '셰어 더 팩츠'(Share the Facts) 라는 위젯을 팩트체커들이 사용하기로 하는 한편 2017년 4월 2일에 제 1회 국제팩트체킹데이를 열기로 결정했다. 국제팩트체킹데이 날짜를 결정하는 문제를 놓고는 두 가지 의견이 팽팽하게 맞섰다. 거짓말에 대한 경종을 울리는 차원에서 만우절 다음날인 4월 2일로 하자는 의견과 각종 시상식이 몰리는 연말 '올해의 거짓말'을 선정 발표하면서 주의를 환기시키는 방안 등이 제기됐는데 다수 의견이 만우절 다음날로 모였다.

팩트체커들의 행동강령에 대해서도 가시적인 성과가 나타났다. IFCN은 제 3회 서밋이 끝난 뒤 전 세계 팩트체커들에게 사발통문을 돌려 앞서 소개한 "Code of Principles"라는 5가지 원칙 강령을 채택했다. 서밋에서 나눈 고민과 토론내용이 실제로 적용되고 실천까지 이른 것이다.

## 팩트체크 3.0 시대를 고민한 제4회 서밋

제4회 서밋(Global Fact 4)은 2017년 7월 5~7일 사흘 동안 스페인 마드리드에 있는 구글 캠퍼스에서 200명 가까운 참석자가 모여 진행됐다. 제4회 서밋에서는 몇 가지 달라진 점이 보였다. 워낙 많은 참가자들이 모이면서 1~3회 때까지 저녁에 상견례로 진행하던 첫째 날 행사가 본 프로그램으로 변경되면서 명실상부하게 2박 3일 내내 서밋을 진행하는 방식이 도입됐다. 또 참석자 면면도 많이 달라졌다. 팩트체커나 언론계, 언론학자뿐만 아니라 구글, 페이스북 등 세계적인 플랫폼 사업자들이나 IT전문가들이 대거 참석한 점이 눈에 띄었다.

참석 인원이 워낙 많다보니 스피드 미팅을 통한 상견례 시간을 따로 만들었다. 하지만 한계가 분명했다. 세션 중간에 마련된 휴식시간이나 점심시간 등을 이용해 새로운 참가자들과 인사 나누기에도 벅찰 정도였다. 일정도 빡빡했다. 2박 3일 동안 빼곡히 마련된 사례발표와 강연, 분임토의 등 21개의 세션 일정은 잠시 숨 돌릴 여유조차 찾기 힘들 정도였다.

제4회 서밋의 특징은 다양한 전문가들이 참석해 디지털 기술의 진화를 팩트체크 활동과 연계하는 방안에 대해 제안하고 고민하는 흔적이 역력했다는 점이다. 구글 뉴스랩, 페이스북, 위키미디어 등의 관계자와 전문가들은 진화한 기술을 팩트체크에 활용하는 방안을 소개했다.

플랫폼 사업자뿐만이 아니다. 일부 기술진보를 직접 현장에서 접목하려는 팩트체커들의 고민도 동시에 소개됐다. 영국 '풀 팩트'의 메반 바바카(Mevan Babakar)는 "구글과 가짜 뉴스 자동검색 기능을 개발하고 있다. '라이브'와 '트렌즈', 두 개의 자동 팩트체크 기술을 실용화하기 위한 작업의 마지막 단계에 와 있다"고 밝혔다.

'리포터스랩'은 팩트체크 된 결과가 구글에 잘 노출될 수 있도록 하는 위젯 '셰어 더 팩츠'를 소개했다. '셰어 더 팩츠'는 팩트체크를 하는 각 기관이 공유하는 표준형 템플릿으로 제3회 서밋에서 도입키로 결정한 사안이다. 구글은 이미 지난해 4월부터 팩트체크한 기사에 대해 팩트체크라는 꼬리표를 다는 제도를 운용중인데 '셰어 더 팩츠'까지 활용하면서 기사 노출도가 폭발적으로 증가했다는 평가를 받고 있다. '셰어 더 팩츠'는 2018년 현재 영어, 이탈리아어, 폴란드어 등으로 서비스된다. 또한 빌 어데어 교수가 소개한 인공지능 기술을 적용한 '클레임버스터'(ClaimBuster)나 아마존의 AI비서인 '알렉사'(Alexa) 시연도 결국 진화한 기술을 팩트체크와 접목할 수 있는 방안연구로 팩트체크의 미래를 가늠케 했다.

제4회 서밋의 또 다른 특징은 연대와 협력이 중요한 화두로 등장했다는 점이다. 프랑스와 노르웨이 등에서 서로 경쟁적인 관계에 있는 언론사들이 모여 협력을 통해 팩트체크한 사례는 새로운 가능성을 보여줬다. 노르웨이에서는 2017년 6월 경쟁관계에 있는 일간지와 방송사 4곳이 각 25%씩 지분을 출자해 비영리 팩트체크 전문 매체인 '팍티스크'를 만들었다. 언론인 출신으로 '팍티스크' 대표를 맡고 있는 헬에 솔베르그 (Helje Solberg)는 "경쟁에서 이기는 것보다 더 중요한 것은 미디어에 대한 시민들의 신뢰를 회복하는 것이었다"고 배경을 설명했다.

또 프랑스는 지난 대선을 앞두고 19개 언론사가 모여 가짜 뉴스를 팩트체크하는 한시적 협력모델 '크로스체크'를 선보인 바 있다. 노르웨이와 마찬가지로 공익을 위해 개별 언론사의 욕심을 잠시 뒤로 미뤄둔 셈이다. 팀 일원으로 참여했던 〈리베라시옹〉의 기자 폴린 물로(Pauline Moullot)는 "우리가 가진 자료를 경쟁사들과 공유하는 것이 편한 것만은 아니었지만 이런 종류의 협력이 필요하다는 데는 공감대가 있었다"고 설명했다.

팩트체크의 향후 전망에 대한 고민도 이어졌다. 특히, 마지막 날 발제를 맡은 API의 톰 로젠스틸(Tom Rosenstiel)은 팩트체크가 1980∼1990년대 1.0 시대를 거쳐 현재 다양한 기술이 접목된 2.0 시대에 와 있는데, 앞으로는 새로운 접근법을 통한 3.0 시대를 열어야 한다고 제안했다. 로젠스틸은 "팩트체크를 할 수 있는 정치인의 말을 기다릴 것이 아니라 시민들이 알아야 할 것이 무엇인가로, 행위자 중심(actor focused)이 아니라 이용자 중심(user focused)으로 무게중심을 옮겨야 한다"고 강조했다. 인물(발언) 중심의 팩트체크에서 이슈 중심으로 바뀌어야 한다는 것이다. 이는 정치적 공방이 필연적으로 뒤따를 수밖에 없는 팩트체크의 약점을 극복하기 위한 방편이 될 수도 있다. 궁극적으로는 팩트체크 역시 해설형 저널리즘이 돼야 한다는 것이 로젠스틸의 충고다.

## 제5회 서밋, 진화하는 가짜 뉴스에 손잡은 팩트체커들

제5회 서밋(Global Fact 5)은 이탈리아 로마 세인트스테판 스쿨에서 56개국 225명이 참여한 가운데 2018년 6월 20일부터 22일까지 2박 3일 일정으로 진행됐다. 앞에서도 잠깐 언급했지만 제5회 서밋은 200명 제한을 뒀는데도 불구하고 워낙 많은 신청자가 몰리면서 결국 수백 명이 참석을 할 수 없는 상황이 됐다. 필자 역시 신청을 했지만 아쉽게도 최종 참가자 명단에 포함되지 못했다. 대신 SNU 팩트체크 센터에서 모집한 팩트체크 디플로마 과정에 선발돼 총 8주간의 교육과정을 마친 10명의 한국 기자들이 참석했다. 지금까지 한국인 참가자들은 많아야 2~3명에 불과했다. 필자 혼자서 참석한 적도 두 번이나 된다. 이에 비하면 제5회 서밋에 10명의 한국 기자들이 대거 참석한 것은 실로 놀라운 일이다. 많은 기자들이 새로운 경험을 하고 온 만큼 국내 팩트체크 활성화에 좋은 활력소가 되리라 믿는다.

제5회 서밋은 다른 참석자들의 참관기와 팩트체크 컨퍼런스 참석차 2018년 7월 서울을 방문했던 빌 어데어 교수 등과의 만남 등에 기초해 재정리했음을 미리 밝힌다. 제5회 서밋에서도 4회 때와 비슷한 주제가 관심을 모았다. 대형 플랫폼 사업자와 IT관계자들이 대거 참석해 팩트체커들과 머리를 맞댄 것도 비슷하다.

가짜 뉴스에 대응하기 위한 전 세계 팩트체커들의 협업과 연대 등이 주요한 관심사가 됐다. 프랑스 보도채널인 프랑스 24(France 24)와 다른 나라 회원들이 함께 만든 네트워크인 '옵저버'(Observer)는 검증이 필요한 사진이나 영상을 올리면 5천여 명의 회원들이 집단지성을 발휘해 검증하는 방식이다. 또 조작된 동영상을 가려내는 'InVid' 프로젝트 역시 날로 진화하는 가짜 뉴스 기술에 맞선 팩트체커들의 노력의 일환으로 소개됐다. 앞서 언급한 〈리베라시옹〉의 플랫폼인 '체크뉴스' 사례도 소개됐는데 2017년 9월 서비스 시작 이후 8천여 개의 검증 요청이 들어왔고 이 가운데 1,600여 개에 대한 검증답변이 이뤄졌다고 한다.

아직 갈 길이 멀지만 자동 팩트체크 기술에 대한 논의도 활발했다.

빅데이터와 알고리즘을 기반으로 한 자동 팩트체크 기술은 아직 초보적 단계이지만 여러 나라의 팩트체커들이 관심을 갖고 꾸준히 연구개발 중이다. 영국의 '풀 팩트', 아르헨티나의 '체쿠에도', 브라질의 '아우스 파투스'(Aos Fatos) 등이 대표적이다.

미국 3대 팩트체커 중 하나인 '폴리티팩트'의 도전정신과 실험도 신선하다. '폴리티팩트'는 2017년 말부터 약 6개월에 걸쳐 미국에서 보수성향이 강한 오클라호마주 털사, 웨스트버지니아주 찰스턴, 앨라배마주 모빌 등 3개 주 3개 도시에서 지역 정치인과 오피니언 리더들, 보수성향 독자들, 언론관계자들을 직접 만나는 타운홀 미팅을 가지고, 팩트체크와 미디어 리터러시(media literacy)에 대한 교육을 진행했다. 그 결과 팩트체크는 편향됐다고 보던 시각이 대폭 개선된 결과를 확인했다고 한다.

에런 셔락먼(Aaron Sharockman) '폴리티팩트' 총괄부장은 "트럼프가 클린턴보다 거짓말을 많이 했음에도 대통령이 됐지만 '폴리티팩트'가 실패한 것은 아니다"면서 "우리의 목적은 대중들에게 정확한 정보를 전달하는 것이고, 지금 많은 사람들은 우리가 하는 일에 대해 이해하려고 하고 있다"고 말했다.

## 참고문헌

김민배 · 오택섭 · 김용희. 2012. "SNS와 선거보도". 〈관훈저널〉 봄호.

마동훈 · 오택섭 · 김선혁. 2013. 《저널리즘 공공성 실현을 위한 한국형 팩트체킹 모델 연구》. 서울: 한국언론진흥재단.

양윤경 외. 2018. 《가짜 뉴스를 잡아라! 프랑스 팩트체크》. 서울: 지식플랫폼.

정재철. 2017. 《팩트체킹》. 서울: 책담.

# 2장

# 팩트체크, 어떻게 해야 잘 할까?
## 가짜 뉴스 감별부터 SNS 검증까지

김양순 | KBS 디지털뉴스 팀장, 팩트체킹 담당자

## 들어가며

#팩트체크 #리얼리티체크 #사실검증

팩트체크 저널리즘이라는 말이 처음 등장했을 때 많은 한국 기자들이 웃었다. 기자가 기사를 쓰기 위해 당연히 해야 하는 작업이 사실인지 여부를 확인하는 것인데, 지극히 당연한 작업에 '저널리즘'을 붙이다니 …. 그때만 해도 팩트체크가 단순한 사실확인이 아니라 사실 '여부'를 '검증'하는 차원으로 발전하고, 그 자체가 하나의 뉴스 장르가 되리라고 예상한 기자는 별로 없었으리라 여겨진다(한국이든 미국이든 유럽이든). 팩트체크 코너가 있든 없든 기자들은 취재과정에서 "그래서 (그게) 팩트야?", "팩트가 뭔데?"라는 말을 하루 종일 입에 달고 살았기 때문이다.

팩트체크가 한국에서 큰 조류로 등장한 것은 미국이나 유럽처럼 가짜 뉴스나 가짜 정보, 허위 정보 때문이 아니었다. 아이러니하게도 팩트체크라는 단어의 반향은 2014년 세월호 참사에서 비롯됐다. 이른바 주류 언론이라 불리는 대다수의 언론들이 정부의 보도자료를 받아쓰기 하며 진도 앞바다에 출동한 소방차와 헬기, 잠수사들 숫자만 보도하기 급급했을 때 — 필자도 그 가운데 하나였음을 고백한다 — 그 보도 자체가 '거짓말'은 아니었다. 해양수산부와 해경이 제시한 숫자와 녹취록이 '팩트'가 아니라고 말할 수는 없다. 정부는 분명 상당한 숫자의 해경과 잠수부들을 현장에 불러 모았고, 보도자료와 보도 참고자료 등 정부가 제공한 리소스들의 숫자는 '틀리지' 않았다. 그러나 목적이 구조인 활동에서 실제로 (사람을 포함한) 이 지원들이 진도 앞바다에서 구조에 투입됐는지가 '팩트'인지를 취재한 언론사는 없었다. 사건 발생 이틀 뒤 비로소 의문이 제기되기 시작했다. 이미 기자들은 '기레기'가 된 시점이었다.

세월호 참사는 정부 보도자료를, 국회의원이나 장관 등 고위 공직자, 심지어 대통령의 말을 그대로 받아쓰기만 하는 것이 얼마나 너절한 저널리즘인지를 깨닫게 했다. 그 의식의 각성은 기자들보다 일반인들이 빨랐다. 팩트체크 기사들이 다른 일반 기사들보다 소비가 높다는 것에서도 알 수 있고, '팩폭'(팩트폭격)이라는 말의 유행에서도 알 수 있다. 이제 소비자들이 기자들에게 묻는다. 진실이 아닌 것을 알면서도 발언자가 그렇게 말했다는 이유만으로 아무런 판단 없이 전달하는 것이 사실보도, 진실보도가 맞는가.

팩트체크를 사실확인이라고 단순히 번역하면, 틀렸다고 반박하긴 힘들 것이다. 그러나 BBC에서 팩트체크를 리얼리티체크, 즉 진실 확인이라고 부르는 것은 사실에서 벗어나 진실로 한 발짝 더 다가가려는 작업으로 해석된다. 정치인이든, 공직자든, 일반인이든 화자의 뜻을 훼손하지 않고 정확하게 '받아쓰기'했는가를 확인하는 것이 팩트체크가 아니라 화자가 한 말 그 자체의 진실성 여부를 가리는 것이 리얼리티체크의 핵심이 되어야 한다는 뜻이다.

#의심하라 #집요하게_의심하라

그렇다면 사실에서 한발 더 나아간 진실을 찾으려는 검증은 무엇을, 어떻게 해야 잘할 수 있을까? 필자는 KBS에서는 처음으로 2016년 대통령선거 과정에서 팩트체크 기사를 쓰기 시작했다. 처음에는 정치적, 기술적으로 어려웠다. 그러나 일단 시작한 이후 어쩌다 보니 2018년 12월 현재까지 직접 팩트체크 기사를 쓰기도 하고 팀원들에게 아이템을 제공하고, 기사를 데스킹하고, 마지막으로 최종 검수해 출고까지 하나의 과정을 온전히 맡아 왔다. 이렇게 수년 간 팩트체크 기사를 작성하다 보니 듣자마자 가짜 정보라고 판별하는 눈치가 늘고 이를 검증하는 과정에서 KBS만의 틀을 만들어 나갔다. 그래서인지 회사 안팎에서 팩트체크 실무 노하우를 전수해달라는 강연 요청을 자주 받게 되는데, 강의 자리에 왔던 한 후배가 이런 말을 했다. "선배가 팩트체크를 계속 하고 잘하는 이유는 선배가 의심이 많은 데다 집요해서 그렇다"고.

　실제로 그렇다. 팩트체크를 어떻게 할지에 대해 세계 언론사에서 제시하는 첫 번째 덕목(?)이 의심하라(be skeptical)이다. 뉴욕시티칼리지의 저널리즘대학원 팩트체크 과정에서는 아예 대놓고 이렇게 말한다.

"의심은 무기입니다. 의심은 미덕입니다"(Skepticism is a weapon. Skepticism is a virtue).

정말로? 진짜로? 이렇게 갸웃갸웃 묻는 것에서부터 가짜 뉴스, 가짜 정보에서 해방될 수 있다. 의심의 다음 단계는 검증이다. 보통은 몇 번의 검색으로도 의심을 떨쳐내고 진실에 가까워진다. 그러나 문제는 갈수록 가짜 정보, 허위 뉴스의 품질(?)이 향상된다는 점이다. 가짜 뉴스는 점점 더 교묘해지고, 말장난을 치고, 통계와 사실 관계를 편집해서 입맛에 맞는 것만 보여주며 우리의 눈을 가린다. 그렇기 때문에 검증 방법의 요체는 "의심해라, 그냥 의심하지 말고 집요하게 의심해라"라고 해야 할 것 같다. 그렇다면 어떻게 의심하고, 얼마나 집요하면 될까?

## 세 가지 질문으로 팩트체크 시작하기

필자의 시어머니는 일흔이 넘으셨다. 10년 전에는 TV를 열심히 보셨는데 이제는 좋아하시는 드라마를 제외하고는 그다지 TV에 애정을 기울이지 않으신다. 한동안은 친구 분들과 카카오톡 단톡방에서 모든 정보를 주고받으셨다. '뭐가 몸에 좋다더라, 혹은 안 좋다더라…' 등 과학적으로 검증된 바 없고 얼핏 들어도 의심스러운 건강정보를 주고받으실 때는 "그거 아니에요, 어머니. 제가 링크 보내드릴게요"하고 잘못된 건강상식을 체크해드리기 쉬웠다. 그런데 어느 날 어머님 스마트폰을 정리해 드리다 놀라운 푸시(push)들을 발견했다. 구독 중인 유튜브 방송 채널들 — 주로 보수적, 일부 극우적 성향의 — 이 라이브(생방송)를 할 때마다 보내는 푸시알람이 수십 개가 쌓여 있었다. 현재 유튜브에서 방송하고 있는 채널들은 엄밀히 법적으로 따졌을 때 뉴스가 아니다. 그들이 언론사가 아니기 때문이다. 언론중재법상, 오보에 대해선 정정보도를 요청할 수 있고 한편의 주장만을 과도하게 부각시켰을 경우에는 반론보도를 청구할 수 있지만 유튜브 방송에 대해선 그렇게 할 수 없다. 왜냐면 유튜브 방송은 현재 방송법이나 신문법 어디에도 언론으로 등록되어 있지 않고, 따라서 뉴스도 아니기 때문이다. 그러니 가족들과 만나 괜히 정치, 사회, 종교 등의 논쟁적 이야기를 하다 싸우지 말자. 대신 조목조목 의심하며 짚어 주면 된다. 그게 생활 속 팩트체크의 시작이다.

그럼에도 필자도 혹할 때가 있다. 정치적 사안에 대해서 사이다처럼 시원한 발언을 쏟아 낸다거나 통계청의 수치를 들먹일 때, OECD 같은 선진국에서는 그렇지 않다고 자신 있게 말하며 해외 사례를 들이댈 때 흔들린다. 정말인 것 같아 믿고 싶어진다. 그럴 때는 딱 질문 3개만 던져보자. '버즈피드'(Buzzfeed)에서 팩트체커로 활약하는 크레이그 실버먼(Craig Silverman)과 뉴욕시립대에서도 이렇게 질문하길 권한다.

① 누가 한 말이야? (Who says?)
② 그 사람이 그걸 어떻게 알지? (How do they know?)
③ 그거 (근거 혹은 사람) 편향적이지 않냐? (Are they biased?)

이 질문 안에는 검증(*verification*)에 필요한 핵심이 들어있다. 누가 한 말이냐는 것 안에는 정치인이나 공직자, 대통령 등 이른바 발화자에 대한 의심이 들어있는 동시에 그가 한 말이 '사실적 진술'인지 '의견'인지를 구분하도록 한다. 팩트체크는 "무엇을 팩트체크할 것이냐"가 첫 번째 요건인데, 의견이나 주장에 대해서는 할 수 없기 때문이다. 예컨대 "나는 김태희가 손예진보다 예쁘다고 생각한다"고 했을 때 김태희가 손예진보다 예쁘다고 보는 것은 나의 개인적인 '의견' 혹은 '주장'이다. 실제로 김태희가 손예진보다 예쁠 수도 있고 덜 예쁠 수도 있지만, 내 눈에는 그렇다는 거다. 의견이나 주장인 진술 자체를 팩트체크한다는 것은 할 수도 없을뿐더러 의미도 없다. 그러나 진술을 이렇게 바꿔보자. "컴퓨터로 안면인식 기술을 사용해 빅데이터로 서구인들이 미인이라고 생각하는 기준을 적용했더니 김태희가 손예진보다 예쁘다"고 말한 것은 어떨까? 결론은 먼젓번이나 다를 바 없이 김태희가 손예진보다 예쁘다는 것이지만 전자와 달리 후자는 팩트체크가 가능하다. 의견이 아닌 '사실적 진술'이기 때문이다.

이렇게 해서 첫 번째 질문 "누가 한 말이야?"에 대해 검증이 가능할 것인지 판단을 내리고 나면 두 번째 질문으로 넘어간다. "그 사람이 그걸 어떻게 알지?"(How they know?) 이 질문은 사실적 진술에 대한 근거(source)에 대한 검증이다. 위에 언급한 사실적 진술로서의 "컴퓨터로 안면인식 기술을 사용해 빅데이터로 서구인들이 미인이라고 생각하는 기준을 적용했더니 김태희가 손예진보다 예쁘다"는 발언에 대해 "너는 그걸 어떻게 아는데?"라고 물어보는 거다. 좀더 구체적으로 ① '빅데이터로 서구인들이 미인이라고 생각하는 기준은 뭐야? 누가, 어떻게 정한 건데?', ② '컴퓨터로는 어떻게 인식하는 건데?'라고 질문을 쪼개보자. 만약 발언자가 "어디어디에서 봤어" 혹은 "어디어디에 나온 누가 그러더라"고 근거를 들면 3번째 질문으로 넘어가게 된다. 반면 발언자가 해당 질문에 대해 합당한 근거나 대답을 내놓지 못하거나 "인터넷에서 찾았다"라고 답하면 차근차근 질문에 대한 답을 찾아 나가는 게 검증과정이 될 것이다.

세 번째 질문인 "편향되지 않았나?"(Are they biased?) 라는 말은 발언자가 댄 근거가 한쪽—정파일 경우 보수 혹은 진보 측—의 입장만 반영하고 있는지를 알아보기 위한 질문이다. "김태희가 손예진보다 예쁘다"는 사실적 진술에 대한 근거가 가수이자 배우인 비(본명 정지훈)에게 물어봐서 나온 결과라면 누구나 편향됐다고 느끼는 것과 마찬가지다. 이렇게 던진 3개의 질문은 뭔가 의심스럽다고 생각한 발언 혹은 정보가 팩트체크할 수 있는 것인지를 판별하게 하는 동시에 어떤 점을 구체적으로 검증해야 할지 다음 단계로 이끌어 낸다. 그 다음 단계는 무엇을 확인할 것인가에 대한 부분이다.

이상의 세 가지 질문으로 가장 기본적이자, 핵심인 팩트체크 요건을 정리했다. '버즈피드'의 크레이그 실버맨이 만든 체크리스트를 기본으로, 뉴욕시립대 뉴마크 저널리즘 스쿨1)에서 만든 "가짜 뉴스 감지 체크리스트"다(〈부록 1〉참고).

---

1) 뉴욕시립대(The City University of New York)의 뉴마크 저널리즘 스쿨은, IBM 출신 프로그래머로 일종의 정보 공유 장터였던 인터넷 커뮤니티 1세대 '크레이그리스트'를 만든 크레이그 뉴마크의 후원으로 팩트체크 분야에 주력하고 있다.

## 팩트체크 유형과 방법

가짜인 것 같은 의심의 냄새가 물씬 난다면 바로 팩트체크를 시작할 준비가 된 것이다. 그런데 팩트체크 기법(how to)에는 정답이 없다. 검증해야 할 사안의 주제 — 정치, 경제, 사회, 종교 등 — 에 따라 달라질 수도 있고, 발언자의 지위 — 정치인, 일반인, 공직자, 공직선거 후보자 등 — 에 따라 달라질 수도 있다. 미래에서 온 AI 컴퓨터가 세상 모든 '정답'을 서버에 넣어 놓고 검색창에 엔터만 누르면 진짜인지 가짜인지를 판별해 주면 좋겠지만 — 이를 실현하기 위해 세계 IT 업체들이 노력하고 있다 — 그렇다 하더라도 최종 검증은 사람이 할 수밖에 없다.

2년가량 KBS에서 50여 건의 팩트체크 기사를 쓰면서 아이템을 검증하고, 선거 국면에서 후보자들의 토론을 검증했지만 어느 하나 정해진 길은 없었다. 그러나 자꾸 해 보면 쉬워진다고, 한국에서 많이 이뤄지는 팩트체크 아이템의 유형을 나눠서 실무적으로 접근해 보자.

### 한국형 팩트체크 아이템 유형

#### ① 정치인의 발언

한국뿐 아니다. 세계적으로 언론인들의 단골 팩트체크 아이템이 정치인의 발언 검증이다. 우리나라에서도 정치인이 한강에 빠지면 입만 살아서 둥둥 뜬다는 말을 하는데, 미국과 유럽 등 나름 정치와 언론문화에 선진국이라는 곳들도 정치인들의 거짓말은 예외가 없다. 여야의 원내대표, 당대표, 대변인들의 말은 평소에 유심히 살펴야 한다. 정치적으로 대부분의 사안에 대해 이들의 논평은 가장 큰 영향력을 갖기 때문이다. 공당의 대표, 대변인의 자격을 걸고 하는 말이기 때문에 부여되는 책임도 그만큼 크다는 것을 끊임없이 상기해 주기 위해서는 팩트체크가 대표적인 수단이다. 효과도 대단히 크다.

사실 기자들만의 일은 아니다. 유권자로서 나를, 우리를 대표하는 선출직들이 근거 없이 정책적 발언을 하는 것을 보는 건 심히 괴롭고 고통스러운 일이다. 다음에 뽑지 않으면 된다지만, 4년에서 5년을 참았다가 선택하는 건 가성비가 너무 떨어지는 일이다. 팩트체크가 유용한 이유는 바로 이 지점에 있다. 정치인에게는 표가 목숨처럼 소중하다. 표를 얻어야 하는데 '거짓말쟁이'라는 낙인이 찍힌 사람에게 사람들이 투표를 하기는 쉽지 않다. 정치인들이 팩트체크에 민감하게 반응하는 이유는 거짓말쟁이라는 낙인의 위험성을 누구보다도 잘 알기 때문이다.

그렇다면 정치인의 발언을 검증하는 가장 좋은 수단은 무엇일까? 가장 쉬운 방법은 이른바 '발언 데이터베이스'를 확보하는 것이다. 여당과 야당의 대표, 원내대표, 대변인 등 이슈메이커 몇 명을 정해 이들의 발언을 파일에 모아 놓기만 하면, 어떤 사안에 대해 이른바 '손바닥을 뒤집는지'를 간단하게 밝혀낼 수 있다. 특히, 정치인들은 선거 국면에서 총력을 기울인다. 선거 토론에 나온 후보자들이 한 말들을 텍스트 파일로 만들어 놓기만 해도 후보자가 선거과정에서 했던 말 혹은 공약을 당선 뒤에 어떻게 뒤집는지 검증할 수 있다.

말이 쉽지 '발언 데이터베이스'를 어떻게 만드느냐고 묻는 이들이 있다. (사실 많다.) 대규모 언론사도 아니고 데이터 작업만 하는 사람들을 고용할 수도 없다고 한다면 한국언론진흥재단에서 만든 '빅카인즈' 시스

뉴스내인용문 (93건)    관련뉴스 (780건)

[정의당 심상정 의원]
**정당 지지율에 정비례하는 의석배분 선거제도가 연동형 비례대표제라는 전제 자체를 흔들어서는 안 된다**
서울신문   정치>국회_정당 | 정치>행정_자치 | 정치>선거  2019.01.23 / 강윤혁

[심상정 정의당 의원]
**(민주당은) 정당지지율에 정비례하는 의석배분 선거제도가 연동형 비례대표제라는 전제 자체를 흔들어서는 안 된다**
충청투데이   정치>국회_정당 | 정치>행정_자치  2019.01.23 / 백승목 기자

[심상정 정의당 의원]
**정당지지율에 정비례하는 의석배분 선거제도가 연동형 비례대표제라는 전제 자체를 흔들어선 안 된다**
경인일보   정치>국회_정당 | 정치>행정_자치 | 정치>선거  2019.01.23 / 김연태

[정의당 심상정 의원]
**한국당은 300석 유지에 합의할 수 있고 지역구 축소는 어렵다고만 할 게 아니다**
경향신문   정치>국회_정당 | 정치>행정_자치 | 정치>선거  2019.01.22 / 박순봉·김한울 기자 gabgu@kyunghyang.com

[정의당 심상정 의원]
**(민주당은) 정당지지율에 정비례하는 의석배분 선거제도가 연동형 비례대표제라는 전제 자체를 흔들어서는 안 된다**
충청일보   정치>국회_정당 | 정치>행정_자치  2019.01.22 / 김홍민 기자

[심상정 정의당 의원]
**연동형 비례대표제라고 하는 전제 자체를 흔드는 것은 논의에 효과적이지 않다**
중부일보   정치>국회_정당 | 정치>행정_자치  2019.01.22 / 라다솔

빅카인즈에서는 '뉴스심층분석'. '정치인으로 보는 뉴스' 등을 통해 정치인 발언을 검증할 수 있다.
출처: 빅카인즈.

템을 추천한다. 본래의 용도는 언론사들의 기사를 분석하기 위해 만들어 놓은 시스템이지만, (감사하게도) 정치인들의 발언을 취합하는 용도로 쓰기에도 좋다. 빅카인즈(https://www.bigkinds.or.kr)에서 오른쪽 메뉴 중에 '뉴스심층분석'에 들어가면 된다. 메뉴 제목이 뉴스심층분석이지만 정치인과 기업인과 관련된 뉴스 — 주로 발언 — 를 모아 놓은 코너이다. 사용하기 위해서는 로그인이 필요한데, 유료가 아닌 무료회원도 충분히 사용할 수 있으니 무료회원을 가입하고 '정치인 발언'으로 들어가서 원하는 정치인을 검색한 뒤 하단으로 스크롤하면 해당 정치인의 발언이 나온다. 예컨대 '심상정'으로 검색하면 최근 심상정 의원이 연동형비례대표제와 관련해 한 발언들을 시간 순으로 확인할 수 있다. 기간을 1년 이상으로 늘려서 심 의원의 입장이 어떻게 변화해 왔는지 볼 수도 있다.

## ② 법, 제도를 통한 검증 혹은 법과 제도의 검증

법과 제도의 허점은 손쉬운 팩트체크 대상이다. 인간은 변하고, 인간들이 사는 사회도 함께 변화한다. 특정 시점에 만든 법과 제도가 시대가 변화하는데도 가만히 있다면 당연히 허점이 생길 수밖에 없다. 법과 제도는 그런 점에서 양날의 검이다. 누군가의 주장을 검증하며 법적으로 타당치 않다고 결론지을 수도 있고, 반대로 법 자체에 문제가 있다고 내세울 수도 있기 때문이다. 그래서 좀더 조심스럽게 사용해야 하기도 한다.

가장 손쉽게, 많이 사용되는 도구는 법제처에서 제공하는 국가법령정보 사이트(http://law.go.kr)이다. 각종 법령은 물론 행정안전부에서 관할하는 행정규칙, 판례, 해석례, 자치단체에서 만든 셀 수 없이 많은 자치법규까지 망라하고 있다. 단순히 망라만 한 게 아니라 개정된 법에 대해선 언제, 왜, 어떤 부분이, 어떻게 개정됐는지 색깔별로 밑줄 쳐서 알려주기 때문에 마치 잘 정리한 노트를 보는 느낌이다. 활용도가 높다.

단순히 법을 확인하는 차원에서 벗어나 이런 것도 팩트체크가 가능하다. KBS 팩트체크K의 "'전원회의는 운동권 용어' … 사실일까?"(KBS, 2018. 10. 10) 라는 기사에서는, 자유한국당 박성중 의원이 2018년 9월 1일 문재인 대통령 주도로 열렸던 '당·정·청 전원회의'의 명칭에 대해 "전원회의"라는 이름은 북한이 사용하는 용어라며 이낙연 총리를 강하게 몰아세운 발언을 국가법령정보 사이트를 이용해 검증했다. 주지하다시피, 법은 가장 보수적인 형태다. 법상에 "전원"이라는 말이 빈번히 사용된다면, 이는 운동권 용어로 보기 힘들지 않겠냐는 데서 착안한 것이다. 법령정보로 검색해 보니 과학기술자문회의법, 공정거래법은 물론 국회법에도 "전원회의"라는 말은 사랑받고 있었다.

### ③ 선거 공약 검증

선거철은 팩트체크의 계절이다. 대통령선거부터 국회의원선거, 전국동시지방선거, 교육감선거 등 모든 선거는 정치인들에게는 당선을 향한 전쟁이고, 팩트체커들에게는 검증의 전쟁이다. 유권자들의 마음을 얻기 위해 정치인들은 온갖 방법 ― 유세장, 토론장, 소셜미디어, 선거 공보물 등 ―을 동원해 공약을 쏟아 낸다. 재선에 도전하는 후보자라면 자신이 공약을 얼마나 지켰는지를 자랑할 것이고, 반대편에서는 공약을 얼마나 안 지켰는지를 선동할 것이니 두 자료를 찬찬히 비교하기만 해도 절반의 팩트체크를 한 셈이다.

KBS는 2018년 6월에 치러진 전국동시지방선거에서 선거관리위원회가 주관해 KBS에서 이뤄진 모든 선거토론에 대해 팩트체크팀을 가동했다. 선거토론은 국가가 세금을 써서 유권자에게 "눈 뜨고 검증하라"고 만들어 주는 자리다. 그러나 검증은 불가능하다. 토론은 서로 치고받는 장소만을 제공할 뿐, 방송사가 조목조목 "사실이 아닙니다"라고 제동을 걸지는 못하기 때문이다. 이런 허점을 악용하는 후보자들이 적지 않다는 점이 안타깝지만 KBS 팩트체크팀의 '실시간 토론 검증'은 선언만으로도 효과가 있었다. 토론 팩트체크 기사가 출고되기 시작하자, 토론에 참석하는 후보자들이 입조심을 하기 시작했기 때문이다.

"전부 거짓입니다", "최악입니다", "하나도 안 했습니다"라는 과격한 표현이 먼저 줄어들었다. 영미권에서도 all, only, worst 라는 표현이 있으면 일단 사실 여부를 의심하고 들으라는 팩트체크 룰이 있는데 우리나라도 예외는 아니었던 셈이다.

선거 국면에서 토론 팩트체크는 의외로 간단하다. 상대 후보자를 공격하기 위해, 혹은 자신의 방어논리를 만들기 위해 양 진영에서 꼼꼼하게 자료를 마련하기 때문이다. 때문에 어떤 발언에 대해 의구심이 든다면, 우선 해당 후보자에게 발언의 근거가 있는지부터 확인하는 것이 가장 중요하다. 토론에서 제시하는 근거나 이후 기자에게 제시하는 근거를 토대로 팩트체크하면 상대적으로 빠르게 검증할 수 있다. 물론 후보자가 근거를 주겠다고 하고 시간을 끄는 경우도 발생한다. 그럴 때는 자신의 감을 믿어야 한다. 전문가와 신뢰할 만한 자료를 찾으며 검증을 하는 동시에 문제의 발언을 한 후보자에게 근거를 달라고 계속 재촉하는 것을 잊으면 안 된다.

## ④ 통계 검증

벤저민 디즈레일리는 마크 트웨인의 자서전에서 이렇게 말했다. "거짓말에는 세 가지 종류가 있다. 그럴 듯한 거짓말, 새빨간 거짓말, 그리고 통계."

세상 거짓말 중 가장 큰 거짓말이 통계라는 말은 안 들어 본 사람은 없을 텐데 통계는 참 억울하겠다. 통계를 변호하자면, 통계가 탄탄한 근거로 사용되는 이유는 조작되지 않은 통계 데이터 자체는 거짓말을 하지 않기 때문이다. 물론 설문조사 혹은 여론조사라는 이름으로 수집되는 숱한 통계들은 주관적인 질문을 기반으로, 자신의 본심을 숨기려는 응답자의 내재적 본성과 싸워야 하는 한계가 있다. 그러나 통계청에서 수집하는 거의 인구 사이즈의 통계는 죄가 없다. 거짓말의 죄는 통계 항목 가운데 몇 개만 뽑아 내 짜깁기하거나, 그래프를 그리면서 원하는 걸 강조하기 위해 왜곡하는 사람들에게 물어야 한다.

특히, 정부가 발표하는 통계는 눈을 씻고 다시 보는 습관을 들여야 한다. 미국의 언론인 대럴 허프(Darrell Huff)는 《새빨간 거짓말 통계》(How to Lie with Statistics)에서 "특히 정부에서 발표하는 통계발표에는 신뢰성을 더 갖게 된다. 하지만 경제성장률, 실업률, 소득 불평등률 등은 정부의 목적과 필요에 따라 조작될 가능성이 많다"고 비판한다.

실제로 가짜 정보나 왜곡된 뉴스의 대표적 사례가 통계수치 왜곡이나 조작이다. 이를 검증하려면 어떻게 하는 게 좋을까? 제일 먼저 해야 할 일은 해당 통계의 원본 데이터(*raw data*)를 확인하는 일이다. 통계청에서 제공하는 국가통계포털 코시스(www. kosis. go. kr)에 들어가면 경제 관련 대부분의 통계를 원본으로 볼 수 있다. 이 가운데 경제성장률, 실업률, 소득불평등 지수(지니계수) 등은 인기검색어로 올라와 있다. 해당 통계를 클릭해서 열고 검증하고 싶은 기간과 성별, 혹은 지역을 지정하면 원본 데이터를 엑셀 파일이나 구글 스프레드시트로 받을 수 있다. 엑셀을 할 줄 아는 것은 통계 검증에 큰 도움이 된다. 전문가가 아니더라도 엑셀을 간단히 만질 줄 아는 정도로는 배워 두길 권한다.

문재인 대통령의 청와대는 국민과의 소통을 중시한다. 언론을 통해 소통하기보다는 직접 소통을 중시하는 것 같다. 그러다보니 유튜브, 페이스북 등 글로벌 소셜 플랫폼을 통해 청와대의 메시지를 전하는 경우가 많다. 2018년 역점 메시지는 경제였다. 〈한국 경제의 다양한 얼굴〉이라는 시리즈를 통해 청와대는 한국경제가 잘 되고 있다는 지표를 보여주려 애썼다. 그러나 의도를 너무 강조하고 싶었는지 통계를 입맛에 맞는 것만 골라서 보여준다거나, 그래프를 표현하면서 잘된다는 것을 왜곡되게 강조하는 경우가 발견됐다. KBS는 "그래프를 손으로 그리나요? … 오류투성이 카드뉴스"(2018. 8. 7)에서 통계청의 원본 데이터를 찾아서 실제로 그래프를 그리고 그 결과를 청와대의 카드뉴스와 대조하며 사실을 검증했다. 결국 청와대는 그래프를 수정하고 "앞으로 정확한 소식 전해드리도록 더 세심하게 노력하겠습니다"라며 사과게시글을 남겼다. 그러나 청와대는 한 차례 사과한 뒤에도 똑같은 실수(?)를 반복했다.

경제 분야의 통계 검증은 기자들도 전문 기자가 아니면 쉽지 않다. 단순소득과 경상소득이 다르다는 것을 아는 사람은 많지 않다. 실업률을 계산하는 산식이 전체 인구 중에서 실업자 수를 계산하는 것이 아니라 경제활동인구—학생, 주부, 환자, 취업 준비생 등 노동 능력이나 노

2017년 3분기의 가계소득 증가율 2.1%가 2015년 2분기 2.8%보다 더 높은 곳에 위치해 있다.
출처: KBS, 2018.8.7. "'청와대는 그래프를 손으로 그리나요?' … 오류 투성이 카드뉴스".

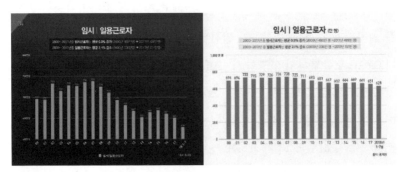

왼쪽은 청와대가 그린 임시일용직 근로자 그래프. 임시/일용직이 줄어들고 있다는 것을 보여 주고 싶은 의도가 보인다. 오른쪽은 원본 데이터로 KBS가 그린 올바른 그래프.
출처: KBS.

동 의지가 없는 사람을 제외한 사람 — 로 나눈다는 것을 아는 사람도 많지 않다. 때문에 통계의 함정에서 벗어나기 위해서는 일단 의심하고 보는 게 필요하다.

팩트체크 기사의 형식과 요건

이제 팩트체크 기사를 써 보자. 팩트체크 기사는 의식의 흐름에 따라서 쓰는 기사가 아니기 때문에 정해진 요건을 충실히 따르는 것이 필요하다. 일반 기사 작성 요령에서 두괄식으로 핵심을 먼저 쓰고, 그 다음에 점점 덜 중요한 내용을 쓰는 역피라미드 형식으로 기사를 쓰라고 하는데 팩트체크 기사에서 가장 먼저 나와야 하는 것은 "무엇을 팩트체크할 것인가"이다.

먼저, '폴리티팩트'에서 제시하는 팩트 검증과정을 보자.

① (검증하려는 주장을 한) 당사자에게 해당 발언의 근거가 무엇인지를 묻는다.
② 해당 내용을 검증한 선행 팩트체크 기사를 찾아본다.
③ 구글 검색을 한다. 그리고 계속해서 검색한다.
④ 딥웹을 검색한다.
⑤ 서로 다른 견해를 가진 전문가들에게 묻는다.
⑥ 책을 찾아본다.

'폴리티팩트'를 포함해 '팩트체크닷오알지', '퓨리서치 팩트탱크' 등에서 제시하는 검증과정을 토대로 팩트체크 기사의 요건을 구성해 보면 다음과 같은 공통점이 나온다.

- 검증할 발언의 당사자에게 반드시 근거와 발언 이유를 물어라.
- 웹검색은 취재의 기본. 구글링(검색)에 시간과 노력을 아끼지 말라.
- 신뢰할 만한 사이트에서 데이터를 수집하라.
- 정보공개청구를 잘 활용하라.
- 당사자 반론을 반드시 실어라.
- 찬반 양측 각각 2명 이상의 전문가에게 자문하라.

즉, 누구나 납득할 수 있는 판정에 이르기까지 치밀한 과정을 거치라는 것이다.

팩트체크할 거리(소재, 아이템)가 분명하고, 해당 사안을 검증할 데이터가 어디에 있는지, 어떻게 검증할 수 있을지 확인했고, 해당 분야 전문가에게도 질문지를 보냈거나 전화번호를 확보해 답변을 얻었다면 올바른 팩트체크 기사의 형식은 다음과 같다.

① 팩트체크 기사는 서두에 어떤 팩트를 체크하려고 하는 것인지를 명시적으로 밝혀야 한다.
　예: 정치인의 발언, 가짜 뉴스의 출처, 캡처 화면, 카카오톡, 논란이 되는 뉴스 링크 등.
② 검증과정 자체를 투명하게 공개해야 한다. 논란을 불러일으킨 해당 인물의 발언과 근거로 제시한 곳(웹사이트 혹은 데이터)부터 시작해서,

검증한 결과와 검증을 위한 도구와 과정을 설명하는 순서로 제시한다.

③ 신뢰할 수 있는 문서, 인터뷰, 화면, 통계수치 등을 제시하는 동시에 2건 이상의 근거를 제시해야 한다.

예: 편집되지 않은 원본 통계, 당시의 인터뷰, 왜곡되지 않은 인포그래픽 등.

④ 팩트체크의 결과를 '사실 아님', '절반의 사실', '대체로 사실' 등의 척도로 설명할 수 있어야 한다. 팩트체크가 잘 됐다면, 기사의 논리를 따라가는 독자도 수긍할 수 있을 것이다.

판정을 해야 하느냐 말아야 하느냐는 팩트체커들 사이에서 늘 논란이다. 어떤 기사는 확실하게 '전혀 사실 아님'으로 딱 떨어지지만, 실제로 그런 기사들은 많지 않기 때문이다. KBS에서 2018년 한 해 동안 '팩트체크K' 코너를 통해 검증한 기사 50여 건에 대해서 분석한 결과, '전혀 사실 아님'은 19건, '사실'은 4건이었다. 팩트체크 기사의 특성상 사실이 아닌 것으로 보이는 것을 주로 검증 대상으로 삼는 만큼 '전혀 사실 아님'으로 나오는 것은 이해할 수 있다. 문제는 '대체로 사실'이나 '절반의 사실', '대체로 사실 아님'의 기준이 상당히 모호하다는 점이다. 대체로 사실인 것은 대체로 사실이 아니기도 하고, 절반의 사실은 절반의 거짓이기도 하다. 어떻게 보면 말장난으로 비춰질 수도 있지만 검증을 당하는 당사자들에게는 '대체로 사실'과 '대체로 사실 아님'의 간극이 엄청나다.

따라서 판정에 대한 시비를 피하기 위해서는 팩트 검증과정을 투명하게 공개하며 독자들을 논리적으로 설득해 나가는 과정이 대단히 중요하

<표 2-1> 발언과 사실적 진술에 대한 판정등급 구분

| 구분 | 판정등급 |
|---|---|
| 발언 내용 혹은 사실적 진술의 논리적 근거가 전혀 없을 때 | 사실 아님 |
| 발언 내용 혹은 사실적 진술의 논리적 근거가 허약할 때 | 대체로 사실 아님 |
| 발언 내용 혹은 사실적 진술에 대해<br>긍정적 근거와 부정적 근거가 공존할 때 | 절반의 사실 |
| 발언 내용 혹은 사실적 진술에 대해<br>충분한 근거가 있지만 부정적인 근거도 일부 존재할 때 | 대체로 사실 |
| 발언 내용 혹은 사실적 진술에 대해<br>충분한 근거가 있으며 부정적인 근거가 전혀 존재하지 않을 때 | 사실 |

주: 언론사가 증거를 근거로 자체평가한 내용에 대해 '사실 아님', '대체로 사실 아님', '절반의 사
    실', '대체로 사실', '사실'의 5단계 척도와 '판단유보'로 판정.
출처: SNU 팩트체크 센터.

다. 기사가 일단 활자화되어, 혹은 방송으로 나간 다음에는 정정하기
어렵다. 팩트체크라는 제목을 달고 있는 한, 수정은 신뢰에 치명타로
여겨진다. 가능한 끝까지 확인에 또 확인을 하고 넘겨야 한다. 수정을
해야 한다면, 최대한 빠르고 신속하고 투명하게 하는 것이 필요하다.


## 검증의 도구


"구글신은 모든 걸 알고 있다"는 카이스트 정재민 교수의 강의가 한때
인기였다. 사람들은 구글에서 검색을 많이 하고, 구글에 검색을 많이
할수록 그만큼 구글이 수많은 정보를 수집하고 있다는 얘기다. 구글봇
(*google bot*)은 엄청나게 힘이 세서(?) 전 세계의 웹페이지에서 정보를
모아가지고 온다. 꿀벌이 본능적으로 꽃을 찾아 꿀을 수집해서 쌓아 두

는 것과 비슷하다. 전에는 구글링을 해서 정보를 찾아내기가 아주 쉬웠다. 기업이나 정부에서 정보 관리를 제대로 하지 않았기 때문이다. 구글링만 치밀하게 하면 개인정보나 블라인드 처리되지 않은 스크립트를 구글이 캐시로 모아 놓고 있는 걸 찾아내서 '추적 → 추적 → 추적'하는 방식이 가능했다. 그런데 기자들에게는 아쉽게도 구글봇의 수집을 아예 막아 버리는 사이트들도 적지 않다. 그럼에도 구글은 전지전능하게 웹 게시물의 제목만이라도 긁어오니 추적이 영 불가능한 건 아니다.

팩트체크 툴(tool)이라고 해서 기대했는데 구글링을 이야기해서 실망하진 말자. 구글링은 전미 탐사보도협회(IRE, Investigative Reporters & Editors) 컨퍼런스에서도 늘 인기 있는 강의다. 탐사 기사들의 모든 시작은 구글링(검색)에서 비롯된다. 훌륭한 탐사보도로 기자상을 받은 한 언론사 기자는 데이터 수집의 실마리를 찾기 위해 3박 4일간 온갖 검색어를 사용해 구글링을 했다고 고백하기도 했으니 그깟 구글링이 유용한 툴이냐고 타박하지 않길 바란다.

## 구글 검색

우리나라 검색 시장의 강자는 단연 네이버다. 네이버가 본디 다음 — 지금은 카카오와 합병되었다 — 의 검색 엔진을 공급하던 업체였다는 점을 생각해 보면, 방대한 정보를 어떻게 검색해 주느냐가 인터넷 포털의 지위를 한순간에 뒤바꿨다는 점을 알 수 있다. 네이버가 제공하는 검색은 '자연어 검색'으로 한국적 검색이다. 예컨대 "여의도에서 피자가 맛있는 집은 어디"라고 검색창에 치면 네이버 카페나 블로그에서 맛집 탐방기가 줄줄 올라온다. 그중에서 나와 비슷한 입맛일 것으로 보이는 사람, 인테리어와 분위기, 가격 등을 고려해 피자집을 결정하면 된다. 네이버는 카페, 블로그, 포스트 등 수많은 기능을 활용해 사람들이 피드백을 남기도록 유도한다. 그리고 한국말에 맞게 검색이 가능하도록 수많은 사람들이 네이버의 초록 검색창 뒤에 앉아서 검색 알고리즘을 수정하고 최적화해 나간다. 그런 면에서 구글이 국내 시장에서는 힘을 못 쓴다. 네이버 검색의 단점은 뭘까? 사람들이 네이버에 와서 남기지 않은 게시물, 웹문서들은 검색이 잘 안 된다는 거다. 네이버든 다음이든, 자신의 서버 안에 정보를 구축하고 그 안에서 검색결과를 가장 잘 나타내 보여주기 때문이다. 정부에서 운영하는 민원 24를 검색하려고 하면 후기가 잔뜩 뜬다. 정작 민원 24 페이지로의 연결을 원하는 사람에게는 상당히 불편한 일이다. 반대로 구글은 앞서 설명했듯, 웹(www)으로 연결되어 있는 가능한 곳은 어디든 가서 한글문서든, PDF든, HTML로 된 스크립트까지 긁어서 모아놓는다. 팩트체크를 하면서 굳이 구글로 검색해야 하는 이유는 인터넷 어딘가에는 있지만 찾기 힘든 자료를 찾아주기 때문이다. 물론 구글 검색을 그냥 하면 Goooooooooogle이라고 수많은 o들이 뜨는 걸 발견할 수 있다. 그만큼 발견한 문서량이 많다는 것이지만 좌절하지 마시길. 구글은 검색으로 신이 된 회사인 만큼 유용한 명령어들이 있기 때문이다. 명령어를 잘 알면 구글과 대화가 된다.

구글 검색 요령을 쉽게 익히려면 직접 해 보는 게 가장 좋다. 직접 입력하면서 테스트를 해보지 않으면 검색의 참맛을 느낄 수 없다.

구글의 검색 엔진은 입력된 문장 전체의 의미를 이해해서 찾아 주지 않는다. 그러니 일반적인 경우, 굳이 맥락을 담은 문구를 넣어서 검색할 필요는 없다. 핵심 단어만 추려서 '여의도 피자 맛집'으로 입력하는 게 좋을 수 있다. '머리가 아파요'보다는 그냥 '두통'이라는 단어가 더 좋을 수 있다는 얘기다.

대문자, 소문자 구별은 없고, 특수문자는 무시한다. 구글은 기본적으로 입력한 단어를 모두 인식한다. 'BTS 무대를 본 소감', 이렇게 입력하면, 'BTS', '무대', '본', '소감' 중 하나라도 들어있는 웹페이지를 검색한다. 하지만 ' "BTS 무대를 본 소감" '으로 검색하면 이 표현이 정확히 똑같이 나오는 웹페이지를 먼저 검색한다. 큰따옴표 안의 문장이나 표현을 묶어 놓은 뒤, 이를 검색하는 것으로 이해하면 된다. 정확한 문장이나 표현을 찾아볼 때 유용한 명령어이지만, 큰따옴표가 정답만 제공하는 건 아니다. 더 많은 검색결과를 보여 주지 못할 수도 있기 때문이다.

검색결과가 수도 없이 많이 나올 때, 일단 웹페이지의 제목만을 대상으로 검색하고 싶을 때가 있다. 이때는 문장 앞에 'intitle:'을 쓰고 띄어쓰기 없이 바로 검색하고자 하는 단어나 표현을 입력하면 된다. 예를 들어 'intitle:세월호 보도자료', 이렇게 입력하면 웹 페이지의 제목에 세월호 보도자료가 들어간 사이트를 죽 훑어 준다. intitle, 말 그대로 제목 안에 이러이러한 단어가 들어간 사이트를 찾아주는 것이다.

특정 사이트 내의 정보만 검색하고자 할 때는 'site:'를 쓰고 띄어쓰기 없이 바로 찾고자 하는 단어를 올리면 된다. 예를 들어 블룸버그 사이트 안에 올라온 samsung이라는 단어만 검색하고 싶다면 'samsung site：bloomberg. com'이라고 입력하면 된다. 팩트체크를 할 때 무척 유용한 기능이다. 모든 웹 정보가 아니라 공신력 있는 기관, 이를테면 정부 보고서나 KBS 뉴스만을 찾고 싶을 때 사용할 수 있기 때문이다. 예를 들어 구글에서 'lee myung bak'을 입력하면 lee myung bak이 나오는 수많은 웹페이지가 나온다. 이 경우 이명박 대통령과 관련된 모든 내용을 긁어 오기에 검색의 의미가 사실상 없다. 하지만 'lee myung bak  site：gov'라고 입력하면 gov(*government*), 즉, 미국 정부 사이트 내 등장하는 lee myung bak만 검색해서 보여준다. 한국 정부 사이트 내에서 검색하고 싶다면 '이명박 site：go. kr'이라고 입력하면 된다. '李明博 site：go. jp', 이렇게 입력하면 일본 정부 사이트 내의 이명박 대통령 관련 자료를 얻을 수 있다. 주의할 것은 . gov나 . go. kr 또는 . go. jp 안에 있는 글이라고 해서 모두 다 공문서는 아니라는 점이다. 정부 사이트의 게시판에 올린 민원도 나오기 때문이다. 그렇다 하더라도 'site：gov', 이 명령어는 꼭 기억하는 게 좋다.

특정 파일만 검색해 주는 명령어도 있다. '4대강'을 입력하면 4대강이 나오는 숱한 웹페이지가 검색된다. 이때 4대강과 관련된 한글파일이나 엑셀파일, 또는 PDF 파일만 따로 검색해 볼 수 있다. 명령어는 'filetype：'이다. 예를 들어 '4대강 filetype：pdf'라고 입력하면, 4대강과 관련된 PDF 파일만 따로 추려내 검색할 수 있다. 한글 파일을 얻고 싶다면 '4대강  filetype：hwp', 엑셀파일만 추려내고 싶다면 '4대강 filetype：xls'라고 쓰면 된다. 컴퓨터 파일의 확장자명을 입력하는 셈이다. 물론 앞서 말한 사이트 내 검색 기능과 함께 쓸 수도 있다. 예를 들어 '4대강 site：ac. kr filetype：pdf', 이렇게 입력하면 대학 등 학교에서 작성한 4대강 관련 PDF 파일을 찾아볼 수 있다.

검색 조건으로 특정 기간을 넣을 수도 있다. 구글에 '이승만'이라고 입력을 하면 수많은 자료가 쏟아져 나온다. 여기에 기간을 포함시켜 '이승만 1941. . 1945'라고 입력을 하면, 1941년부터 1945년까지의 이승만 관련 자료를 찾아온다. 이 또한 유용한 명령어이지만 년도 검색은 4자리 숫자를 인식해서 찾아낼 뿐이다. 실제로는 년도와 연관이 없는데도 단지 4자리 숫자가 들어있다는 이유만으로 검색결과에 나타날 수 있다. 이 점 유의하자.

## 이미지 검증

### ① 구글 이미지 검색, 리버스(reverse) 이미지 검색

스마트폰으로 언제 어디서나 사진을 찍는 것은 물론이고, 각종 포토샵 애플리케이션을 이용해 사진을 편집할 수 있게 되면서 가짜 이미지가 넘쳐나고 있다. 정치적인 재미나 희화화를 위해 만들어 낸 이미지들이 진짜인 것처럼 유통되기도 하고, 의도를 가지고 가짜로 만들어 낸 이미지들이 유통되기도 한다. 사진 한 장은 열 줄의 글보다 힘이 강하다. 한 장의 사진이 단번에 사람의 마음을 흔들어놓고 이성을 마비시키기도 한다. 그래서 가짜 이미지, 가짜 사진은 난민, 범죄, 선거와 같이 자극적이고 갈등적인 이슈에서 자주 등장한다.

사진이 진짜인지 의구심이 들 때 간단한 방법으로 검증이 가능하다. 가장 간단하게는 구글 검색을 이용하는 것이다. 구글 이미지 검색에 들

(위) 트럼프의 플로리다 잭슨빌 선거 유세에서 1만 5천 명의 관중이 운집했다는 내용의 기사.
출처: 〈브레이트바트〉.
(아래) 클리블랜드 농구 챔피언십 승리 퍼레이드.

어가면 이미지 검색을 전용으로 하는 페이지가 열린다. 방법은 2가지인데, 웹상에서 발견한 이미지를 검증하고 싶다면 웹에서 (크롬 브라우저를 사용할 것을 권한다) 해당 사진에 마우스를 올려놓고 오른 클릭하면 이미지의 URL이 나온다. 해당 이미지의 URL을 복사해서 이미지검색 창에 붙여 넣으면 된다. 크롬 사용시, 웹상의 이미지를 마우스 오른 클릭하고, 구글에서 이미지 검색을 누르면 된다. 만일 그게 아니고, 검증하고 싶은 사진을 다운받아 놨다면 이미지 검색 창에 카메라 버튼을 누르고 사진을 업로드하면 된다.

이 방법으로 위의 잭슨빌 선거 유세 사진을 구글에서 검증해 보면 구글은 자신이 갖고 있는 이미지 중에서 해당 이미지와 가장 유사도가 높은 이미지들을 골라서 보여 준다. 2016년 미 대선 동안 트럼프를 위한, 트럼프에 의한 가짜 뉴스가 횡행했다는 것은 많이 알려졌다. 〈브레이트바트〉(*Breitbart*) 라는 언론사의 사진은 정말 어처구니가 없을 정도였다. 지방 소도시의 로컬 페이퍼다보니 검증도 늦게 됐다. 구글에서 보여 준 결과는 위 사진은 잭슨빌 유세가 아니라 클리블랜드 농구팀이 챔피언을 획득한 뒤 벌인 승리 퍼레이드 사진이라고 친절히 알려 준다. 실물 이미지를 클릭해 보면 어이없게도 〈브레이트바트〉에서 유세에 운집한 군중이라고 사용한 것과 똑같은 사진이 나온다. 모두 거짓말에 속아 버린 셈이다.

이는 미국만의 일은 아니다. 우리나라에서도 조작된 사진이 보도자료에 있다는 이유만으로 버젓이 정식 기사로 유통되는 어이없는 일이 종종 일어난다. 2017년 12월에는 이런 일이 있었다. "정부지원사업 창업진흥원 한국형 가상화폐 제작보고회" 기사는 "법제처의 제 10기 어린

### (주)아젠다컴퍼니, 한국형 가상화폐 솔루션 '엘디시움' 출격

2017년 12월 19일 14:01 화요일

국내 CMS 분야에서 활발히 활동해온 '아젠다컴퍼니(대표 주현석)'가 2017년 12월부터 블럭체인과 중앙집중방식을 동시에 지원하는 새로운 가상화폐 ELD 코인을 출시한다고 12일 밝혔다.

정부지원자금을 100% 지원받아 제작에 들어간 한국형 가상화폐인 '엘디시움'은 기본 '엘드코인'을 기반으로 원화와 교환할 수 있는 가상화폐로 비트코인처럼 채굴까지 가능한 한국형 통합화폐의 새로운 기준이 제시된다고 한다.

(위) 정부지원사업 창업진흥원 한국형 가상화폐 제작보고회를 다룬 기사.
(아래) 법제처 주관의 제 10기 어린이법제관 사진.

이법제관 사진을 교묘하게 포토샵 작업을 한 뒤 한 가상화폐 회사가 낸 보도자료를 일부 언론사에서 받아쓰면서 퍼졌다.

이미지 검증도구는 사진 조작이 교묘해지는 것을 따라잡으려 노력하고 있다. 구글 크롬 확장프로그램으로 퍼스트 드래프트 뉴스(First Draft News)나 틴아이(TinEye), 리버스 이미지 검색(Reverse Image Search), 인비드(InVID) 등이 활용되고 있다. 모두 무료 프로그램이니 테스트로써 보고, 자신에게 맞는 것을 선택하면 된다.

## ② EXIF 데이터 검색

교환 이미지 파일 형식이라고 번역할 수 있는 EXIF 데이터는 우리가 스마트폰이나 카메라로 찍은 원본 사진에 저장되어 있는 표준 정보를 말한다. 공식적으로는 JEIDA, JEITA, CIPA 규격에 따라 원본 이미지의 포맷, 장소(GPS로 습득되는 경도와 위도 정보로서의 장소), 사운드, 디지털 카메라나 스마트폰 등 촬영 장비의 기종과 찍힌 날짜 등의 정보다. 사진을 찍으면 자동적으로 그 원본 안에 이렇게 많은 메타데이터가 저장된다는 사실을 알고 계셨는지? 실제로 미국의 한 탐사 언론사는 해외에 도피 중인 중요 수배자가 소셜미디어에 올린 사진의 EXIF 데이터를 통해 어디에 은신하고 있는 지를 알아내기도 했다.

EXIF 데이터는 구글에서 Jeffrey's Exifviewer라는 간단한 확장 프로그램을 통해서 확인할 수 있다. 확장프로그램을 설치하지 않더라도 EXIF 데이터를 보여 주는 애플리케이션은 어렵지 않게 만날 수 있다. 다만, 원본 사진이 아니면 EXIF 데이터 자체가 사라진다. 한국에서는 포털 등을 통해 올라오는 사진이 기본적으로 EXIF 데이터를 삭제하고 있어, 웹에서는 해당 정보를 확인하기 힘들다. 그러나 어디에 불이 났다거나, 지금 현재 물이 넘치고 있는 사진이라거나 하는 제보 사진들의 진위를 검증하는 데는 EXIF 데이터만 한 게 없다.

## 웹사이트 도메인 검증

얼핏 봤을 때도 가짜인 것 같다는 의심이 든다면 해당 웹사이트를 누가 만들었는지, 주인이 누구인지를 찾아보면 된다. 페이스북이나 구글에서 나에게 맞춤형 광고가 뜰 때도 사용할 수 있다. 나는 결혼을 해서 애가 있는데도 자꾸 골드미스를 위한 맞춤형 남자들을 만나 보라든가, 명품인 마크 제이콥스 가방을 세일하고 있으니 자신을 위해 선물을 해주라는 식의 광고가 걸리는 걸 보면 나도 모르게 눌러 보며 이것저것 쇼핑을 하고 있게 된다. 그런데 그 마크 제이콥스 가방이 진품인지 의심을 누를 수가 없다면 해당 사이트를 만든 사람이 누구인지 찾아보면 된다.

　대표적인 사이트는 후이즈(https://whois.kisa.or.kr(한국 웹사이트 전용), https://whois.icann.org/en(해외 도메인))로, 누가 도메인을 소유하고 있는지, 언제 사이트를 만들었는지, 그 사람의 주소와 전화번호는 뭔지 등 웹사이트를 만들 때 필수적으로 등록하도록 한 정보를 알려 준다. 페이스북에 뜨는 명품 가방 사이트의 도메인 소유자 대부분은 중국에 있다.

## 소셜미디어 검증

소셜미디어에는 합성된 사진, 움짤(meme), 편집된 동영상들이 난무한다. 소셜미디어를 검증하는 방법은 가짜인 것 같은 정보를 퍼다 나른 사람들을 곁가지부터 추적해서 본체 — 이른바 몸통 — 를 찾아 나서는 길이다. 제일 먼저 확산시키기 시작한 포스팅을 찾았다면, 해당 사진이 언제 게시된 건지(언제 찍혔는지를 확인하려면 위에 EXIF 데이터를 확인하자)를 보는 게 필요하다. 유튜브, 페이스북, 트위터 등 글로벌 소셜 플랫폼들은 게시자들의 위치와 포스팅 날짜를 웬만하면 공개하고 있다. 주의할 점은 지구별에 사는 사람들의 경도에 따라 날짜와 시각이 달라질 수 있다는 점. 올라간 시간이 태평양 표준시인지, 캘리포니아 표준시인지 시각을 먼저 확인해야 한다. 또, 위치 기반 정보가 노출되는 것을 꺼려하는 사람들이 늘면서 위치 정보를 거짓으로 올리는 경우도 많으니 유의해야 한다.

### ① 소셜미디어 계정 진짜 주인 찾기

너도 나도 소셜미디어를 한다. 세계에서 가장 강력한 힘을 갖고 있다는 미국 대통령 도널드 트럼프도 한시도 쉬지 않고 트위터로 메시지를 날리고 있는데 유명 인사들이라고 소셜미디어 계정이 없을 수 없다. 다만, 중대한 일이 있을 때마다 소셜미디어로 메시지를 남기는 게 일종의 유행처럼 되어 버리니 기자들은 유명인의 트윗이나 페이스북 계정을 항상 팔로우하고 있다. 우리나라 정치인 중에서도 홍준표는 페이스북 정치로 유명하다. 문제는 적당히 유명한 사람의 경우다. 동명이인이 있을 수도 있고, 그 사람의 이름을 빌려 전혀 다른 제3자가 페이스북을 하고 있을 수도 있다. 즉, 계정 주인이 누군지 정확히 모른다는 거다.

2018년 베트남 축구팀을 신흥 강자로 끌어올린 박항서 베트남 청소년 국가대표 축구팀 감독이 대표적인 예다. 월드컵을 마친 뒤 박항서 감독이 페이스북에 남겼다는 심경이 여기저기 ― 심지어 연합뉴스와 KBS에서도 ― 에서 기사화됐다. 사실이었을까? 당일 아침 출근해 뉴스를 듣다가 이상하다는 생각이 들어 월드컵 현지에 나가있는 스포츠기자에게 연락해 물어봤다. 대답인즉슨, 박항서 감독은 페이스북을 안 한다는 것이었다. 계정 주인이 누구인지 확인도 안 하고, 받아쓰기한 기사는 모두 오보였다.

박항서 감독에게 어느 계정이 본인 것이냐고 물어보는 게 가장 확실하겠지만, 차선으로 확실한 방법은 해당 인물의 아이디를 파악하는 것이다. 페이스북과 트위터는 이런 사칭 계정이 워낙 많기 때문에 오피셜 (official) 스티커를 제공한다. 페이스북과 트위터에서는 오피셜 스티커를 붙여 줄 만큼 유명인사가 아니라면, 그 사람이 사용하는 아이디를 찾는 것이 가장 빠르다. 구글에서는 @을 붙이고 이름을 영어로 검색하면 해당인이 소유한 것으로 보이는 소셜미디어 계정들을 찾아 준다. 이렇게 좁혀진 계정을 각 소셜미디어 플랫폼별로 하나씩 검증해 보면 공통적으로 쓰이는 아이디를 발견할 수 있다. 보통 사람들은 아이디 하나를 정하면 그걸 변주해서 사용한다. 공식 계정과 같은 아이디를 쓰는 계정이 다른 플랫폼에 있는지 찾아보는 것이 계정검증의 가장 안전한 방법이다.

## ② 페이스북과 인스타그램을 통해 콘텐츠 포스팅 시각 찾기

페이스북과 인스타그램은 같은 회사다. 모두 마크 저커버그가 갖고 있다. 이 점을 활용하면 페이스북과 인스타그램에 게시물을 포스팅 한 시간을 찾아낼 수 있다. 자세한 방법은 〈퍼스트 드래프트 뉴스〉에서 제공한 영상 배움자료(*tutorial*)을 따라하면 금방 할 수 있다.

## 그 외의 검증도구들

구글링 외에도 점점 교묘해지는 가짜 사진, 가짜 이미지를 검증하기 위한 이미지 검증도구, 소셜미디어상에 있는 팩트를 수집하기 위한 SNS 검증도구 등을 소개했다. 그러나 디지털 세계에서는 변화가 빠르다. 2017년부터 2년간 페이스북에 게시된 이미지와 포스팅 등을 정치인이나 연예인 등 공인이 언제 외유를 갔는지, 거짓말을 했는지 판별하는 데 유용하게 쓸 수 있었다. 그런데 2018년 중반에 드러난 페이스북의 개인정보 판매 사건으로 인해 개인정보 보호정책이 대폭 강화됐다. 페이스북과 인스타그램의 포스팅 정보를 알아내는 데 어려움이 생긴 것이다. 글로벌 IT 기업들의 이러저러한 정책 변화에 대응해 다행히도 많은 기자들이 묘안을 짜내고 발 빠르게 공유하고 있다. 〈퍼스트 드래프트 뉴스〉(*First Draft News*)[2]는 미국과 유럽 지역 기자들이 함께 만든 비영리 언

---

2) 2017년 프랑스 대통령선거 기간 동안 〈르 몽드〉, AFP, 블룸버그 등 영국과 프랑스의 37개 언론사들이 협업해 진행한 대선 팩트체크 프로젝트를 운영한 비영리 언론사. 현재는 전 세계 언론인들과 함께 효과적인 팩트체크 기법을 고민하고 공유하고, 교육하는 일을 한다. (https://firstdraftnews.org)

론단체로 온라인상에서 팩트체크 기법을 꾸준히 발굴해 이를 공유한다.

## 미국, 유럽 기자들의 팩트체크 기법

불신의 시대에 대응하려는 노력은 일찌감치 시작됐다. 최근에는 기자나 단일 언론사도 그들의 단위에서는 대응이 불가능하다는 것을 깨닫고 있다. 해외 언론들 간에 미국과 유럽 등 지역별로, 혹은 글로벌 통신사단위에서 협력적 관계를 구축하며 언론의 신뢰회복을 본격화하는 모양새다.

### 사실의 힘

퓰리처는 언론사의 벽에 "검증, 검증, 또 검증"(Verify, Verify, Verify)라고 써 붙여 놓았기로 유명하다. 그만큼 사실확인이 언론 신뢰의 근본임을 강조했던 이 말은 지금 뉴스룸에도 유효하다. 〈뉴욕 타임스〉의 인터넷 광고 모토는 "사실의 힘"(Strength of Fact)이고 AP는 "1846년 설립 이후 사실을 제대로 모으는 것(Getting the fact right)이 미션"이라고 공개하고 있다. 미국언론연구소는 '독자의 신뢰를 회복하는 5가지 방안'으로 ① 독자들이 당신의 뉴스룸을 알게 하고, ② 뉴스를 수정하는 것을 당연히 여기며, ③ 스토리에 더 많은 맥락을 추가할 것, ④ 어떻게 기사를 작성했는지 알리고, ⑤ 정보원은 누구인지 투명하게 밝힐 것을 주문한다.

유럽과 미주지역 기자들이 모인 윤리적 저널리즘 네트워크(EJN, Ethical Journalism Network)의 제언 역시 비슷하다. EJN은 저널리스트와 언론사의 투명성을 보여 줄 수 있는 새로운 도구를 고안할 것과 철저한 자기규율을 통해 뉴스를 만들어야 한다고 말한다. 근본적으로 모든 기자와 언론사들이 정확성, 독립성, 공평성(*impartiality*), 인간애, 투명성이라는 핵심 가치들을 규범화해야 신뢰를 구축할 수 있다는 주장이다.

## 유럽, 미주지역의 협력적 저널리즘

근본적인 윤리규범에 지쳤다면 다른 기술적 해법도 존재한다. 유럽지역 공영방송사들의 협의체인 EBU와 유로비전은 '뉴스 교환과 목격자로서의 미디어' 사업을 시작했다. 유로비전 소셜 뉴스통신사(Eurovision Social Newswire)라는 이름인데, 제3자 플랫폼에서 잘못된 정보를 진짜로 오인하는 것을 막기 위한 리소스, 교육, 법제적 판단을 유럽지역 공영방송사들에게 제공하는 일종의 소셜통신사인 셈이다.

유럽연합 공영방송 간의 협력적 저널리즘 방점은 가짜 뉴스를 걸러내는 데 있다. EBU는 "검증을 지원하고, 소셜미디어에서 뉴스를 수집하는 리소스를 제공하며, 사실로 검증된(*cleared*) 소셜미디어 리소스만을 사용한다"고 밝히고 있다. 여기서 제3자 플랫폼은 크게는 메시지 앱과 유튜브, 페이스북이다.

미국에서도 비슷한 협업이 진행 중이다. API는 탐사보도 전문 비영리 언론사 〈프로퍼블리카〉와 함께 소셜미디어를 모니터링 해서 가짜 뉴스를 찾아내는 프로젝트를 진행했다. 이 프로젝트에서 걸러진 정보는 "패러디와 조크, 클릭베이트(*clickbait*, 독자의 흥미를 유발해 클릭하게 하는 미끼) 정보, 광고성 뉴스, 조작된 정보"들로, 〈프로퍼블리카〉는 해당 항목들을 분류해 가짜 정보의 범주를 지정했다.

## AP, 로이터의 소셜 팩트체크 전담팀

결국은 사람이 최종 판단을 해야 한다는 점에서는 세계적 뉴스 통신사 AP와 로이터(Reuters)도 동의한다. AP와 로이터는 세계 곳곳에 지국을 두고 기자들과 AD(제작 보조요원)들이 상주하며 각국의 뉴스 취재물(*footage*)을 언론사에 파는 통신사다. 말하자면 원자료(*original source*)를 공급하는 1차 매체인 만큼, 이들이 공급하는 사진, 영상, 텍스트는 신뢰도가 생명일 수밖에 없다.

때문에 AP는 소셜미디어에서 수집되는 사진과 영상을 확인하는 팩트체크 전담팀을 구성했다. 방법은 의외로 원시적이다. 예컨대 아프리카 가봉에서 소요가 일어났다는 영상이 트위터에 뜨면 1차적으로 소셜미디어에 올린 사람의 아이디와 위치정보, 시간대 등을 확인한다. 2차로는 구글 스트리트뷰를 통해 해당 사건이 일어났다고 하는 곳의 주변 경관이나 지형지물을 확인한다. 이렇게 해서 확인이 안 된다면 AP의 글로벌 지국으로 영상을 송출해 한 땀 한 땀 확인작업을 거친다. 최근 독일에서 난민이 응급실 의사를 공격하는 영상이 소셜미디어를 뜨겁게 달군 적이 있다. AP는 "이 영상 역시 유럽 지역의 지국 직원들이 머리를 맞대 독일이 아니라는 사실을 입증한 사례"라고 설명했다.

로이터도 비슷하다. 로이터는 최근 기자를 신규 채용하는 것보다는 소셜미디어 전담요원을 채용하는 사례가 늘고 있다. 하는 일은 AP와 비슷하다. 소셜미디어에서 최신 영상과 사진 취재물을 모으는 것, 그리고 팩트체크한 뒤 다른 언론사에 내보내는 일이다.

소셜미디어를 조직적으로 조작하는 세계의 공장 지도

소셜미디어가 가짜 뉴스, 오보, 허위 정보의 온상으로 지목되면서 아예 특정 지역에서 생성된 정보는 주의해야 한다는 경고도 나온다. 옥스퍼드대의 서맨사 브래드쇼(Samantha Bradshaw)와 필립 하워드(Philip Howard)는 "조직된 소셜미디어 조작 공장"이라는 연구보고서에서 소셜미디어나 온라인 공간에서의 정보를 의도적으로 조작하는 국가, 혹은

〈그림 2-1〉 조직된 소셜미디어 조작 공장

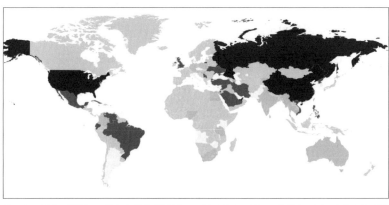

주: 이 그림은 여론을 조작하기 위해 활동하는 소셜미디어 조작 조직(정부, 정당, 시민단체, 개인 등)을 나타낸다. 조작 조직이 많을수록 색깔이 짙어진다.
출처: "Troops, Trolls and Troublemakers: A global inventory of organized social media manipulation", Bradshaw & Howard, 2017.

그런 단체들이 많은 나라를 조사해 지리정보를 표출했다. 일종의 사이버테러단 같은 과격한 정치 단체 정보를 가려내 그곳에서 나온 정보들은 아예 믿지 않도록 체크하는 거다. 다행히(?) 한국은 조작국에 들어가지 않았다.

## 팩트체크 = 모기잡기

진실에 다가가려는 노력은 언론인의 사명이다. 《저널리즘의 기본원칙》에서 톰 로젠스틸은 검증을 규범으로 삼는 것이 저널리즘의 요체라고 강조한다. 정보 과잉 시대에 우리는 뭐든지 알 수 있을 것 같지만, 사실 거짓 정보는 진실보다 더 빠르고 훨씬 자극적으로 확산되며 사람들은 자신이 보고 싶은 정보만 골라서 믿는다. 진실을 밝혀내는 것은 더욱 쉽지 않은 일이 되었다. 그러나 팩트체크는 최소한 사람들에게 검증하는 과정에서 한 발짝이라도 진실에 다가가려 하는 노력을 보여 준다.

　보다 나은 저널리즘의 미래를 위해 설립된 '퓨리서치센터'(Pew Research Center)3)에서도 메인 페이지에 '팩트탱크'(facttank)라는 코너를 통해 팩트로 검증된 것들을 선별해 올려놓는다. '폴리티팩트', 〈워싱턴 포스트〉의 '팩트체커', 〈뉴욕 타임스〉의 '팩트', '스놉스', '전미공영라디오방송 팩트체크'(NPR Factcheck)도 같은 일을 하고 있다. BBC의 폴 마이어 기자, '버즈피드'의 크레이그 실버맨은 일찍부터 자신의 블로그나 웹사이트에 새로운 팩트체크 기법을 연구하고 끊임없이 공유하고 있다.

---

3) http://www. pewresearch. org

팩트는 종합적으로 구성된다. 이러한 팩트가 믿음의 문제로 치환되면 중간 지점은 없이 양립할 수밖에 없다. 이러한 양립은 해결할 수 있는 문제가 아니다. 따라서 민주주의 국가는 정보의 흐름을 차단해서는 안 된다. 자연스러운 흐름을 통해 양립 집단이 중화되어야 하기 때문이다.

— 클레멘스 카펠(Klemens Kappel) 코펜하겐대 교수

편향된 믿음을 가진 사람을 설득하긴 힘들다. 그러기 위해서는 사실을 검증하는 "과정 자체"를 최대한 "투명하게" 공개하는 것이 팩트체크의 요체다.

진실은 거짓의 속도를 따라잡기 어려울지 모른다. 그러나 팩트체크는 어쩌면 모기잡기와 같다고 생각한다. 모기를 박멸시킬 수는 없지만, 모기가 심각한 전염병을 옮기는 매개라는 점은 누구나 알고 있기 때문에 눈에 보이는 족족 잡으려고 애쓴다. 가짜 정보도 왜곡된 악질적 뉴스도 마찬가지다. 모두가 이것이 나쁘다는 걸 인식하고 잡으려는 노력을 기울인다면 박멸까진 아니더라도 퇴치는 할 수 있지 않을까.

## 부록 1 | 가짜뉴스 감별 체크리스트

### 누가 한 말인가?

정보를 공유하는 사이트나 그들이 인용하는 출처를 면밀히 보라. 혹시 "출처"라고 표시해 놓았다면, 원본으로 이동해 보라.

### 그걸 어떻게 알았을까?

그런 주장을 하는 근거가 뭐냐고 물어 보라. 웹사이트라면 사이트에서 제공하는 "정보" 페이지를 눌러 보라.

### 편향된 거 아닐까?

논쟁의 한 면만 제시되었는가? mediamatters.org(보수 미디어를 폭로하는 사이트)와 newsbusters.org(진보 미디어를 폭로하는 사이트) 둘 다를 확인해 보자. 신뢰할 수 있는 언론사에 관련 뉴스가 있는가? 신뢰할 수 있는 뉴스 출처를 검색해 확인해 보고자 하는 내용을 검색하라. 단, 악화가 양화를 구축하는 속도가 빠르다. 가짜 뉴스는 진짜 뉴스보다 이미 더 많이 퍼져 있다. 양을 믿지 말라. 품질을 따지자.

### '내가 이 정도도 모를 것 같아?' 라는 생각이 드는가?

특정 사실들이 편집된 것 같다는 생각은 안 드는가? 검증하려는 정보가 나를 화나게 하는가? 그렇다면 아마도 감정을 자극하며 확증 편향을 타깃으로 하고, 당신의 지성을 우회하도록 설계된 것일지도 모른다. 숨을 들이쉬고 해당 정보를 공유하기 전에 확인하라. '설마 … '라는 생각이 들거나 미친 소리 같다고 생각한다면 믿을 만한 출처를 확인하지 않는 한 믿지 말라. 그리고 공유하지도 말라.

## 부록 2 | 팩트체크에 유용한 사이트

우리나라에서 팩트체크를 하기 위해서 알고 있으면 유용한 사이트들이다. 공신력 있는 통계와 정보를 제공하니, 즐겨찾기할 것을 권한다.

### 기업의 회계, 공시, 감사 등에 대한 팩트체크
• 전자공시시스템(http://dart.fss.or.kr): 재무제표에 대한 분석, 현금흐름표, 법인세, 모회사-자회사간 자금 거래 검증

### 논문 표절 관련 팩트체크
• 분야별 주요 학술지 목록, 교수 재직 당시 발표한 논문 목록, 정부, 공공기관 발주 연구 프로젝트 논문 베끼기 등
• 구글스칼라(https://scholar.google.co.kr)
• 학술논문검색시스템(http://www.riss.kr)
• KSI 학술 데이터베이스(http://search.koreanstudies.net)
• 디비피아(www.dbpia.co.kr)

### 유치원, 학교 등 알리미
• 알리오(http://alio.go.kr): 유치원알리미, 학교알리미, 대학알리미. 각급 교육기관의 등록금, 사용내역, 회계 감사 내역 등

### 고용, 출산, 인구 등 모든 통계지표
• KOSIS 국가통계포털(http://kosis.kr)
• e-나라지표(http://index.go.kr): e-나라지표의 통계는 코시스 원자료를 가공한 것이므로 사용에 주의.

## 국가 발주 용역 사업

• PRISM(http://www.prism.go.kr)
• 나라장터(http://www.g2b.go.kr/index.jsp): 국가 발주 용역사업을 잘 들여다보면 불법과 합법의 경계가 보인다. 4대강 관련 논문을 프리즘에서 검색해보면, 누가 정부 돈을 받아서 4대강 사업의 명분을 쌓도록 도와줬는지 검증할 수 있다.

## 어떤 법과 예산이 국회에서 잠자고 있나

• 국회정보시스템(http://likms.assembly.go.kr)
• 의안정보시스템(http://likms.assembly.go.kr/bill): 국회의안정보시스템에는 의원들이 발의한 법안들을 모두 보여 준다. 국회 회기별로 발의만 되고 심의조차 되지 못한 법안들도 있다. 법안 내용을 텍스트로 데이터화하면 누가 누구의 법안을 그대로 복사, 붙여넣기해서 만들었는지도 검증해 볼 수 있다.
• 국회예산정책처(http://www.nabo.go.kr/index.jsp)

## 나라 살림과 곳간

• 재정고(http://lofin.mogaha.go.kr)

## 법제, 규제의 변동

• 국가법령정보센터(http://law.go.kr)

## 정보공개청구를 통해 공개된 정보들

• 정보공개포털(http://open.go.kr)
• 공공데이터 포털(https://www.data.go.kr)
• 공공데이터 포털(https://www.data.go.kr)

**고위공직자 재산 검증**

• 뉴스타파 고위공직자 재산정보 공개 사이트(http://jaesan.newstapa.org):
  관보, 연도별 재산 증감, 재산목록 등

**정치인, 기업인 발언**

• 빅카인즈 뉴스 심층분석(https://www.kinds.or.kr): 국회의원, 주요 기업인
  발언, 관계도, 기본 정보 등

" "

- 문구를 하나의 단어처럼 검색
- '자유형 팔 동작과 호흡' vs. ' "자유형 팔 동작과 호흡" '

## intitle:

- 문서의 제목으로 검색
- '제주 올레길' vs. 'intitle:제주 올레길'

## site:

- 특정 사이트 안의 내용만 검색
- '무선 네트워크' vs. '무선 네트워크 site:news.kbs.co.kr'

## site:gov

- 특정 정부나 기관만 검색
- 'free trade agreement korea' vs. 'free trade agreement korea site:gov'

## related:

- 비슷한 성격의 사이트 검색
- 'kbs.co.kr' vs. 'related:kbs.co.kr'

## OR

- 둘 이상의 단어 가운데 하나라도 검색(OR는 대문자로)
- '자유형 평영' vs. '자유형 OR 평영'

-
- 특정 단어를 빼고 검색
- '최민식' vs. '최민식 -명량'


..
- 특정 기간, 특정 가격 등
- '이병헌' vs. '이병헌 2012..2014'

filetype:
- 특정 파일만 검색
- '4대강' vs. '4대강 **filetype:pdf**'
- 아래한글 = hwp, 마이크로소프트워드 = docx, doc, 엑셀 = xlsx, xls, 파워포
  인트 = pptx, ppt

**명령어는 필요에 따라 중복 사용도 가능하다**
- '빅데이터 저널리즘 **filetype:pdf site:ac.kr**'
- '정보 공개 목록 **filetype:xlsx site:go.kr**'

# 3장

# 팩트체크 사례 연구

오대영 | JTBC '팩트체크'팀장

〈2012년 4월 총선에서〉 한미동맹을 폐지한다든지 주한미군을 철수한다든지 한미 FTA 폐기 이런 걸 두 당이 합의했다.

— 박근혜 당시 새누리당 대선 후보

제 18대 대선을 보름 앞둔 2012년 12월 4일, 박근혜 새누리당 후보가 TV 토론에서 한 발언이다. 박 후보가 말한 "두 당"은 민주통합당과 통합진보당이다. 대선 8개월 전 치러진 총선 때 두 정당이 민감한 정책에 뜻을 모았고, 그래서 이념적으로 다르지 않다는 점을 강조한 것으로 보인다. 보수 유권자를 결집시키기에는 더없이 좋은 프레임이었을지 모른다.

그러나 이 주장은 사실이 아니었다. 두 당이 2012년 총선 때 연대한 것은 맞지만 이런 합의를 한 적은 없다. 2012년 3월 10일 양당의 공동 정책 합의문을 보자. 우선 한미동맹과 주한미군 문제는 아예 언급조차

되지 않았다. 한미 FTA 문제는 들어 있었지만 폐기를 합의한 것이 아니었다. 합의문에는 "재협상과 폐기라는 각 당의 입장 차이에도 불구하고 현 정권이 체결, 비준한 한미 FTA의 시행에는 전면 반대한다"고 나와 있다.

생방송으로 토론을 지켜본 유권자 중 얼마나 많은 사람들이 이게 사실이 아니라는 것을 알았을까? 박 후보의 이 발언은 다음날 한 언론이 팩트체크해 사실이 아니라고 보도했다. 하지만 유권자에게 널리 알려지지는 못했던 것 같다. 오히려 이 말을 그대로 보도한 언론이 더욱 많았다.

2012년 한국 언론에서 팩트체크는 활성화되어 있지 않았다. 몇몇 매체들이 선거 때 한시적으로 다루는 정도였다. 다수의 언론은 정치인의 말을 따옴표(qoutes) 안에 그대로 싣는, 이른바 '따옴표 저널리즘'에 머물러 있었다. 의도치 않게 잘못된 발언을 퍼뜨리는 확성기 역할을 해버린 것이다.

주요 정치인의 발언을 검증하는 것은 언론의 기본 임무이다. 검증 없이 발언 그대로를 기사에 싣는 것은 정치인의 거짓말을 널리 퍼뜨려 주는 셈이 된다. 유권자에게 부정확한 정보를 알려 주는 것이다. 우리는 유권자가 잘못된 선택을 했을 때 그 피해는 고스란히 국민에게 되돌아온다는 것을 촛불의 광장에서 확인했다. 제19대 대선 때 여러 매체들이 팩트체크에 뛰어든 일은 바로 이런 반성의 차원이었을지 모른다.

이 장의 주제는 한마디로 말해 "무엇을 어떻게 검증하느냐"이다. 팩트체크의 주제는 어떻게 정하고 무엇을 검증해야 하는지, 팩트체크팀은 어떻게 운영되는지 설명하려 한다. 정립된 이론은 아니다. 지난 2년

6개월간 매일매일 팩트체크를 하며 깨닫게 된 나름의 경험칙들이다. 1)


## 무엇을 체크하나?

우선 무엇을 체크할 것인가를 정한다면 팩트체크의 절반은 한 셈이다. 검증대상이 확정되면 자연스럽게 방법이 나올 것이고, 그 방법에 따르면 결론에 도달하게 되기 때문이다. 그만큼 팩트체크의 전 과정 중에서 가장 시간을 많이 들이는 중요한 단계가 바로 아이템 선정이다. 이를 크게 7개 유형으로 분류했다.

### 정치인의 거짓말

정치인, 좀더 구체적으로 말하면 대통령과 국회의원, 지방자치단체장 등의 선출직 공무원은 검증의 주요 대상이다. 현직 신분은 아니지만 대선 후보군으로 분류돼 말 한마디가 커다란 영향력을 갖는 정치인도 팩트체크를 피해 나가기 어렵다. 이들은 유권자의 표를 얻어 자리에 오르기 때문에 듣기 좋은 말을 할 수밖에 없을 것이다. 단지 좋은 말을 하는 건 괜찮지만 실현 가능성이 거의 없거나 사실을 기반으로 하지 않는 발언은 문제가 된다. '당장의 표를 위해 무슨 말을 못하겠는가'라는 정치

---

1) JTBC 〈뉴스룸〉은 2014년 9월 '팩트체크' 코너를 시작했다. 오대영 기자는 2016년 7월부터 현재까지 팩트체커로 활동하고 있다.

출처: JTBC, 2017.5.2. "제19대 대선 후보 TV토론".

권의 인식을 우리는 자주 목격해 왔다.

지난해 5월 2일, 대선을 일주일 앞둔 날이었다. 대선 TV 토론에서 문재인, 홍준표 두 후보는 이런 말을 주고받았다.

> 홍준표 후보: "4대강 때문에 녹조가 많이 늘었다는 것에 동의하십니까?"
> 문재인 후보: "네."
> 홍준표 후보: "녹조가 무엇 때문에 생깁니까?"
> 문재인 후보: "물이 고이기 때문에요."
> 홍준표 후보: "그렇지 않습니다. 녹조는 질소와 인이 고온다습한 기후하고 만났을 때 생깁니다."

홍준표 후보의 발언은 4대강 사업으로 녹조가 심해진 것이 아니라는

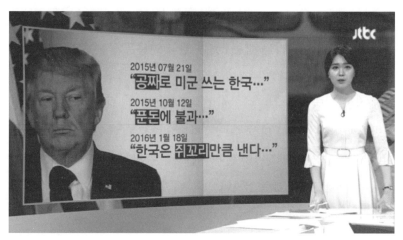

취지의 주장이다. 완전히 틀린 말은 아니다. 하지만 매우 중요한 사실을 누락하고 있다. 녹조는 질소와 인, 수온, 일조량과 더불어 느린 유속이라는 요건이 반드시 갖춰져야 생기는 것이 과학적 사실이라고 이 분야 전문가들은 공통적으로 말한다.

홍 후보는 2016년 경상남도 도지사 시절부터 이 같은 주장을 반복해 왔다. 당시에도 언론에서 허구성을 팩트체크했었다. 언론이 검증을 했더라도 이와 무관하게 같은 주장을 되풀이했던 것이다. 그나마 다행인 것은 유권자들이 기존의 팩트체크 결과를 토대로 홍 후보의 토론회 발언이 잘못됐다고 판단할 수 있었다는 점이다. 팩트체크를 통해 내놓은 결과는 일회성이 아니라 지속성을 가지고 활용되는 공공재임을 알 수 있는 대목이다.

팩트체크에도 불구하고 똑같은 거짓말을 반복하는 정치인은 미국에도 있다. 도널드 트럼프 대통령이다. 트럼프 대통령은 후보 시절 내내 대한민국이 안보에 대해 무임승차를 하고 있다는 식으로 주장해 왔다.

이는 사실이 아니라는 검증보도가 한국 언론은 물론이고, 미국에서도 나왔다. 하지만 같은 주장이 끊임없이 나오는 것은 물론이고, 이 주장에 기반을 둔 정책 수립으로까지 이어지고 있다. 팩트체크를 통해 정치인의 발언을 얼마나 바꿀 수 있을지는 앞으로도 연구가 더 필요해 보인다. 중요한 것은 정치인의 말을 누군가는 끈질기게 따져 묻고 있다는 걸 사회 전체가 공유하고 있느냐이다. 이 공유의 정도가 강해질수록 정치인이 바뀔 가능성은 크다고 본다.

## 법안과 공약

### ① 법안

정치인의 잘못된 발언이 표를 갉아먹는다면 잘못된 법안은 제도를 갉아먹는다. 그 제도는 국민의 삶을 규정짓는다. 따라서 정치인, 특히 국회의원이 발의하는 법안의 내용을 꼼꼼히 검증하는 것은 팩트체커가 해야 할 의무 중 하나이다.

2017년 7월, 당시 자유한국당 친박계 의원으로 표현되는 인사들이 '전기통신사업법 일부개정법률안'을 국회에 제출했다. 요지는 통화 상대방의 동의가 없이는 통화 중 녹음을 금지하도록 바꾸겠다는 것이었다. 이 법안이 통과된다면 국민의 삶이 바뀔 수 있다. 편리하게 쓰던 녹음 기능을 기존처럼 쓸 수 없게 된다. 대형 비리를 밝혀냈던 공익적 제보도 사라질 가능성이 있다. 물론 사생활 보호와 인격권 보장이라는 차원에서는 반대 의견이 있을 수 있다. 그렇다면 이런 판단의 영역을 걸

어내고 '팩트'만 보면 결과는 어떨까?

이 법안의 근거로 내세운 해외사례가 문제였다. "미국 워싱턴 D. C. 와 뉴욕, 뉴저지 등 37개 주에서 상대방 동의 없는 녹음은 불법", "프랑스에서는 어떠한 형태의 녹음도 불법"이며, "세계 각국은 엄격히 규제하고 있다"는 주장이 담겼다.

8월 30일 '통화 중 녹음 금지는 세계적 추세인가'라는 제목의 팩트체크를 진행한 결과, 이 법안이 담은 해외 사례는 대체로 사실이 아니었다. 37개 주에서 불법이라며 제시한 미국 사례는 정반대였다. 39곳이 합법, 11곳이 불법이었다. 어떤 녹음도 불법으로 규정했다던 프랑스 사례도 사실이 아니었다. 공익성이 있다면 동의가 없어도 통화 중 녹음이 가능했다. 일본과 영국, 캐나다 등 주요국들도 상대방의 동의 없이 녹음을 할 수 있었다.

이 법안을 검증하는 과정에서 한 정치권 인사가 "최순실 게이트 때문에 발의된 법안일 가능성이 크다"고 했다는 흥미로운 이야기를 들었다. 정치인이 내놓는 법안이 사실에 근거하고 있는지 여부를 따지는 것의 중요성을 다시 한번 상기하는 사례다.

## ② 공약

정치인이 내세운 공약도 언론이 끝까지 따져 물어야 할 대상이다. 왜 그런지에 대해선 굳이 설명이 필요 없을 듯하다. 하지만 실제로 주기적, 정기적으로 이 검증을 하고 있는 언론은 찾기가 어렵다. 매니페스토 운동본부나 참여연대 등의 시민사회계에서 이 역할을 주로 맡고 있다. 앞으로 언론사의 팩트체크에서도 공약을 검증대상으로 삼아볼 만

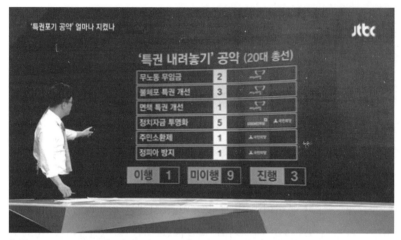

출처: JTBC 〈뉴스룸〉 '팩트체크', 2017.5.31. "20대 국회 1년 … 특권포기 공약 얼마나 지켰나?".

하다.

JTBC는 20대 국회의 3가지 약속을 검증해 봤다. 가장 먼저 20대 국회 개원 1년을 맞아 '특권 내려놓기 공약'이 잘 지켜졌는지를 봤다. 또 성추문이 나올 때마다 이에 관대하지 않겠다고 공언했는데 실제 국회 내부의 징계는 어떻게 이뤄졌는지를 봤다. 마지막으로 특권 내려놓기 중에서도 불체포특권을 남용하지 않겠다는 약속이 잘 지켜졌는지 한걸음 더 들어가 체크했다. 결론은 이행이 모두 미미했다는 것이었다.

이런 유형의 팩트체크는 반복적으로 할수록 효과가 크다고 본다. 공약은 한순간에 다 지켜질 수 없기 때문에 진척도를 살펴보거나 번복 여부를 따져보는 것이 유권자에게 큰 도움이 될 수 있다. 정치인에게는 자신이 공약을 지키는지 아닌지를 언론이 계속 바라보고 있다는 신호를 줄 수 있다.

## 기득권과 강자들이 말하는 프레임

"대기업 총수를 수사하면 경제가 어려워진다." 재벌 오너에 대한 수사가 있을 때 어김없이 등장하는 주장이다. 심지어 경제가 망한다는 말까지 서슴없이 하는 사람들이 있다. 경제가 실제로 악화되는지 증명이 안 될 테니 던져 보는 말일 수도 있고, 수사를 적당히 하라는 엄포의 차원일 수도 있다.

지난 탄핵 정국 때에도 같은 주장이 나왔다. 이재용 삼성그룹 부회장 수사에 대해 경제단체들은 똑같은 레코드판을 돌리기 시작했다. 사회적 강자와 기득권 집단의 주장은 소수 약자와 일반 국민에게 궤변처럼 들리기는 하지만, 이를 날카로운 사실로 반박한 경험이 우리 사회에 아직 많지 않다.

2017년 1월 JTBC '팩트체크'에서는 과연 이 주장이 사실인지를 살펴봤다. 흥미로운 결과가 나왔다. 재벌 총수가 수사를 받고 기소가 된 대기업 집단에서 오히려 경제적으로 긍정적인 현상들이 나타났다. 투자와 고용이 늘었다. 무엇보다 주가가 올랐다. 투자자들 입장에서 오히려 투자하기 좋았다는 것이다. 총수의 부정부패를 바로잡는 일이 그 기업의 가치를 올려 준다는 근거들이 계속해서 나왔다. 반면 기업이든 국가든 경제가 어려워진다는 근거는 그 어디에서도 찾을 수 없었다. 재계의 오랜 주장이 단단한 사실들로 깨진 것이다.

저소득 노동자의 최소한의 생계를 보장하자는 최저임금에 대해서도 재계는 무리한 주장을 해 왔다. 다른 나라들의 사례를 아전인수격으로 인용하는 사례도 많았다. 대표적인 것이 2018년 5월 30일의 "미국, 영

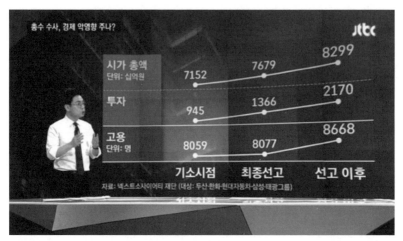

출처: JTBC 〈뉴스룸〉 '팩트체크', 2017.1.18. "대기업 총수 수사, 경제에 악영향 준다?".

국, 일본, 프랑스 등은 숙식비도 최저임금에 다 포함시킨다"는 주장이
었다. 이 말의 절반은 거짓이다. 미국은 최저임금 산입범위에 대한 명
시적인 규정이 없다. 영국은 식비는 포함되지 않고, 숙박비도 일부 공
제액에 포함시킬 뿐이다. 무엇보다도 "단순히 명칭, 개수를 가지고 국
가 간 산입범위를 비교하는 것은 부적절하다"는 것이 최저임금위원회의
지속된 경고였다.

　재계에선 주요국들이 최저임금을 지역과 직종에 따라 차등해 지급한
다는 주장까지 했다. 그러나 OECD 37개국 중에서 21개 나라에선 차
등이 없다. 차등이 있는 나라는 8곳이었고, 나머지 8개 나라는 최저임
금 제도가 없다. 이런 잘못된 정보와 그로 인해 만들어진 논리는 10년
을 거슬러 올라간다.

　이처럼 사회적 강자들에 의해 만들어진 주장과 가공된 근거들은 언
론보도, 그중에서도 팩트체크가 아니면 쉽사리 깨기 어렵다. 다시 말

해 팩트체크가 이러한 프레임 깨기를 지향해야 하는 이유와 명분은 충분하다.

## 가짜 뉴스, 거짓 정보

5·18을 앞두고는 거짓 정보가 카카오톡이나 밴드 등 SNS를 통해서 더 많이 돈다. 1980년 북한군이 광주에 침투했다는 거짓 정보들은 더 이상 새롭지 않지만 끊임없이 유포된다. 여러 언론이 팩트체크를 했고 법정에서도 허위사실 유포에 대한 유죄 판결들이 나오고 있지만 멈추기는커녕 진화하고 있다.

가짜 뉴스와 거짓 정보가 생명력을 갖는 이유에 대한 흥미로운 조사 결과가 있다. 2017년 5·18 기념재단이 현대리서치에 의뢰해 1천 명을 대상으로 실시한 설문 조사의 결과는 충격적이다. "5·18은 불순세력이 주도했다"는 말에 성인 13.3%, 청소년 12.0%가 동의했다. "북한과 연결돼 있다"는 주장에는 성인 11.9%, 청소년 8.4%가 동의했다.

극소수도 아닌 성인 10명 중 1명 넘게 믿을 정도로 실태가 심각하다. 거짓 정보에 반복적으로 노출되면 사람의 인식이 바뀔 수 있다. 거짓 정보와 가짜 뉴스가 사라지지 않는 이유일지 모른다. 5·18과 관련된 거짓 주장은 유공자 자녀로까지 이어지고 있다. 5·18 유공자 자녀들이 국가고시를 싹쓸이 한다는 식의 이야기가 거리에서, 온라인에서 지금도 퍼지는 중이다.

2018년 3월 8일, 미국 매사추세츠공대(MIT) 연구진은 가짜 뉴스의 확산력에 대한 연구결과를 발표했는데, 가짜 뉴스는 진짜 뉴스에 비해

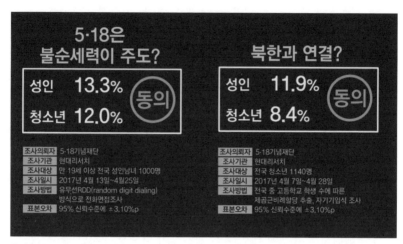

출처: JTBC 〈뉴스룸〉 '팩트체크', 2017.5.17. "점점 교묘해지는 5·18 가짜 뉴스 총정리".

시위와 전단지가 거짓 정보를 더욱 확산시키고 있다.

| 1 | 태블릿 PC 조작설 가짜뉴스 | 10583점 | 6 | 최저임금 올라 9급이 알바생보다 못번다? | 7955점 |
| 2 | 세월호 피해자만 과도한 보상? | 9112점 | 7 | 헌법재판관이 범죄에 연루됐다? | 6710점 |
| 3 | 5·18 때 북한 특수군 내려왔다? | 8472점 | 8 | 인간 왕따시키고 AI끼리 대화? | 6616점 |
| 4 | 청와대 직원 500명 탄저균 예방접종? | 8310점 | 9 | 4·27 북폭설—진앙지는 '일본 블로그' | 6552점 |
| 5 | 8인 체제 위헌? 탄핵불복 키워드들 | 8161점 | 10 | '베를린 구상'으로 탄핵사유 발생? | 6509점 |

출처: JTBC 〈뉴스룸〉 '팩트체크', 2017.12.28. "시청자가 뽑은 2017 최악의 가짜 뉴스".

최대 20배 빨리 전파되는 것으로 나타났다. 연구진은 2006년부터 2017년까지 트위터에서 퍼진 뉴스들을 조사했다. 약 300만 명이 총 450만 번 넘게 트윗한 12만 6천 건 가량의 뉴스가 분석대상이 됐다. 가짜 뉴스는 진짜보다 리트윗되는 비율이 70% 정도 높았다. 특히, 정치와 관련된 가짜 뉴스의 전파력이 다른 가짜 뉴스보다 3배 빨랐다.

가짜 뉴스가 빠르고 널리 전파되는 이유에 대해 연구진은 "새로운 것을 좋아하는 인간 심리 때문"이라고 분석했다. "가짜 뉴스는 진짜보다 더 새로운 내용처럼 보이는데 사람들은 새로운 정보를 공유하고 싶어하는 심리가 있다"는 것이다. 자신의 생각을 지지해 주는 정보를 더 좋아하는 심리도 가짜 뉴스 확산에 영향을 미친 것으로 설명했다.

2017년 12월 JTBC는 시청자 2,461명의 설문을 통해 '2017년 최악의 가짜 뉴스'를 선정했다. 1위는 '태블릿PC 조작설'이었고, 2위는 '세월호 피해자만 과도한 보상을 받는다', 3위는 '5·18 때 북한 특수군이 내려왔다'였다. 10위까지 중에서 8건이 정치적, 이념적으로 첨예한 사안들이었다. 사람들의 뇌리에 각인되거나 쉽사리 퍼져서 접하게 되는 가짜 뉴스와 거짓 정보는 정치성, 이념성을 띄는 경향이 강하다는 추론이 가능하다. 다시 말해 정치적, 이념적인 목적을 위해 이런 가짜 뉴스들이 만들어졌을 수 있다는 얘기다.

## 미디어 비평

언론의 오보도 팩트체크의 한 대상으로 자리 잡아가고 있다. 해석이나 논조의 차이가 아니라, 팩트를 왜곡하거나 잘못된 사실을 사실인 것으로 확정해 보도하는 일이 잦아지고 있기 때문이다. 특히, 정치적 지향점이 다른 사안에 대해 무리하게 사실을 왜곡하고 교묘한 논리를 만들어내는 사례가 심심치 않게 목격된다. 이런 일이 계속된다면 특정 언론의 보도를 또 다른 언론이 팩트체크해야 하는 상황이 이어질 수밖에 없다.

그런데 팩트체크라는 이름을 달지 않았을 뿐, 이미 몇몇 언론이 이런 기능을 해오고 있다. 지금은 사라진 MBC의 〈미디어비평〉이 대표적이다. 현재는 JTBC 보도담당 사장인 손석희 앵커가 MBC에 몸담던 시절에 진행을 맡았었다. 2000년대 초반, 그동안 불모지였던 미디어비평 분야의 새로운 장을 열었다는 평가를 받는다.

2001년 방송된 〈미디어비평〉은 〈조선일보〉가 대선 후보 중 한 명인 노무현 당시 민주당 상임고문을 의도적으로 배제한다고 비판했다. 보수 신문의 프레임에 문제가 있다는 걸 정면으로 다룬 파격적인 내용이었다. 〈미디어비평〉은 당시로부터 약 10년 전인 1991년 〈주간조선〉의 기사가 사실이 아니라는 점을 명확히 다루며, 단순 비평에만 그치지 않고 잘못된 사실을 바로잡는 팩트체크도 했다.

1991년 10월 〈주간조선〉은 "통합야당 대변인 노무현 의원, 과연 상당한 재산가인가"라는 제목의 기사를 실었다. "요트타기를 즐겼을 뿐 아니라 노사분규 중재과정에서 상당한 '재미'를 보았다는 말도 있다. 그 외 사생활과 관련된 얘기들도 들렸다"는 보도였다.

손석희 앵커: 악의적이라고밖에 볼 수 없는 이 기사에 대해 노무현 고문은 명예훼손 소송을 냈습니다. 이듬해인 92년 12월에 서울민사 지방법원은 〈조선일보〉사에 노 고문에게 2천만 원을 배상하라고 원

손석희 앵커가 진행했던 MBC 〈미디어비평〉의 2001년 방송 장면.
출처: 유튜브.

고 승소판결을 엎는 타격을 입은 뒤였습니다.

MBC 〈미디어비평〉과 더불어 당시 KBS의 〈미디어포커스〉도 미디어비평에 힘을 실었다. 그러나 두 프로그램은 이후 정치권의 변화와 언론의 지형이 크게 바뀌면서 모습을 보기 어려워졌다. 미디어의 문제를 미디어 스스로가 제기하고 바로잡는 언론의 공적 역할은 주요 방송에서 찾아보기 힘들어졌다. 〈미디어오늘〉과 〈미디어스〉 등이 온라인에서, 민주언론시민연합이 시민사회계에서 그 역할을 해 왔다. 2018년 들어서는 KBS에서 〈저널리즘 토크쇼 J〉라는 이름으로 미디어비평을 새롭게 시작했다.

이런 언론 환경을 봤을 때, 팩트체크의 한 영역으로 미디어비평을 담당하는 것도 필요해 보인다. 논조와 프레임에 대한 비평을 넘어 사실관계를 명확히 검증하고 이를 바탕으로 거짓 정보를 바로잡는다는 점에 방점을 찍는 것이다. 팩트체크의 지형을 넓히는 좋은 계기가 될 수 있을 것으로 보인다. 그런 차원에서 JTBC가 시도했던 미디어 팩트체크의 몇 가지 사례를 살펴보자.

## 외신 왜곡

그간 언론에서는 '외신은 어떻게 보도했다'라는 인용 보도를 많이 했다. 여기에는 외신의 눈이 궁금하기도 하고, 한국에서 벌어진 일에 대해 과연 외신들은 관심을 많이 가졌는지 알고 싶은 심리가 깔려 있다. 외신 보도를 통해 우리 자신의 문제를 평가하기도 했다. 그러다 보니 외신은 곧 사실로 여겨지기도 했고, 더 나아가 외신을 인용하면 공신력이 있다는 인식으로 굳어졌다.

2017년 탄핵이 끝난 뒤 언론에 '4·27 북폭설'이라는 표현이 자주 등장했다. 주로 보수 일간지에서 제목까지 뽑아 4월 27일에 미국이 북한을 폭격한다는 이야기가 들린다고 보도했는데 그 근거로는 일본의 'Japan Biz'라는 매체의 보도를 인용했다.

이는 명백한 거짓이었다. JTBC가 'Japan Biz'라는 곳이 어떤 기관인지, 그곳이 그렇게 보도를 했는지를 추적해 봤다. 확인 결과 'Japan Biz'는 언론 매체가 아니라 개인 블로그였다. 'Japan Biz' 블로거와 연락을 해 봤으나 "일본 언론에서 4월 중순~하순에 전쟁이 있을 수 있다고 보도했다"며 그 이야기를 자신의 블로그에 글로 정리를 했을 뿐이라고 했다. 그런데 한국의 언론을 거치며 블로그가 '외신'으로 둔갑됐고, 그걸 인용해 공신력 있는 소식인 것으로 더 확대 왜곡됐다.

남북 간 평화체제 논의가 한창이던 2018년 5월, 미국의 〈포춘〉(Fortune)에서 북핵 포기 비용으로 2,100조 원이 든다고 보도했다는 기사가 뜨거운 이슈로 부상했다. 5월 15일 〈동아일보〉가 비중 있는 기사로 이를 보도하면서부터다. 이를 자유한국당에서 그대로 받아서 논평을 내기도 했다. 주요 언론사의 보도의 파장은 컸다. 다른 언론에서도 추종해 보도하기 시작했다.

그런데 실제 팩트를 확인해 보니 사실로 보기 어려웠다. 〈포춘〉의 기사 원문에는 그런 내용이 들어있지 않았다. 독일의 통일비용 계산방식에 한국을 대입해본 '통일비용 추정치'였다. 또한 〈포춘〉의 기사가 아니라 〈블룸버그〉(Bloomberg)의 기사였고, 〈포춘〉이 이걸 자신의 홈페이지에 그대로 옮겨 실은 것이었다.

발단이 된 〈블룸버그〉 기사는 다국적 투자금융회사 유리존 캐피털(Eurizon Capital)의 보고서를 인용했다. JTBC는 이 회사에 연락해 사실관계를 따져 봤다. 답은 명료하게 돌아왔다. "우리가 말했다고 주장한 그 기사 내용을 우리는 말하지 않았다. 당신(JTBC '팩트체크'팀)은 이 기사를 실제로 팩트체크하고 싶을 수 있다. 예를 들어, '김정은이 비핵화를 결정한다면 세계는 2조 달러(2,100조 원)를 감당해야 한다'는 내용은 잘못됐다. 우리는 결코 그런 내용을 쓴 적이 없고, 그렇게 말하지도 않았다."

물론 〈블룸버그〉의 최초 기사 역시 "역사가 안내서라면 북한 평화에 2조 달러 들 수도" 같은 자극적인 제목으로 오해의 여지를 남긴 점은 있다. 그러나 기사 전문을 읽어 봤다면 오해의 소지가 있을 수 없다.

이런 일은 종종 발견된다. 2018년 8월에는 〈조선일보〉가 영국의 〈가디언〉(The Guardian)에서 한국의 탈원전 정책을 에둘러 비판했다고 보도했다. 한전이 22조 원 규모의 영국 원전을 수주하는 우선협상 대상자 지위를 잃은 것에 대해 '탈원전 때문'이라는 주장을 가공하기 위함이었을 것으로 보인다.

이 기사를 쓴 〈가디언〉의 아담 본(Adam Vaughan) 기자와 직접 연락을 취해 봤다. 그는 "한국 정부의 탈원전 정책이 원인이라는 것은 그들(한국 언론)이 보탠 것"(The bit about Seoul's new nuclear stance is something they've added)이라고 답했다. 본인은 탈원전에 대해서는 쓰지 않았는데, 한국 언론이 덧붙였다는 얘기이다.

## 제도 허점을 파고드는 생활 밀착형 팩트체크

무엇을 체크할 것인가? 마지막은 '생활 밀착형' 팩트체크이다. 생활 밀착형 팩트체크는 우리 생활에 밀접하게 영향을 주는 제도의 허점이나 규정의 문제 등을 다루어서 누군가의 거짓말이나 잘못된 사실을 지적하는 수준을 넘어 제도적 변화를 이끌 수 있다. 뜨거운 이슈의 중심에 과연 사회적 문제가 없는지를 심층 보도하는 방식이다.

대표적인 예가 2018년 7월에 벌어진 어린이 통학차량 사망사고이다. 폭염 속에서 4세 어린이가 어린이집 차량에서 잠이 들었는데 운전기사와 인솔교사가 이 학생을 발견하지 못한 채 내렸고, 아이는 숨진 채 발견됐다. JTBC '팩트체크'는 과연 이런 일이 그동안 얼마나 많았는지 통계를 확인했고, 어떤 대책들이 나왔는지, 제도에는 빈틈이 없는지를 확인했다. 팩트체크라는 특성에 맞게 그동안 정부가 내놓았던 대책들을 전수조사하고, 실제로 지켜졌는지 여부를 점검했다.

여러 허점이 발견됐다. 인솔교사의 교육은 의무화되어 있지 않았고, 운전기사도 2년간 3시간의 교육을 받으면 그만이었다. 어린이의 행동요령이나 패턴을 정확히 알아야 하는 직업인데 교육이 턱없이 부족했던 것이다. '팩트체크'팀은 주요국에서 쓰고 있는 선진화된 제도들도 소개하면서 한국의 실정에 개선이 필요하다고 지적했다.

일회용품 문제에 대해서도 제도의 미비점을 파고들었다. 플라스틱 빨대가 일회용품에서 제외돼 있고, 그래서 재활용이 의무화되어 있지도, 그렇다고 일회용품 규제 대상에 포함돼 있지도 않다는 문제를 보도했다. 이처럼 어떤 문제가 왜 방치되어 왔는지 그동안의 일들을 하나하나 확인하는 것도 팩트체크의 영역이라고 본다.

2018년 6월, 지방선거 기간 중 전화 선거운동에 불편을 호소하는 목소리가 컸다. 이에 대해 '과연 법적 문제가 없을까'라는 의제를 '팩트체크'팀에서 자체적으로 설정한 사례도 있다. '내 번호 어떻게 알았어요?'라고 묻는데 선거캠프가 개인정보 취득 경위를 설명하지 못할 경우에는 위법이라는 보도를 하였다. 이후 여러 시청자를 통해 "이렇게 물어봤는데, 답하는 곳을 보지 못했다"거나 "묻고 난 뒤에는 연락을 하지 않더라"는 시청평을 들을 수 있었다. 시청자와 독자의 삶에 긍정적인 변화를 줄 수 있는 정확한 사실과 정보를 파악해 내는 것도 팩트체크가 맡아야 할 역할이다.

이처럼 팩트체크 대상은 다양하다. 그리고 그 범위는 점점 넓어지는 추세이다. 2017년 〈글로벌 팩트 4〉에서는 이슈 중심의 팩트체크를 주제로 한 섹션이 있었다. 정치인의 발언에만 집중하는 것이 아니라 이슈에 대해 적극적으로 의제를 던지고, 이를 둘러싼 문제점을 확인하는 것도 팩트체크의 영역이 될 수 있다는 것이었다. 정치인의 입만 바라보며 거짓말을 기다리고 있는 것보다 더 적극적이고 선제적인 팩트체크가 될 수 있다는 주장이다. 고민해 볼 부분이다.

## 팩트체크팀 운영

1인 시스템과 팀 시스템, 뭐가 더 효율적일까?

팩트체크를 하는 주체는 언론사마다 다르다. 〈워싱턴 포스트〉처럼 팩트체커 1인이 1개의 아이템을 맡는 경우가 있고, 하나의 팀이 1개의 아이템을 맡아 공동으로 팩트체크를 하는 사례도 있다. 2017년 〈글로벌 팩트 4〉에서 만난 미셸 리(Michelle Lee) 기자(당시 〈워싱턴 포스트〉 팩트체커)는 2명의 팩트체커가 각자 별도의 아이템을 선정하고, 각자가 혼자서 전 과정을 다 소화한다고 말했다. 미셸에게 버겁지 않느냐고 물었더니 "팀원들이 하더라도 어차피 내가 다시 다 확인해야 한다. 1인 시스템이 훨씬 효율적"이라고 말했다.

반면 내가 몸담고 있는 JTBC '팩트체크'는 팀으로 일한다. 생방송에서 앵커는 "'팩트체크'팀은 오늘 ○○○을 확인했습니다"라고 멘트를 잊지 않고 해 준다. 한 사람이 아니라 팀원 전체가 철저하게 확인했다는 점을 시청자에게 강조하기 위함이다.

JTBC '팩트체크'가 팀으로 운영하는 이유는 간단하다. 보다 많은 팩트들을 찾아내고, 가장 정확하고 명백한 사실을 가려내기 위해서이다. 또한 1일 1아이템을 꼭 하자는 〈뉴스룸〉의 정책을 지속하고, 그 약속을 시청자에게 지키기 위해서이다. 1인이 나은지 팀이 더 나은지는 언론사별 여건과 추구하는 목표, 업무환경에 따라 다를 것이다. 이 절에서는 팀 단위로 운영되고 있는 JTBC '팩트체크'팀의 운영 방식을 중심으로 살펴보겠다.

2017년 7월 〈글로벌 팩트 4〉 참가 모습. 왼쪽부터 오대영 JTBC '팩트체크'팀장, 미셸 리 〈워싱턴 포스트〉 팩트체커, 정은령 SNU 팩트체크 센터장, 정재철 〈내일신문〉 기자.

## 반드시 반대자를 두어라, '레드팀'

한 조직에서 내부의 취약점을 발견하고 문제를 제기하거나 매섭게 공격하는 팀을 '레드팀'(*red team*) 이라 부른다. 그 유래는 군이다. 냉전 시기 미군의 모의 군사훈련과정에서 아군인 '블루팀'(*blue team*) 의 취약점을 파악, 분석하기 위해 편성한 가상의 적군을 레드팀으로 지칭했다. 레드팀은 조직 내에서 반대자, 경쟁자, 공격자 입장이 되는 것이다. 이들은 취약점을 발견하는 임무를 맡는다. 기존과는 다른 관점을 통해 새로

JTBC '팩트체크'팀 사무실을 방문한 빌 어데어 교수와 함께한 '팩트체크'팀원들.

운 통찰력을 얻겠다는 목적도 있다. 이처럼 장점이 많다 보니 레드팀은 군을 넘어 기업에서도 활용되고 있다.

필자는 언론인이 되기 전 한 회사의 인사팀에서 일했다. 대학시절부터 인사와 조직에 대한 수업을 많이 듣기도 했고 한때 직업으로 삼아 더 깊이 있게 공부하며 레드팀의 개념을 익혔다. 조직은 한 방향으로 일사불란하게 움직이는 것이 매우 중요하다. 그러나 그 방향이 잘못되었을 경우 되돌아오기까지 너무나 많은 비용과 시간이 든다. 레드팀을 적정하게 쓰는 조직은 이런 리스크를 줄일 수 있고, 획일적 판단을 경계함으로써 집단 사고의 편향을 피할 수 있다. 이를 '팩트체크'팀에 접목시켜 보았다.

'팩트체크'팀 내의 레드팀은 검증결과와 반대되는 방향으로 검증을 시도한다. 반대편에서 생각 가능한 모든 것들을 추려 내고, 반대 입장에서 사실이라고 주장할 수 있는 자료와 근거들을 찾는다. 이때 팀원들이 보지 못했던 것, 발견하지 못했던 자료들이 나타나는 경우가 가끔 있다. 이를 누락하고 팩트체크 결과를 시청자에게 알렸다면 틀렸을 수도 있다. 레드팀도 반박할 수 없는 상황에 이르러서야 최종 결론을 낼 수 있다. 레드팀과 블루팀의 결론이 팽팽하다면 어느 한쪽의 결론에 손을 들어줄 수 없다. 레드팀 역할은 팩트체크팀 내에서 1~2명이 할 수도 있고, 팀장 스스로가 이 역할을 하는 경우도 있다. 사안과 경우에 따라 다르다. 분명한 점은 팀 단위의 팩트체크 시 확증편향을 최대한 줄이거나 없앨 수 있는 효과적 방법이라는 것이다.

팀원들에게 임무를 분담시켜야 할까?

JTBC '팩트체크'팀은 팀장이 인위적으로 팀원에게 임무를 분담시키지 않고 모두가 그날 정한 하나의 물음에 대해 각자 검증하는 체계이다. 체크해야 할 대상이 명료할수록 더욱 이 원칙을 지키는 것이 좋다. 단하나의 물음에 대한 답, 즉 팩트를 가려내면 되기 때문이다. 따라서 팀원이 서로에게 역할을 부여하거나 업무적 상하관계를 맺지 않아도 된다. 팀장은 각자가 검증한 내용은 주기적으로 취합하고 피드백을 준다. 또한 팀장 스스로도 팀원의 한 사람으로서 팩트체크를 한다. 팀원들 모두의 결과가 일치할 경우 확실한 팩트로 상정하고 기사를 쓴다. 팀원의 확인결과가 대체로 같은 경우에는 틀린 결론이 나타난 팀원의 검증결과에 귀 기울이고 검증절차를 다시 한 번 반복한다. 결론이 팽팽하다면 검증결과를 모두 함께 싣는다. 이때도 역시 레드팀의 역할이 중요하다. 이런 일련의 작업이 다 끝난 뒤에 레드팀의 반박을 기다려 본다. 이 역시 통과를 하면 검증결과를 시청자에게 전달한다.

## 세분화된 전문가를 끌어들여라

팩트체커들은 그 분야에 있어서 철저한 비전문가이다. 단시간 내에 전문지식을 습득하고 준전문가적 수준의 식견을 바탕으로 검증에 이르는 것은 쉽지 않다. 특히, 이 작업을 하루에 해내야 한다면 더더욱 어렵다.

따라서 평소에 전문가 그룹을 코멘테이터로 지정해 놓는 것이 중요하다. 사실확인에 걸리는 시간을 상당히 단축시킬 수 있다. 팩트체크 대상이 되는 주장의 쟁점은 그 분야에서 언젠가는 한 번쯤 화두가 되었을 가능성이 꽤 있다. 전문가 그룹에서 팩트체크가 이미 끝난 사안일 수 있다는 얘기이다. 그 쟁점에 대해 무엇까지가 사실이고, 무엇부터는 논쟁으로 남아있는지도 선명하게 알 수 있는 것도 전문가 그룹이다.

JTBC '팩트체크'팀은 믿을 만한 복수의 전문가(JTBC는 보통 3명 이상 많으면 5명 정도)를 접촉해 깊이 있는 이야기를 듣는다. 그 분야에서 손에 꼽히는 전문가일수록 좋다. 여기에서 주목할 것은 경제, 법조같이 커다란 분야로 분류해선 안 되고 최대한 세밀하게 분류해야 한다는 점이다. 예컨대 경제학자가 아니라 노동경제학자, 그 안에서도 최저임금을 지속적으로 연구하고 있는 학자이면 검증에 동참시킬 가치가 있다. 변호사가 아니라 검사 출신의 변호사, 더 구체적으로는 검찰에 있을 때 형사부에서 주로 근무했다면 형사사건에 대한 팩트체크에서 큰 도움을

고려대 정보보호대학원과 포렌식 검증을 공동으로 진행하는 장면.

받을 수 있다. 이런 전문가 그룹과 언제든 연락을 주고받고 정보를 얻
을 수 있느냐가 팀의 역량이 될 수 있다.

　JTBC는 2017년 10월 고려대 정보보호대학원과 함께 태블릿 PC 조
작설을 검증했다. 2) 실제 검증은 이 대학원 산하의 포렌식센터가 도맡
았다. 포렌식을 알지 못하는 언론인으로서는 동참할 수 있는 부분이 전
혀 없었기에 '팩트체크'팀은 그 과정을 지켜보고 결과를 보도했다. 이렇
게 전문가 집단에서 이루어진 팩트체크는 신뢰도 면에서도 큰 도움이
된다.

---

2) 고려대 정보보호대학원은 이 팩트체크 이후 대중이 읽을 수 있는 일종의 팩트북(해설
서)을 발간하기도 했다.

## 어떻게 체크해야 하나

팩트체크를 지속적으로 하기 위해 몇 가지 원칙을 분명히 정해 놓아야한다. 그렇지 않으면 할 때마다 팩트체크의 품질이 달라질 수도 있고, 편리하게 결과를 찾으려다가 놓치는 부분이 있을 수도 있기 때문이다. 그럴 경우에 궁극적으로는 팩트체크에 대한 신뢰도가 떨어지고, 언론사 자체의 신뢰도에도 악영향을 주게 된다. 팩트체크 원칙은 각 언론사와 팩트체크 주체마다 현실에 맞게 정해 두면 될 것 같다. JTBC '팩트체크'팀이 반드시 지키려 하는 원칙은 다음과 같다.

### 통계를 다룰 때 조심하라

"팩트는 흔들 수 없지만, 통계는 구부릴 수 있다." 미국의 소설가 마크 트웨인이 남긴 명언 중 하나이다. 팩트는 굳건하지만 통계는 가공하기에 따라서 얼마든지 다른 결과를 만들어 낼 수 있다는 뜻이다. 실제로도 통계의 착시는 흔하게 볼 수 있다. 일례로 2018년 6월 정부가 발표한 물가에 대한 입장이 그러하다. 당시 기획재정부는 "최근 소비자 물가는 안정세"라고 주장했다. 언론에서는 '치솟는 물가'를 비판하는 기사가 나오고 있는 상황이었다. 이에 대해 야당에서는 "물가는 50% 가까이 올랐다"고 정부와 다른 주장을 했다.

결과적으로 두 주장 모두 틀리지 않았다. 정부가 말한 물가는 '소비자 물가지수'로, 일상에서 쓰는 460개 품목을 정하고 가중치를 부여한 뒤 평균을 낸다. 당시에는 이 지수가 1%대를 유지하고 있었다. 평균적으로 보면 물가는 안정적인 것이다. 반면 개별품목으로 쪼개서 보면 다른 결과가 나온다. 이 기간에 감자 59%, 고춧가루 43%, 무 45% 정도로 가격이 올랐다. 실생활에서 자주 접하는 식료품 값이 50% 가까이 올랐다고 말할 수 있는 것이다. 모든 국민이 460개 품목의 평균 수준으로 살지 않는다. 가정마다 개인마다 소비 행태가 다르기 때문에 '물가가 안정세에 있다'거나 '아니다 급등했다'라고 획일적으로 말하기 어렵다. 따라서 특정 물품은 얼마나 올랐고, 다른 물품은 얼마나 떨어졌는지 팩트를 보여주는 것이 정확하다. 특히, 물가는 보는 기준에 따라 다르므로 소비주체별 특성에 맞춰서 판단해야 한다는 말도 함께 담아줘야 한다. 그것까지가 팩트다. 어느 한쪽의 논리를 강화하는 통계는 가급적 삼가거나 조심할 필요가 있다.

## 업데이트된 원자료를 반드시 확인하라

"미국에서는 커피에도 담뱃갑처럼 경고문 부착을 의무화했다." 지난 5월 국내 언론에서 보도한 내용이다. 미국의 캘리포니아주에서는 앞으로 스타벅스 같은 커피 사업자에게 담배와 마찬가지로 경고문을 컵에 부착하도록 의무화했다는 소식이었다. 커피를 담은 컵에 붙은 발암물질 경고문을 보며 커피를 즐겨야 한다는 소식은 많은 사람들의 마음을 불편하게 했다.

하지만 이 기사는 중요한 사실을 왜곡하고 있었다. '담배처럼 부착을 의무화했다'는 것은 사실이 아니다. 이 문구는 규정 그 어디에도 없다. 정확하게 말하면 경고문을 컵에 부착해도 되지만, 커피숍 게시판에 써

놓아도 되고, 라벨을 달아도 되고, 그 외 다른 방식을 써도 된다. 한국 뉴스들은 외신을 인용하면서 원자료는 보지 않았던 것이다.

실제 캘리포니아의 법규(Proposition 65 law)에 이렇게 돼 있다. "일반적 방법으로 경고문을 알리면 된다", "개인에게 개별적으로 알릴 필요는 없다." 방식은 업체가 선택하면 되는 것이었다. 이 원문을 확인하지 않아 엉뚱한 제목으로 기사화된 것이다.

더 큰 문제는 그런 내용을 보도한 외신들도 있다는 것이다. 만약 이 사안을 팩트체크할 때 그렇게 쓴 일부 외신을 근거로 삼는다면 사실로 판정이 날 것이다. 반대로 아래와 같은 원자료를 본다면 거짓이 된다. 원자료의 중요성은 여러 번 강조해도 지나치지 않다.

한국 언론들이 흔히 인용하는 OECD 통계도 회원국에서 보내온 새로운 정보들로 늘 업데이트가 된다. 그러나 2년 전, 3년 전 자료를 반복적으로 사용하는 경우를 어렵지 않게 목격한다. 심지어 OECD 회원국 숫자를 아직도 34개국, 35개국으로 보도하는 언론들도 상당수이다. OECD 회원국은 2018년 7월 현재 37개국이다. 회원국 숫자조차 계속 바뀌는데, 통계와 원자료가 그 자리에 머물러 있을 리가 없다. 물이 흘러가듯 늘 바뀌고 달라지기 때문에 반드시 '업데이트 된 원자료'를 확보하고 면밀히 확인해야 한다.

## 백과사전은 오히려 팩트체크 대상이다

주요 개념을 정리할 때 온라인용 백과사전을 참고하는 기자들이 있다. 이 때문에 잘못된 정보가 확산되기도 한다. 팩트체커는 오히려 백과사전에 적힌 것들을 경계해야 하며 때로는 백과사전 자체가 팩트체크의 대상이 되기도 한다. 하나의 예가 있다. 2018년 《두산백과》의 〈doosanpedia〉에서 '한반도기'를 다음과 같이 정의했다. "한반도기는 재일본대한민국거류민단(민단) 및 재일본조선인총연합회(조총련) 교포들이 합의해 만든 것으로 알려져 있다." 이는 부정확한 정보다. 한반도기는 1989년 남북체육회담에서 합의되었다. 결국 《두산백과》는 팩트체크를 당한 뒤에 내용을 정정해서 다시 올렸다. 여러 백과사전에서 쓰고 있는 국제 현황이나 수치도 따지고 보면 부정확한 내용들이 꽤 있다. 특히, 인터넷 사용자가 직접 참여해 수정할 수 있는 백과사전들은 잘 확인해야 한다.

## 사안의 당사자에게 물어보면 답이 나온다

팩트체크가 성공적이냐 아니냐는 그 물음을 풀 당사자를 통해 확인할 수 있는지 여부에 달려 있다. 2018년 1월 평창올림픽을 앞두고 여러 가짜 뉴스가 퍼졌다. 그중에서 IOC 대변인이 올림픽조직위원인 나경원 자유한국당 의원을 비판했다는 내용이 확산됐다. 나 의원은 정부가 북한의 편의를 지나치게 봐준다는 점을 비판했는데 "평창올림픽이 북의 선전장"이라는 내용의 서신을 IOC에 보내기도 했다. 이런 나 의원에게 IOC 대변인이 "올림픽 정신이 무엇인지 모르는 이의 질의엔 대답할 가치가 없다"고 말했다는 것이다.

이것이 사실인지 여부를 확인하는 가장 정확한 방법은 IOC 대변인에게 직접 물어보는 것이다. 그 대변인이 이런 비판을 한 것이 맞는지에

출처: JTBC 〈뉴스룸〉 '팩트체크', 2018.1.23. "IOC 대변인까지 등장시킨 가짜 뉴스".

**pressoffice**
나에게 ▾

Dear FactCheck team,

The IOC and its spokesperson never made a comment on this story. This is total fabrication.

Best regards,

**The Media Relations Team**

**International Olympic Committee**
Château de Vidy
1007 Lausanne
Switzerland

Tel. +41 (0)21 621 6000

 Olympic Winter Games PyeongChang 2018 | 9-25 February

Follow us on Facebook, Twitter, Instagram, YouTube, olympic.org and Olympic Channel

IOC 미디어팀의 이메일 답변, 2018.1.23.

대한 답만 들으면 끝나는 문제다. 당시 JTBC는 대변인에게 직접 메일을 보냈고, 미디어팀을 통해 "완전한 날조"(This is total fabrication) 라는 답을 들을 수 있었다. 가짜 뉴스임이 명확히 판명된 순간이었다.

## 주장한 사람에게 무엇을 근거로 했는지 물어보라

특정인의 발언을 검증할 경우에는 어떤 근거로 한 말인지, 무슨 취지였는지를 파악하는 것이 좋다. 그래야 검증할 대상이 더욱 분명해진다. 엉뚱한 자료로 검증하는 오류도 막을 수 있다. A라는 정치인이 B라는 주장을 내놓았는데 직접 확인해보니 C라는 자료가 근거였다면, C가 신뢰할 수 있는 자료인지, B를 뒷받침해 주는 것인지를 검증하면 된다. 이렇게 하면 제한된 시간 안에 팩트체크를 하는 데도 도움이 된다. 또한 정치인 A의 입장과 취지설명을 추가로 들었기 때문에 검증결과에 대한 반론의 가능성이 그렇게 하지 않았을 때보다 작아진다.

## 이해관계자를 배제하라

이해관계자들의 설명만을 근거로 팩트체크하는 것은 팩트체커들이 범할 수 있는 가장 일반적인 오류이다. 예를 들어, 탈원전 정책을 둘러싼 정확한 사실을 확인하려 할 때 원전업계 혹은 환경단체가 내놓은 설명 자료에만 근거해선 안 된다. 그들의 입장을 충분히 듣는 것은 물론 필요하다. 그러나 검증의 방식에는 포함시키지 않는 것이 좋다. 이해관계가 자칫 사실관계를 흐트러뜨릴 수 있기 때문이다. 전문가도 마찬가지다. 특정 정책에 이해가 걸려 있는 인사는 팩트체크 과정에 동참시켜서는 안 된다.

물론 이해관계가 있다 하더라도 그 사람, 그 기관만이 사실인지 여부를 판단할 수 있는 경우가 있다. 예를 들어, 2017년 8월 15일 대만에서 대규모 정전사태가 벌어졌다. 국내 언론들은 대만 정부의 탈원전을 원인으로 지목했다. 한국의 탈원전 정책을 반대하는 논리로 대만 사례를 쓴 것이다. 대만은 탈원전을 적극적이고 신속하게 추진하고 있는 나라 중 하나이다. 탈원전 때문에 블랙아웃이 올 정도로 무리한 정책이었다는 이 보도를 확인할 수 있는 가장 확실한 방법은 무엇일까? 대만 정부가 공식적으로 조사한 뒤에 얻은 결과를 보는 것이다. 이 국내 언론의 보도들에 대해 대만 정부는 "사실이 아니다"라고 밝혔다. 대만 정부가 파악한 블랙아웃의 원인은 인재(人災)였다.

## 당사자나 원자료에 접근이 어려운 경우

당사자나 원자료에 접근이 어려울 때는 최소한 3명의 전문가를 통해 간접적으로 사실관계를 확인하는 방법이 있다. 최소 3명에게 확인하자는 것은 2명일 경우 혹시나 생길 수 있는 편향을 막자는 취지이다. 전문가가 많으면 많을수록 더 좋을 것이다.

자료도 마찬가지이다. 최소 3가지를 확인해 상호 체크해 봐야 한다. 예를 들어, 한국 여성에게 유리천장이 실제 존재하는지를 확인하기 위해서는 우선 국내에서 공신력 있다고 평가받는 자료를 확보해야 한다. 이와 더불어 IMF나 OECD 같은 국제기구에서 조사한 회원국별 고용에서의 성차별 실태 자료들을 모두 모아야 한다. 공통되는 점, 차이가 나는 점을 나누고 그 간극을 어떻게 바라봐야 하는지를 전문가를 통해서 확인해야 한다.

## 반론이 들어오면 재검증하고, 틀렸다면 정정

팩트체크에 대한 반론이 들어올 경우에는 재검증을 거치고, 만일 우리의 결론이 틀린 것이라면 정정해야 한다. 당연한 이야기이다. 어떤 기사든 반론은 늘 존재할 수 있고, 반론이 접수되면 재확인을 거쳐서 정정 여부를 가리게 된다. 그런데 경험상 팩트체크는 이런 경우에 처할 가능성이 더 크다. 사실이냐 아니냐를 명쾌하게 판정하다 보니 다 담지 못하는 내용들이 있을 수 있기 때문이다. 따라서 이 판정은 불가역적인 것이 아니고, 새로운 사실이 추가로 나오면 언제든 정정될 수 있다는 점을 알려야 한다. 일반적인 보도보다 더 빠르게 확인하고 더 정확하게 조치하여야 한다. 정정의 속도와 정확도가 신뢰를 좌우한다.

미투운동이 활발히 벌어졌던 2018년 3월 1일, 한국의 강간죄 규정이 주요국 기준과 다른가를 팩트체크했다. 폭행, 협박 유무에선 미국, 독일과 크게 다르지 않으나 그 정도에서 차이가 있다는 것이 그날의 결론이었다. 방송 이후 미국의 한 대학에서 교수로 활동하고 있는 학자가 연락을 해 왔다. 최근 몇 년 사이에 주요국들은 '동의 여부'를 강간죄 성립 기준으로 바꾸고 있는 추세이므로 결론이 잘못됐다는 것이다. 이 반론을 확인해 보니 기존 보도가 잘못됐었다. JTBC '팩트체크'팀은 2016년 때까지의 자료만 보고 판단한 것이다. '팩트체크'팀은 이후 가장 최신

(왼쪽) JTBC 〈뉴스룸〉, 2018.3.1. '팩트체크'의 강간죄 관련 보도.
(오른쪽) JTBC 〈뉴스룸〉, 2018.3.12. 강간죄 관련 정정 보도.

규정을 각국의 기관을 통해 확보한 뒤 곧바로 바로잡는 보도를 하였다.

## 팩트체크 사례 연구를 마치며

팩트체크의 아이템과 검증방식, 팀 운영에서 정답은 없다. 단, 명확하게 말할 수 있는 것은 특정인, 특정세력을 위한 팩트체크가 되어서는 안 된다는 점이다. 철저하게 공익에 부합해야 설득력을 얻을 수 있다. 팩트체크에서 가장 중요한 것은 '왜 체크해야 하는가'의 명분이다.

　방법론으로 봤을 때에는 '직접적 확인'이 중요하다. 정해진 주제에 관한 정확한 답을 가지고 있는 사람 혹은 자료를 확인해야 한다는 말이다. 이 작업은 무척이나 길고 힘들다. 최근에는 검증해야 할 대상이 국내에만 머무르지 않고, 세계로 점점 더 뻗어가는 양상이다.

　본 장에서는 JTBC의 팩트체크를 중심으로 사례를 소개했다. 2년 6개월 넘게 '매일' 팩트체크를 해오면서 겪은 시행착오, 이를 통해 얻은 노하우가 많은 팩트체커들에게 도움이 되기를 바란다.

# 팩트체크와 테크놀로지*

오세욱 | 한국언론진흥재단 선임연구위원

## 디지털 환경과 팩트체크

"내가 군대 있을 때는 말이야, 축구만 하면 날아 다녔어. 한 게임에 3~
4골은 거뜬히 넣었다니까! 특히, 그 비 오던 날에는 미친 듯이 넣었어.
내가 축구를 잘해서가 아니라 군번이 좀 풀렸었거든. 상병 말호봉 때
우리 부대 왕고가 됐어. 그때부터는 무조건 원톱에 서서 애들이 주는
패스 받아 넣기만 했으니 … ."

술자리가 길어지다 보면 자리에 참석한 남자들 중 꼭 한 명쯤은 이런
이야기를 꺼내곤 한다. "3~4골이 뭐냐 10골도 더 넣었다" 등, 동석한
이들의 자기 자랑도 곧바로 이어진다. 누가 더 많이 넣었나를 주제로

---

\* 4장의 내용은 필자가 2017년 발표한 논문 "자동화된 사실확인(*fact checking*) 기술
(*technology*)의 현황과 한계" 내용을 책 기획의도에 맞도록 수정 및 재구성한 후 관련
내용 등을 보강하여 작성하였다.

서로의 근거를 제시하고 논쟁은 치열해지지만 결론을 내리기 쉽지 않다. 상대방의 진실을 확인하거나 자신의 주장을 입증할 증거가 없기 때문이다.

우리가 일상적으로 접하는 뉴스의 기본은 팩트의 전달이다. 뉴스는 우리 주변에서 일어나는 팩트들을 보도의 틀에 맞도록 재구성한 이야기다. 지금까지 뉴스의 대부분은 기자라는 전문 직업군이 뉴스 가치(*news values*)에 따라 선택한 팩트를 기반으로 구성한 이야기였다. 팩트가 아니라면 우리가 이야기로서 뉴스를 믿을 이유는 없다. 그런데 지금은 뉴스가 너무 많다. 뭘 봐야 할지 모를 정도로 뉴스가 넘쳐나고 있다. 우리가 알아야 할 팩트가 그만큼 많아진 것인지, 디지털 기술의 발전에 따른 결과일 뿐인지 알 수 없다. 뉴스가 전하는 팩트가 많아지는 만큼 그것이 팩트인지 아닌지를 판단하기도 힘들어졌다. 그렇다면 어떠한 내용이 팩트인지 여부는 누가 판단하는 것일까?

문이 열린 채로 달리는 있는 지하철을 찍은 사진은 2010년 1월 5일 누리꾼 사이에서 화제가 됐는데, 믿기 힘든 광경을 두고 진위 논란이 벌어졌다. 최초 게시 당시 한파로 인해 얼어붙은 지하철의 문이 닫히지 않은 채 운행됐던 현장이라는 설명이 있었다. 하지만 이 사진이 공개된 게시물의 댓글들은 대부분 거짓말일 것이라고 했다. 어떻게 저런 일이 벌어질 수 있냐면서 조작 가능성을 제기한 것이다. 그러나 운행사인 코레일이 팩트임을 확인하고 사과하면서 모두가 진실로 받아들였다. 지난 2010년 1월 4일 수도권과 강원도를 중심으로 내린 '100년 만의 폭설'[1]로

---

1) 위키피디아, "2010년 1월 4일 한국 중부 폭설". https://ko.wikipedia.org/wiki/

문이 열린 채 달리고 있는 1호선.
출처: 다음 '아고라' 게시판(현재는
삭제됐음).

인해 지하철 문이 얼어붙어 생긴 일이었다. 이 일은 분명한 팩트임에도
팩트라고 믿어지기까지 여러 과정을 거쳐야만 했다.

　팩트는 완전히 절대적이기보다는 상대적인 것이다. 일반적으로 팩트
는 객관을 전제로 한 정확성 위에 존재하는 것으로, '믿는다'가 아니라
'증명되어야' 한다. 하지만 이 경우에는 사진으로 증명했음에도 의심받
았다. 증명됐더라도 일반적인 믿음에 어긋나면 팩트로 받아들여지기
힘든 것이다. 일반적으로 학계가 검증한 과학적인 근거를 갖춘 사실,
객관적인 통계 수치 등은 팩트로 인정받을 수 있다. 그런데 과학적 사
실은 새로운 발견에 의해 무너질 수 있으며, 통계는 전체를 반영하지
못하기에 때에 따라 다르게 해석될 수도 있다. 그럼에도 불구하고 뉴스
는 팩트를 전달한다. 그 당시 팩트라고 믿을 합리적인 상당한 이유가
있기 때문이다. 워터게이트 특종으로 퓰리처상을 수상한 칼 번스타인

---

2010년_1월_4일_한국_중부_폭설

(Carl Bernstein)은 "기사는 최선을 다해 얻을 수 있는 진실의 한 조각"(getting the best obtainable version of the truth)일 뿐이라고 말한다. 일반적으로 팩트를 확인하고 전달하는 언론과 언론인들은 확인 가능한 팩트가 있을 것으로 가정하고 최선을 다해 모은 조각들로 '종합적 진실'(the whole truth)을 전달할 수밖에 없다. 절대적 사실 혹은 진실이 존재하기보다는 여러 맥락의 조각이 모여 종합적인 팩트로 구성되기 때문이다. 언론을 비롯하여 그 누구든 팩트를 전달한다고 할 때 그 팩트는 팩트라 믿을 상당한 이유를 갖춘 것이지, 절대적이며 불변하는 진실은 아닐 수 있다.

따라서 어떠한 팩트를 전달할 때 그것이 팩트라고 받아들여지기 위해서는 그것을 믿을 만한 상당한 이유가 있음을 증명해야 한다. 그럼 그 믿음을 어떻게 증명해야 할까? 객관성, 공정성, 불편부당성, 균형성, 투명성 등은 그동안 언론들이 팩트를 전달하기 위해 지켜 온 원칙들이다. 이러한 원칙들은 팩트를 전달하는 자신들의 믿음의 정당성을 증명하는 수단이다. 원칙을 다 지켰다 하더라도 내용이 의심스러울 경우에는 전달하는 팩트의 내용을 검증하는 방식으로 이를 확인할 수 있다.

전달되는 팩트의 양이 적을 때에는 그 믿음의 증명을 위한 검증이 비교적 쉬웠다. 여럿이 집중하면 검증할 수 있는 정도의 양이었기 때문이다. 그런데 현재 우리나라에서만 하루에 생산되는 뉴스가 수만 건이 넘는다. 수만 건이 모두 다른 팩트를 전달하는 것은 아니지만, 증가하는 뉴스의 양만큼 전달되는 팩트의 양도 늘어나고 있다. 뉴스를 수용하는 특정 개인이 팩트 여부를 일일이 검증하기에는 물리적으로 너무나 많은 양이다. 가짜 뉴스는 이러한 틈을 파고들어 나타난 현상이다. 가짜 뉴스는 정치적·경제적 목적을 가지고 그동안 가장 믿을 수 있었던 뉴스라는 형식을 빌려서 의도적으로 허위 및 거짓 정보를 생산해 유통시킨 것을 말한다. 현재의 디지털 환경은 가짜 뉴스가 유통되기에 적합하게 진화해 왔다. 뉴스를 비롯한 너무나 많은 정보들이 디지털 공간에서 제공되면서 가짜 뉴스 등과 같은 허위 및 거짓 정보도 늘어나고 있는 것이다. 언론의 기본 임무가 팩트체크임에도 전달되는 팩트의 진실 여부를 검증하는 팩트체크 모델이 등장한 이유다.

## 자동 팩트체크 기술

### 자동 팩트체크 기술의 등장

팩트체크란 비허구적(non-fictional) 텍스트에 포함된 사실적 진술들의 진실성, 정확성을 확인하는 행위로, 텍스트 작성 후 배포 및 발간 이전이나 이후에 이루어진다. 수많은 뉴스와 정보들이 거의 실시간으로 전달되는 가운데, 가짜 뉴스 등 허위 및 거짓 정보가 확산되면서 전달되고 있는 정보들에 대한 검증 요구가 높아지면서 그 대안으로서 팩트체크가 다시금 주목받고 있다.

팩트체크의 필요성이 처음 제기된 것은 1988년 미국 대통령 선거 캠페인 과정이다. 흑색선전으로 점철된 선거 캠페인의 문제점을 대다수의 언론이 지적했고, 이와 함께 사실확인 없이 선거캠페인에만 의존한 보도에 대한 비판이 가중됐다. 당시 CNN 기자였던 브룩스 잭슨은 최

초의 팩트체크 서비스를 고안하고 뉴스에 활용하기 시작했다. 1996년
과 2000년 미국 대통령선거에서는 정치광고 외에도 정치인의 말 바꾸기
(flip)에 대한 검증 필요성이 제기됐고, 2004년 미국 대통령선거 즈음에
는 보다 독립적이고 체계화된 사실검증 기구인 '팩트체크닷오알지'가 등
장하면서 팩트체크가 전면에 등장했다.

그동안 팩트체크는 정치인 등 유력 인사의 공식적 발언, 기자회견,
보도자료, 강연 등의 내용, 신문과 방송의 보도 내용, 페이스북, 트위
터, 블로그 등 SNS 발언 내용 등을 대상으로 사실을 검증하는 방식으
로 주로 이루어져 왔다. 팩트체크를 통해 정치인들이 좀더 사실에 입각
한 발언을 하게 만듦으로서 정치영역이 담론의 품질을 제고하는 실질적
인 효과가 있는 것으로 분석됐다. 또한 팩트체크를 통한 정보가 자신의
정파적, 이데올로기적 신념과 다를 경우에도 사람들은 전반적으로 그
정보를 수용하고 있는 것으로 나타나는 등 이용자 측면에서 긍정적 효
과도 확인됐다. 팩트체크의 효용성이 입증되면서 지난 10여 년 동안 약
50여 개 국가에서 팩트체크를 독립적으로 실시하는 곳이 등장했다. 팩
트체크 관련 데이터를 수집하고 있는 미국 듀크대 '리포터스랩'[2]에 따
르면, 2018년 6월 현재 독립적으로 팩트체크를 실시하고 있는 기관 및
조직은 전 세계에 걸쳐 총 149곳에 이른다. 이 중 90% 가까이는 2010
년 이후에 등장했다.

언론의 기본 임무로서 팩트체크를 넘어, 전달되는 수많은 정보에 대
한 팩트체크를 독립적으로 실시하는 언론사 및 단체가 전 세계적으로

---

2) https://reporterslab.org/fact-checking

늘어나고 있는 이유는 그만큼 사실 여부가 불확실한 정보의 양이 늘었기 때문이라고 할 수 있다. 늘어난 정보의 양은 기존에 소수 전문인력이 수행하는 팩트체크 모델로는 다루기 힘들 정도가 됐다. 우리나라에서만 하루 수만 건의 기사가 발행되고 있으며, 전 세계에서 가장 많은 이용자를 확보하고 있는 페이스북의 경우는 이용자들이 접속할 때마다 평균 1,500개의 새로운 포스트가 올라온다.

수많은 뉴스와 정보 중 무엇이 팩트인지 여부를 사람이 일일이 확인한다는 것은 어려운 일이기 때문에 일부 팩트만 검증의 대상으로 선택할 수밖에 없다. 그런데 이 선택의 과정에 팩트와는 어울리지 않는 편견이 개입된다. 검증의 대상이 되는 팩트를 선정하는 것부터가 주관적이기 때문이다. 이에 따라 팩트체크를 컴퓨터, 알고리즘 등 기술(technology)에 의해 자동으로 수행하려는 시도들이 이루어지고 있다. '자동 팩트체크'(automated fact check) 기술의 등장이다.

실제로 구글이 후원하는 '팩트마타 프로젝트'(Factmata Project) 3)는 자연어 처리 기반의 인공지능을 활용해 새로 등장한 뉴스와 정치적 발언의 팩트 여부를 실시간으로 자동 확인한다. '팩트마타'는 먼저 팩트체크가 필요한 문장을 선별한 후 그 문장의 내용을 과거 텍스트, 통계 수치 등과 비교해 팩트 여부를 자동으로 판단한다. 웹 브라우저인 크롬의 확장 프로그램 방식으로 작동하는 '팩트마인더'(FactMinder) 4)도 팩트마타와 비슷한 방식이다. 다만, 브라우저 확장 프로그램이기 때문에

---

3) https://factmata.com
4) https://lahdak.lri.fr/?q=content/factminder

이용자가 웹 페이지를 보는 동안에만 실시간으로 해당 내용의 팩트 여부를 알 수 있게 한다. '에프아이비'(FiB)5)는 페이스북에 올라온 뉴스가 진짜 뉴스인지 가짜 뉴스인지를 자동으로 확인해 주는 프로그램이다. 페이스북 뉴스피드에 나타나는 콘텐츠의 신뢰성 여부를 판단할 뿐만 아니라, 페이스북 포스트를 작성할 때 확인되지 않은(unverified) 정보가 포함될 경우 챗봇을 통해 이에 대한 경고를 보내는 방식으로 작동한다.

2018년 1월 31일에는 '리포터스랩' 소장인 빌 어데어가 이끄는 팀이 트럼프 미 대통령의 연두교서(The State of the Union) 내용을 실시간으로 자동 팩트체크를 실시해 큰 관심을 끌었다. 이들은 '팩트스트림'(FactStream)이라는 이름의 앱을 만들어 대통령의 연두교서를 팩트체크했는데, 대통령의 발언을 실시간으로 자동 팩트체크한다는 것은 상당한 부담과 함께 획기적인 시도라고 할 수 있다. '팩트스트림'팀은 이를 위해 기술과 검증(tech and check)으로 파트너들을 구분해 협력했다. 기술 파트너들은 실시간 발언을 분석해 팩트 여부를 자동으로 확인할 수 있도록 데이터를 제공했다. 기술 파트너는 총 네 곳이었는데, 텍사스대의 '클레임버스터'6)는 팩트체크를 해야 할 필요성이 높은 문장을 자동으로 선정해 주는 기술을 제공했다. '인터넷 아카이브'(The Internet Archive)7)는 연두교서 내용 중 사실적 주장들이 과거 정치인이나 전문가들에 의해 언급된 바 있는지를 확인해 줬으며, MIT 미디어랩의

---

5) https://devpost.com/software/fib
6) https://idir-server2.uta.edu/claimbuster
7) https://archive.org

'진실 고글'(Truth Goggles) 8)은 온라인에 등록돼 있는 기사들을 검색해 발언 내용을 검증했다. 캘리포니아주립대 공대의 '디지털 민주주의' (Digital Democracy) 9) 프로젝트는 중계 라이브 비디오로부터 사실적 주장들을 자동 식별하는 기술을 제공했다.

기술 협력 파트너들이 실시간으로 데이터를 확인한 뒤에는 검증 협력 파트너들이 그 내용을 바탕으로 최종적으로 팩트 여부를 검증했다. 검증 파트너는 '폴리티팩트', 〈워싱턴 포스트〉 '팩트체커', '팩트체크닷오알지' 등 총 세 곳이었다. '팩트스트림'은 실시간으로 자동 팩트체크를 실시한다고 밝혔지만 사실 완전한 자동은 아니었다. 기술 파트너들이 발언과 관련한 데이터를 실시간으로 수집하여 제시하면, 사람으로 이루어진 검증 파트너들의 팩트체커가 최종적으로 팩트 여부를 확인하는 방식으로 이루어졌다. 자동으로 팩트 여부를 확인했다기보다는 인간이 실시간으로 팩트 여부를 확인할 수 있도록 기술의 힘을 빌렸다는 표현이 더 정확하다. 분명한 한계는 보였지만 '팩트스트림'은 의미 있는 시작이라고 평가할 수 있다. 자동으로 팩트 여부를 확인하려는 시도는 앞으로도 계속 이어질 것이며 이와 관련한 기술력도 향상될 것으로 전망되고 있는데 그 이유는 다음과 같다.

첫째, 팩트체크를 해야 할 발언들의 급격한 증가다. 유명인, 정치인 등 주요 인사들의 발언 창구가 2010년대 이후 신문, 방송 등 기존 언론을 넘어 트위터, 페이스북 등 SNS와 팟캐스트 등으로까지 확대된 것이

---

8) https://www.media.mit.edu/projects/truth-goggles/overview
9) https://www.iatpp.calpoly.edu/projects/digitaldemocracy.asp

주요하게 작용했다. 또한 이들의 발언 내용을 임의로 편집한 이용자 생성 콘텐츠들까지 기하급수적으로 늘어나면서 확인의 대상은 더욱 늘어났고 이러한 정보를 모두 처리하기 위해서는 기술의 힘을 빌릴 수밖에 없다.

둘째, 확인하려는 팩트를 선정함에 있어서 개입되는 편견의 배제다. 디지털화에 따라 정보가 기하급수적으로 늘어났는데, 그 많은 정보 중에서 왜 특정 팩트에 대해서 확인하려고 했는지를 설명할 수 있어야 하기 때문이다. "팩트체크는 정치와 정책에 대한 엘리트 논쟁의 영역이라는 의미에서의 의견의 공간에 속한다"는 주장(Graves, 2016)이 대표적이다. 왜 이 발언을 확인하는지, 왜 이 팩트를 확인하는지에 대한 합리적, 객관적 설명이 없다면 팩트체크는 그 근거를 잃는다. 그래서 중립적이라고 믿어지는 기술의 힘을 빌려 팩트 선정에 있어서 객관성을 증명하는 것이 필요하다.

셋째, 뉴스 기사 유통의 플랫폼화다. 로이터 저널리즘 연구소가 전 세계 36개 국가를 대상으로 조사한 〈디지털 뉴스 리포트 2017〉에 따르면, 조사대상자의 약 53%가 주로 소셜미디어와 검색 및 뉴스 수집 서비스를 통해 뉴스를 소비하는 것으로 나타났다. 우리나라의 경우 이 수치가 85%로 전 세계 평균보다 상당히 높았다. 뉴스 이용에 있어서 언론사 홈페이지나 앱보다 플랫폼이 주된 경로가 된 것은 전 세계적 현상이다. 그러나 플랫폼들은 뉴스를 직접 생산하기보다 유통에만 주력하기 때문에 팩트체크 등을 수행할 전문 인력을 보유하지 않고 있다. 플랫폼들은 "직접 조치보다 기술(알고리즘) 이용"이라는 원칙 등에서 알 수 있듯이 "직접 조직한 정보보다 기계 솔루션을 선호"한다. 기술기업으로서 플랫폼들은 팩트체크에 있어서도 사람보다는 기술의 힘을 선호하고 있다. 가짜 뉴스 등과 관련해 팩트체크를 위한 플랫폼의 책임을 강조할수록 팩트를 자동으로 확인하려는 플랫폼의 욕구도 높아지고 있으며, 실제로 페이스북, 구글 등 대표 플랫폼 기업들은 자동 팩트체크 기술 개발에 힘쓰고 있다.

확인해야 할 정보량이 급증하는 상황에서 이 세 가지 요인이 복합적으로 작용하면서 팩트를 자동으로 확인하려는 기술이 등장했다고 이해할 수 있다. 하지만 자동 팩트체크 기술 등장의 가장 큰 이유로 꼽을 수 있는 것은 팩트체크 자체가 갖고 있는 정치적 속성이라고 할 수 있다. 팩트 여부를 확인하는 사람 혹은 언론사, 단체가 팩트체크의 대상이 되는 정치인, 영향력 있는 인물 등과 똑같이 정치적 게임을 하고 있다는 비판을 받을 수 있기 때문이다. 절대적일 수 없는 팩트를 선택하고 확인하는 행위 자체에 대해 저널리즘 맥락에서 의문을 던질 수 있다(McBride & Rosenstiel, 2014/2015). 자동 팩트체크 기술의 등장은 이러한 의문에서 벗어나려는 시도로도 읽을 수 있다.

## 자동 팩트체크 기술의 작동방식

앞서 얘기한 '군대에서 축구한 이야기'로 돌아가 보자. 누군가 군 시절 축구 경기에서 '한 게임에 몇 골씩 넣었다'며 본인이 활약한 이야기를 했을 때 그 사실 여부를 어떻게 확인할 수 있을까? 가장 먼저 떠오르는 방법은 군 기록에 남아 있는 데이터를 통한 확인이다. 물론 그런 기록은 남아 있지 않을 가능성이 크며 혹시 기록이 남아 있더라도 진위 여부는 의심스러울 것이다. 다음으로 같은 시기 같은 부대에서 근무했던 사람들에게 물어보는 방법이 있다. 하지만 그러한 사람을 찾기에는 굉장한 수고가 뒤따르며, 그 사람을 찾는다고 하더라도 제대로 기억하고 있을 확률은 그리 높지 않다고 할 수 있다. 세 번째로는 그 사람이 발언한 맥락을 분석해 볼 수 있다. 그 자리가 술자리로서 서로 떠벌리던 자리였는지 아니면 진지한 분위기에서 서로 진실을 말하는 분위기였는지를 따져 보고, 어느 정도 술에 취한 자리에서 한 말은 그다지 신빙성이 높지 않다고 판단할 수 있다. 마지막으로 그동안 그 사람이 거짓말을 한 경우가 얼마나 많았는지, 어떤 경우에 거짓말을 했는지 등을 확인할 수 있다. 그동안 거짓말을 한 경우가 거의 없었다면 그 말을 믿을 수 있다고 가정할 수 있다. 그러나 이 중에서 어떠한 방법을 동원하더라도 결론을 내리기는 쉽지 않을 것이다. 다만 이러한 모든 방법을 동원하다 보면 그 사람이 군대에서 축구한 기록을 어느 정도는 추적해 나갈 수 있을 것이다. 최소한 이성적으로 봤을 때 팩트인지 아닌지를 판단할 근거 정도는 확인할 수 있게 된다.

자동 팩트체크 기술도 이러한 방식으로 작동한다. 팩트 여부를 확인하기 위한 단서들을 최대한 모으는 것이다. 다만, 이를 사람이 아닌 기술이 대신할 뿐이다. 그 작동 방식 유형들은 크게 〈표 4-1〉과 같이 지식 기반(knowledge based) 방식, 맥락적(contextual) 방식, 형식 기반(style based) 방식, 기계 학습(machine learning) 방식 등 네 가지로 구분할 수 있다.

지식 기반 방식은 새로운 팩트가 등장할 경우 이와 비교할 수 있는 가능한 많은 정보를 수집한다. 새롭게 등장한 팩트가 있을 경우 수집한 정보와 문서 중에서 해당 내용이 팩트임을 확인하는 방식이다. 내용 분석을 통해 새롭게 등장한 팩트가 기존에 존재했음을 합리적으로 추론 가능하다면 팩트임을 확인한다. 하지만 관련한 내용이 검색이 되지 않거나 웹상으로 추론이 불가능할 경우에는 팩트체크를 할 수 없다. 디지털 기술의 특성상 디지털화되지 않은 자료는 수집 자체가 불가능하기 때문이다. 예를 들어, 군 시절 축구한 기록이 실제로 남아 있더라도 수기로만 기록돼 있다면 수집할 수가 없다. 또한 기존에 없던 전혀 새로운 사실이 나올 경우에도 확인이 불가능한데, 이는 이후 나오는 문서 및 정보들에 대한 수집을 통해 확인할 수 있게 된다.

맥락적 방식은 주로 SNS 상에서 유포되는 루머의 팩트 여부를 확인하는 데 자주 사용된다. 해당 정보가 확산되면서 이용자들이 어떠한 반응을 보이는지, 또 그 확산의 과정은 어떤 유형을 보이는지에 따라 사실 여부를 확인하는 방식이다. 루머와 진짜 정보의 확산 패턴이 다르다는 점에서 착안한 방식이다. 완전히 틀린 내용은 제대로 된 내용보다 확산 속도가 빠르다는 연구(Mocanu et al., 2015) 등이 대표적이다. 그러나 맥락적 방식은 SNS 등에서 정보 전파 유형을 통해 사실을 확인하는 것으로 사실 자체에 대해 확인하는 것은 아니라고 할 수 있다. 진짜 정보이지만 너무나 놀라운 내용이라 루머처럼 빠르게 확산되는 정보의 경우 진짜 정보임에도 루머로 판단할 수 있는 한계도 있다.

형식 기반 방식은 텍스트 장르를 광범위하게 분류하고 각 장르별 텍스트의 유형을 구분해 팩트 여부를 확인한다. 예를 들어, 루빈 등(Rubin et al., 2016)은 풍자 뉴스와 가짜 뉴스를 텍스트 분류를 통해 구분했다. 이들은 180개의 뉴스 기사 중 풍자 뉴스에 주로 사용되는 단어들의 패턴을 추출한 후 이를 토대로 가짜 뉴스와 진짜 뉴스를 구별해 냈다. 이러한 방

<표 4-1> 자동 팩트체크 기술의 유형

| 구분 | 작동 방식 |
| --- | --- |
| 지식 기반 방식 | 가능한 많은 정보 및 문서들을 확보한 후 새로 등장한 팩트와 비교해 팩트 여부를 확인함 |
| 맥락적 방식 | 위키피디아, SNS 등 소셜 네트워크상에서 정보가 확산되는 과정을 분석해 관련 내용의 팩트 여부를 확인함 |
| 형식 기반 방식 | 팩트임을 확인할 수 있는 특정한 형식을 준수하고 있는지 여부 등을 통해 팩트 여부를 확인함 |
| 기계 학습 방식 | 우리가 알고 있는 것을 수학적 모델로 구현한 후 기계가 구축한 모델을 학습하게 해 팩트 여부를 확인함 |

식으로 각 장르별로 패턴 추출을 통해 장르별 형식을 분류한 후 특정 형식을 충족하는지 여부를 통해 자동으로 팩트 여부를 확인하는 것이다. 하지만 기존 유형을 벗어나면서도 팩트인 경우나 거짓 정보이지만 기존 팩트 유형을 완벽하게 구현했을 경우에는 오류를 범할 가능성이 있다.

기계 학습 방식은 사실에 대해 인간이 그동안 알고 있는 바를 수학적 모델로 구성해 이를 기계가 학습하도록 한다. 일례로, '가짜 뉴스 챌린지'(Fake News Challenge)[10]라는 경연대회는 기계 학습과 자연어 처리, 인공지능 같은 기술을 이용해 뉴스 기사에 숨어 있는 조작이나 오보를 자동으로 식별할 수 있는 가능성을 모색한다. 이때 팩트를 자동으로 확인하는 첫 단계를 '스탠스 디텍션'(*stance detection*)이라 하는데, 이때 스탠스 디텍션은 네 가지로 구분된다. 서로 다른 2개 뉴스 기사의 제목과 본문을 입력한 후 상호 비교해 그 내용들을 '동의'(*agrees*), '비동의'(*disagrees*), '논의'(*discusses*), '관련 없음'(*unrelated*) 등의 네 가지로

---

10) https://www.fakenewschallenge.org

구분하는 것이다. '동의'일 경우 본문과 제목이 상호 관련된다는 의미이며, '비동의'일 경우 서로 내용이 다름을 의미한다. '논의'는 사람이 직접 보고 판단해야 함을 뜻하며, '관련 없음'은 판단이 불가함을 나타낸다. 이러한 방식으로 문서와 문서 사이도 비교하는데, 이 과정을 지속적으로 되풀이해 학습용 데이터를 확보한다. 기계가 이 데이터를 학습해서 새로운 내용이 나올 때 자동으로 팩트 여부를 판단하도록 하는 것이다.

그러나 이상의 네 가지 유형은 방식에 있어서 특성을 강조한 것일 뿐 각자 독립된 방식이라고 규정하기는 어렵다. 지식 기반의 방식에 기계 학습 방식을 적용하는 경우, 지식 기반 방식과 맥락적 방식을 함께 적용하는 경우, 형식 기반 방식과 기계 학습 방식을 적용하는 경우 등 이미 다양한 실험이 진행되고 있지만(Babakar & Moy, 2016) 팩트를 자동으로 확인하는 기술은 아직까지는 실제 적용보다 연구 수준에 머물러 있다고 할 수 있다. 팩트는 절대적이지 않고 상대적이기 때문이다.

## 자동 팩트체크 사례

### 구글의 '지식 금고'

누군가 군대에서 축구한 얘기에 관련된 기록이 있다면 그 진위 여부를 가장 확실하게 알 수 있다. 기록의 양이 많을수록 당연히 그 판단의 정확도는 높아질 것이다. 전 세계 최대 검색 회사인 구글은 검색을 위해 수많은 웹 문서들을 수집한다. 검색엔진은 웹페이지에서 추출한 정보를 기반으로 작동하기 때문에 우선 인터넷상의 수많은 웹사이트들의 링크를 따라 다니면서 문서를 수집한다. 이 작업은 문서 수집기(*web crawler*)가 자동으로 수행한다.

문서 수집기가 방문한 개별 웹사이트에서 새로운 링크를 발견하면 웹 서버에 데이터 정보를 요청하고, 웹 서버가 검색엔진에게 웹 페이지 정보를 보내는 방식으로 진행된다. 개별 사이트들은 검색엔진에 자신들의 정보가 제대로 전달될 수 있도록 메타태그 등을 활용해 미리 만들어 놓은 사이트 정보를 제공한다. 이렇게 문서가 수집되면 검색엔진은 개별 문서들을 문서 제목, 페이지 내용, 목차, 기타 등등의 영역으로 나누어 추출하고 분석한 뒤, 검색어가 들어올 것에 대비해 데이터들을 각 검색 서비스의 데이터베이스에 적절히 색인을 단다(*indexing*).

구글은 이렇게 수집한 문서들을 '지식 금고'(Knowledge Vault)라는 이름의 지식 베이스(*knowledge base*)로 만들어 나가고 있다. 수집한 문서 내용이 얼마나 팩트에 근접한지를 판단하기 위한 목적이다. 지식 베이스란 체계화된 데이터 집합인 데이터베이스에 인간이 축적한 전문 지식과 문제 해결에 필요한 관계 등을 접목한 형태를 말한다. 이러한 문제 해결 관계의 대표적인 것으로 "if-then"(조건관계), "has-a"(포함관계), "is-a"(상속관계) 등이 있다. 데이터베이스에 저장된 데이터들을 인간의 전문 지식을 활용해 이러한 관계들로 연결하여 지식 베이스를 구축할 수 있다. 수집한 문서들의 내용을 분석하고 조건, 포함, 상속 관계를 분류하여 각 문서들 간의 관계들까지 만들어 나갈 수 있다. 현재 대중에 공개된 대표적인 지식 베이스로는 위키피디아(Wikipedia), CIA 월드 팩트북(CIA World Factbook), 프리베이스(Freebase) 등이 있다.

구글은 자동화된 방식으로 이러한 지식 베이스를 구축하고 있다. 그 방법은 다음과 같다. 먼저 앞서 설명했듯이 문서 수집기를 통해 웹에 등록되는 페이지들을 실시간으로 수집한다. 이렇게 수집된 문서들의 내용을 자연어 처리(*natural language processing*) 기술을 통해 분석한다. 자연어 처리란 일종의 이야기 형태로 기록되어 있는 문서 내용들을 문자 또는 문자열(*string*), 형태소(*morpheme*), 단어(*word*), 구(*phrase*), 절(*clause*), 단문과 복문 등의 문장(*sentence*), 문단(*paragraph*), 문서(*document*), 복수 문서 등 다양한 수준으로 쪼개어 분석하는 기술을 의미한다.

이렇게 자연어 처리를 통해 쪼개진 문서 내용들로부터 '개체명 인식'(*named-entity recognition*) 등의 기술을 이용하여 인물, 조직, 도시, 통화 등 중요한 정보를 추출한다. 이후 기계 학습 알고리즘을 이용하여 "if-then", "has-a", "is-a" 등 정보들 간 관계를 예측하여 하나의 사실관계(*fact*)를 생성한다. 이 사실관계들이 모여서 '지식 금고'를 형성한다 (Dong et al., 2014). 구글은 2014년 기준 16억 개의 사실관계를 확보하였으며 이 중 2억 7천만여 개의 사실관계는 90% 이상의 신뢰도를 나타낸 것으로 알려져 있다.

이렇게 구축된 '지식 금고'는 전문 정보 검색에 주로 활용되고 있지만, 팩트체크에도 유용하게 쓰일 수 있다. 예를 들어, 어떤 정치인이 출처를 밝히지 않고 통계 자료와 수치를 언급했을 경우 개체명 인식 등의 자연어 처리 기법을 이용하여 통계 자료명과 수치를 추출하여 이를 '지식 금고'에서 검색한다. 이때 일치하는 결과가 존재하면 이 발언을 팩트로 분류하고 일치하는 결과가 존재하지 않으면 거짓으로 분류한다. 만약 통계 자료는 일치하나 수치가 틀렸다면 '지식 금고'에 저장된 정확한 수치와 출처를 제공할 수 있다. 자동화된 방식으로 구축된 '지식 금고'는 위키피디아, CIA 월드 팩트북, 프리베이스 등과 같이 인력으로 구축되는 기존 지식 베이스보다 훨씬 빠른 속도로 확장되고 있으며 자연어 처리 기술과 기계 학습 기술의 발달로 사실관계의 정확도 또한 향상되고 있다. 게다가 수집 및 처리하는 데이터의 양이 많을수록 '지식 금고'가 다루는 사실관계의 양과 범위가 증가해 정확도도 꾸준히 향상될 것으로 보인다. 구글의 '지식 금고'는 근거가 되는 지식을 최대한 확보해 새로운 팩트 여부를 자동으로 확인하려는 대표적 사례라고 할 수 있다.

하지만 지식 기반 방식은 근거가 되는 데이터 및 자료가 없을 경우 팩트 여부의 판단을 할 수 없다는 한계를 지니고 있다. 예를 들어, 어떤 정치인이 본인의 군 시절과 관련한 특정 발언을 했을 경우에 그 발언의 신뢰성을 검증할 기록이 남아 있지 않다면 사실 확인이 불가능하다. 또한 잘못된 기록에 따라 팩트 여부를 잘못 판단할 수도 있다. 지식 기반 방식은 기록된 데이터에 의해서만 팩트 여부를 확인할 수 있기 때문이다. 마찬가지로 기록되지 않은 데이터, 그리고 디지털화되지 않은 기록에 대해서는 팩트 여부를 판단할 수 없다.

'지식 그래프'

미국 인디애나대(Indiana University)의 복잡 네트워크와 시스템 연구
센터(Center for Complex Networks and Systems Research)의 연구팀이
제시한 '지식 그래프'(Knowledge Graph)는 맥락적 방식을 통해 실제로
사실 여부를 확인하는 대표적 사례라고 할 수 있다. '지식 그래프'는 검
색어를 입력하면 그 단어와 연관성이 있는 정보를 보여 주는 구글의 지
식 그래프 서비스와 같은 이름이지만, 인디애나대의 '지식 그래프'는 두
지식 간의 거리를 그래프 기법으로 측정하는 방식을 말한다.

연구팀은 위키피디아 각 문서(article)의 링크 관계를 그래프로 나타
내어 '지식 그래프'를 생성한 다음 "A is B"와 같은 형태의 팩트체크가 필
요한 문장이 입력되었을 때 A와 B를 지식 그래프에서 찾아 최단 거리를
측정했다. 이때 거리가 짧으면 A와 B가 연관성이 있기 때문에 가까운
개념이라고 해석하여 이 문장은 팩트일 확률이 높다고 판단한다. 반대
로 거리가 멀면 A와 B의 연관성이 부족하고 먼 개념이라고 해석하여 이
문장은 거짓일 확률이 높다고 판단한다. 예를 들어, "오바마는 이슬람
교도"(Obama is a Muslim)라는 문장의 팩트 여부를 '지식 그래프' 방식
으로 확인한다고 가정해 보자. 먼저 오바마에 대한 위키피디아 문서를
찾은 다음 그 문서에 링크된 문서들(예를 들어 컬럼비아대)을 연결한다.
이어서 위키피디아에서 컬럼비아대를 설명하는 문서를 찾은 다음 링크
된 문서들을 또 연결한다. 이슬람(Islam)이나 이슬람 교도(Muslim)에
대한 문서로 연결될 때까지 문서의 연결 과정을 반복한다. 이슬람에 대
한 문서를 찾으면 위 과정을 종료하고 오바마에서 이슬람에 이르는 최

단거리를 측정하는 방식이다.

위키피디아 문서가 크라우드 소싱 방식으로 작성되고 있음을 감안하면 해당 내용의 팩트 여부는 확인되지 않을 수도 있다. 다만 여러 사람들이 팩트라고 인정할 경우 팩트 가능성이 높다는 가정하에서 팩트 여부를 확인하고 있는 것이다. 실제로 의미가 가까운 두 개념은 위키피디아에서도 링크를 한두 차례 클릭하면 연결이 될 것이므로 현실을 잘 반영한 아이디어라고 볼 수 있다. 하지만 이 방법은 인공지능에게 간단한 질문을 했을 때 답변을 출력하는 '질의응답'(question and answering) 시스템을 염두에 둔 것이다. 따라서 실제 정치인들의 발언이나 뉴스 기사같이 단순한 검색으로 진위 여부를 판단할 수 없는 상황에 적용하기에는 위키피디아에서 제공하는 정보로는 부족할 것으로 보인다.

카이스트(KAIST) 차미영 교수 연구팀에서 진행하고 있는 프로젝트도 맥락적 방식을 활용한 자동 팩트체크의 대표적 사례다. 이들은 트위터 상에서 전파되는 루머(거짓 정보)와 비루머(진실 정보)를 수집한 후 이것들이 전파되는 패턴을 분석한 후 이를 기계에게 학습시켜 새로운 정보가 전파되는 유형을 분석해 그 정보가 거짓인지 진실인지를 자동으로 판별하는 시스템을 만들었다(Kwon et al., 2017). 이를 위해 연구팀은 전 세계 5천만 명의 트위터 이용자가 생산한 20억 개의 메시지를 수집해 분석했다. 이후 각 계정을 통해 유통된 링크 분석을 통해 72건의 루머와 58건의 비루머를 가려내고 이들의 전파 패턴을 분석했다. 수집된 루머와 비루머는 모두 영어로 된 정보였다.

루머의 경우 오랜 시간에 걸쳐 정보 전파가 이루어지는 경향이 있는 반면에, 비루머의 경우는 짧은 시간에 많이 전파되다가 이후에는 거의 전파가 이루어지지 않는 경향이 있는 것으로 나타났다. 또한, 내용 분석 결과 루머의 대부분은 '어디서 들었는데', '확실하지는 않지만' 등 회피성 언어를 활용하고 있는 경향이 있음도 발견됐다. 연구팀은 이러한 전파 패턴과 언어 사용 경향을 학습시켜 새로운 정보가 등장할 경우 그것이 루머(거짓 정보)인지 비루머(진실 정보)인지를 자동으로 확인할 수 있다고 주장했다. 실제 실험 결과 현재 약 70% 이상의 정확도를 나타내고 있다.

그러나 이 방식은 내용의 진위 여부를 전혀 식별하지 않은 채 단순히 트위터를 통해 전파되는 패턴만을 분석했다는 점에서 한계를 지닌다. 예를 들어, 어떤 진실 정보가 루머처럼 오랜 기간 지속적으로 전파되는 경향을 보일 경우 내용의 진위 여부와 상관없이 루머라고 판정될 가능성이 존재한다. 또한, 루머 등 거짓 정보가 초기 급속도로 전파되었다가 전파 속도가 급격하게 줄어드는 전파 패턴을 보일 경우 진실 정보로 오인할 가능성도 존재한다.

## 구글 뉴스의 '팩트체크 기사 모음'

형식적 방식으로 자동 팩트체크를 실행하고 있는 대표적 사례는 구글 뉴스의 '팩트체크 기사 모음'이다. 구글은 자사 뉴스 사이트에 기사들을 컴퓨터 프로그램에 의해 자동으로 배열하는데, 기사의 선별이나 표시, 배열뿐만 아니라 기사의 형식도 자동으로 구분한다. 문제는 뉴스 기사의 형식이 언론사별로 다르며 특정하게 고정되어 있지 않다는 것이다. 같은 팩트체크 기사라고 하더라도 언론사별로 쓰는 스타일이 다르며 구성

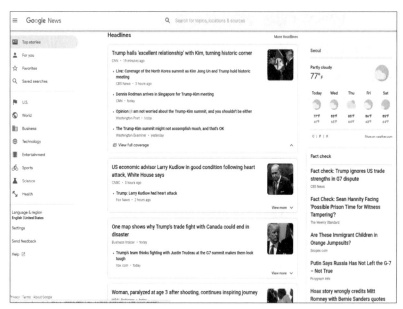

역사적인 북미 정상회담이 개최된 2018년 6월 12일 구글 뉴스 홈 화면 갈무리. 오른쪽 하단의 '팩트체크 기사 모음'은 팩트체크 기사들을 구글이 자동으로 파악해 분류한 것이다.

이나 내용도 상이한데, 구글은 팩트체크 기사들을 어떻게 자동으로 찾아 배열하고 있을까?

구글은 기사의 내용이 그 기사를 작성한 언론사와 형식을 평가하는 방식으로 이 문제를 해결한다. 구글은 자신들의 기사에 팩트체크 표식이 붙기를 바란다면 다음과 같은 기준을 충족하라고 제시한다. 첫째, 팩트체크 기사 본문에서 기사의 주장과 사실을 확인한 내용이 쉽게 구분될 수 있어야 한다. 즉, 독자들이 기사 안에서 어떤 팩트가 확인되었고 그 결과가 무엇이었는지를 쉽게 이해할 수 있어야 한다는 말이다. 둘째, 팩트 분석에 있어서 반드시 그 출처와 방법이 투명해야 하며 인용과 참조한 출처는 반드시 신빙성이 있어야 한다. 셋째, 팩트를 확인하는 곳은 비정파적이어야 하며 후원 단체와 자금 출처가 투명해야 한다. 특정 개인 혹은 개체만을 타깃으로 확인하기보다는 관련된 주제 영역 내에서 다양한 주장들을 확인해야 한다. 넷째, 기사 제목은 반드시 팩트체크한 내용을 담고 있어야 하며 그 결과를 보여줘야 한다. 혹은, 제목에서 기사의 내용이 팩트체크임을 알 수 있게 해야 한다.

이 내용만 보면 구글이 기사 내용을 보고 해당 기사가 팩트체크 기사인지 여부를 판단하는 것처럼 보인다. 하지만 구글이 제시하는 마지막 조건을 보면 그렇지 않음을 알 수 있다. "만약 해당 사이트가 이러한 기준들을 위한 클레임 리뷰 마크업(Claim Review Markup)을 준수하지 않고 있다는 점을 찾는다면, 우리는 우리 재량으로 그 사이트를 구글 뉴스에서 제거할 수도 있다." 즉, 구글은 기사 내용을 판단해 팩트체크 형식임을 찾아내는 것이 아니라 자신들이 제시한 형식을 충실하게 따른 기사를 팩트체크 형식이라고 판단하는 것이다.

마크업(markup)은 신문사나 잡지사의 교정 기자들이 쓰는 특수 목적의 표기법으로 문서의 논리적 구조와 배치 양식에 대한 정보를 표현하는 언어를 의미한다. 마크업은 문서에 포함된 문장이나 그림, 표, 소리 등과 같은 문서 내용에 대한 정보가 아니라 문장과 그림, 표의 배치, 글자의 크기와 모양, 들여쓰기와 줄 간격, 여백 등에 대한 정보를 담고 있다. 마크업을 통해서 문서 내용 외에 문서의 논리 구조나 체제 같은 형식과 색인, 연결 방법 등을 지정하여 컴퓨터 시스템에 지시할 수 있다. 즉, 클레임 리뷰 마크업은 팩트를 검증하기 위해 지정된 일종의 컴퓨터 언어 형식이라고 말할 수 있다. 구글은 바로 이러한 클레임 리뷰 마크업에 근거해 팩트체크 기사를 분별하는 것이다. 하지만 언론사가 아무리 좋은 내용의 팩트체크를 하더라도 구글의 형식을 충족시키지 못하면 팩트체크 기사로 구분되지 못한다는 맹점이 있다. 클레임 리뷰 마크업의 각 구성요건들은 속성(property), 유형(expected type), 설명(description)으로 정의되어 있으며, 클레임 리뷰(Claim Review), 리뷰(Review), 크리에이티브 워크(Creative Work), 씽(Thing) 등 4개 분류에 총 97개의 요건이 정의되어 있다. 그러나 구체적으로 몇 개의 요건을 충족해야 팩트체크 기사로 구분되는지 밝혀지지는 않았다.

자동 팩트체크를 의도한 것은 아니지만, '호미사이드 워치 D.C.' (Homicide Watch D.C.)도 형식 기반 방식의 사례로 참고할 만하다. "모든 죽음을 기록하고, 모든 희생자를 기억하고, 모든 사건을 추적하라"는 슬로건으로 운영되고 있는 '호미사이드 워치 D.C.'[11]는 미국의 수도 워싱턴 D.C.의 모든 살인 사건을 기록 및 저장하는 커뮤니티 기반의 프로젝트 사이트다. 워싱턴에서 경찰 출입 기자 경험이 있던 로라 아미코(Laura Amico)가 미국 공영 라디오 방송 NPR의 IT 전문기자이자 웹 개발자인 남편 크리스 아미코(Chris Amico)와 함께 2010년에 만들었다. 이들은 워싱턴에서 발생하고 있는 살인 사건이 그 수에 비해 보도가 잘 이루어지지 않는 것에 대한 아쉬움으로 이 프로젝트를 추진했다.

'호미사이드 워치 D.C.'는 워싱턴에서 발생하는 모든 살인 사건을 발생 초기부터 취재하는데, 단순히 사건을 취재해 기사로 만드는 것에 그치지 않는다. 이들이 제공하는 정보의 촘촘함과 그 정보들의 상호 연

---

11) https://homicidewatch.org

결성은 자동 팩트체크를 위한 팩트의 형식적 구성요건을 갖추고 있다.

'호미사이드 워치 D. C.'는 사건 피해자의 사진, 사건을 담당한 경찰의 연락처 등을 기록, 구글 지도와 연동해 사건 위치를 보여주고, 재판 일정을 한눈에 알아볼 수 있도록 하는 등 살인 사건의 아카이브 역할까지 한다. 또한 최신 뉴스, 희생자, 혐의자, 사건 발생 지도 메뉴를 통해 사건에 대한 기본 정보와 관련 사진, 수사 및 법원 자료, 사건 일지 등 부가 정보를 모두 제공한다. 워싱턴 D. C.에서 발생한 살인 사건에 대한 모든 정보에 태그와 주석을 달고 데이터베이스화해 구성요소로 활용하는 것이다.

'호미사이드 워치 D. C.'는 이 모든 정보들을 단순 링크 방식으로 제공하기 때문에 부가 정보를 보기 위해서는 원래의 페이지를 벗어나야 한다는 한계가 있지만, 살인 사건 기사가 팩트를 전달하고 있음을 증명하기 위한 형식적 구성요건을 광범위하게 다루기 때문에 팩트체크에 아주 용이하다. 또한 누구나 사건과 관련해 제보할 수 있게 하고 사건에 대한 모든 정보들이 사이트에서 서로 맞물려 제공될 수 있도록 하는 점도 팩트체크에 도움이 된다.

'호미사이드 워치 D. C.'는 모든 살인 사건의 혐의자들을 이름, 나이, 인종, 성별, 희생자 등으로 구분해 기록한다. 희생자들도 마찬가지 방식으로 기록한다. 이 각각은 태그로 작동하며 클릭 시 상호 관련된 것들만 엮여서 보이게 된다. 여기에 시간과 장소까지 기록 및 태그되어 있다. 이러한 기록들은 기사와 헤드라인을 넘어 기사 안에서 활용 가능한 모든 정보를 원자화함으로써 후속 기사에서 언제 어디서든지 쉽게 그 내용을 가져다 쓸 수 있게 하는 동시에, 독자들이 기사를 읽으면서 언제 어디서든지 쉽게 부가 정보를 찾아볼 수 있게 한다. 기술이 아니라 사람의 엄청난 작업량을 통해서 자동 팩트체크를 위한 팩트 형식적 구성요건을 구축해 놓은 것이다.

다만 이러한 형식들을 갖췄다 하더라도 가짜 뉴스 등 허위 및 거짓 정보 작성자가 이러한 형식을 완전히 갖춘 채 의도적으로 거짓 내용을 작성할 경우 이를 거짓으로 판단하기는 어렵다. 형식 기반 방식은 형식의 충족만을 판단할 뿐 내용의 진위 여부를 판단하는 것은 아니기 때문이다.

## '클레임버스터'

앞서 실시간 자동 팩트체크 사례로 제시한 '팩트스트림'의 기술 파트너 중 하나인 '클레임버스터'는 미국 텍사스대(University of Texas at Arlington)와 듀크대, 스탠퍼드대 연구진과 구글 리서치 팀이 공동으로 진행 중인 프로젝트다. '클레임버스터'는 기계 학습 방식으로 팩트를 자동으로 확인하려는 대표적 사례다. '클레임버스터'는 어떤 문장의 사실 여부를 0과 1사이의 수치로 표현한다. 0에 가까울수록 팩트 여부를 확인할 필요성이 적음을 의미하며, 1에 가까울수록 팩트 여부를 확인할 필요성이 크다는 것을 의미한다. '클레임버스터'는 주어진 신문 기사, 토론문, 연설문, 인터뷰 등을 문장 단위로 자른 다음 각 문장의 신뢰도를 기계 학습 알고리즘으로 판단한다.

기계 학습(*machine learning*)은 인공지능의 한 분야로 입력(*input*)과 출력(*output*)의 짝으로 이루어진 학습 데이터를 이용해 모델을 학습시킨 다음, 기존 학습 데이터에 없던 새로운 입력에 대해 모델이 적절한

'클레임버스터'가 문장별로 사실을 확인한 화면.
출처: "2016 Republican Party Presidential Debate. March 10, 2016, 8:30 p.m. EST" http://idir-server2.uta.edu/claimbuster/event/20/

출력을 계산해내도록 하는 것을 목표로 한다. 이처럼 입력에 대한 출력이 이미 정해진 데이터로 학습하는 방식을 지도 학습(supervised learning)이라고 한다. '클레임버스터'의 지도 학습에는 서포트 벡터 머신(SVM, Support Vector Machine) 알고리즘이 주로 이용됐다.

SVM은 데이터 분류(classification)와 회귀(regression) 분석에 주로 사용되는데, 특히 데이터 분류는 다음과 같은 과정으로 진행된다. 먼저 범주화된 학습 데이터를 좌표공간에 배치한 다음 데이터를 범주에 따라 가장 효율적으로 분류할 수 있는 초평면(hyperplane)을 구한다. 그 다음 이 초평면을 바탕으로 좌표공간에 배치된 새로운 데이터가 어느 범주에

〈그림 4-3〉 SVM의 분류 방식

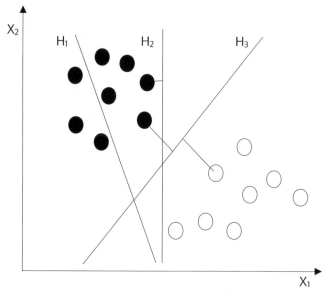

출처: https://en.wikipedia.org/wiki/Support_vector_machine

속할지 판단한다. 〈그림 4-3〉은 좌표평면에 배치된 두 범주(검정색, 흰색)의 데이터가 세 개의 초평면(H1, H2, H3)에 의해 분류된 모습을 나타내고 있다. 초평면 H2가 데이터를 가장 효율적으로(데이터들과 초평면 사이의 거리 차이가 가장 작도록) 분류하고 있으며 새로운 데이터가 H2의 오른쪽에 위치하면 흰색 범주로, 왼쪽에 위치하면 검정색 범주로 분류한다. 이를 분류 모델(classification model)이라고 한다.

'클레임버스터'는 SVM 알고리즘을 활용하기 위해 과거 정치인들의 토론문으로부터 2만여 개의 문장을 선정한 다음 226명의 전문가들이 이 문장들을 다음과 같이 세 범주로 분류하도록 했다. 첫째, 사실이 아닌 문장(Non-Factual Sentence)은 팩트체크가 필요하지 않은 주관적 주장이 담긴 문장이다. 둘째, 중요하지 않은 사실 문장(*Unimportant Factual Sentence*)은 너무 객관적인 내용이라 높은 수준의 팩트체크가 필요하지 않은 문장을 말한다. 셋째, 검증 가치가 있는 사실 문장(*CFS, Check-worthy Factual Sentence*)은 진위에 대한 논란의 여지가 있어 팩트체크가 필요한 문장을 말한다(Hassan et al., 2015).

연구팀은 전문가들에게 CFS로 분류된 문장에 대해서는 신뢰도를 0과 1 사이의 값으로 매기도록 하였다. 그리고 이를 학습 데이터로 하여 SVM 알고리즘을 이용해 팩트체크 모델을 학습하였다. 학습이 완료된 모델에 팩트체크가 필요한 문장을 입력한 후 CFS로 분류된 경우, 분류 확률(*classification probability*)에 따라 신뢰도 점수를 추정했다. 그 결과 '클레임버스터'의 팩트체크 모델은 79%의 정확도로 새로운 문장을 CFS로 분류하고 전문가가 매긴 점수와 유사한 점수를 추정하였다.

'클레임버스터'는 '폴리티팩트', '팩트체커' 등 기존 팩트체크 서비스와 연계하여 이들 서비스에서 제공하는 데이터를 이용해 학습하는 것, 구글 뉴스나 트위터에 올라온 데이터를 모니터링하고 실시간으로 알고리즘을 이용하여 팩트 여부를 확인하는 것, 텍스트뿐 아니라 뉴스 동영상에 대한 팩트체크를 실현하는 것 등을 추후 과제로 삼고 있다고 밝혔다. 하지만 엄밀한 의미에서 '클레임버스터'는 팩트체크 시스템이라고 보기는 어렵다. '클레임버스터'의 분석 결과는 팩트 여부를 확인해야 할 문장이나 내용을 빠르게 판단해 줄 뿐 최종적으로 팩트 여부를 확인해 주는 것이 아니기 때문이다. '클레임버스터'에서 최종적으로 문장별 팩트 여부를 확인해야 하는 주체는 사람이다. 또한 기계 학습을 통해 전문가 판단을 학습했다고 하지만 그 전문가들이 모든 사실의 팩트 여부를 검증한 것은 아니라는 한계도 갖고 있다.


## 자동 팩트체크 기술의 한계

### 자동 팩트체크 기술의 한계점

지금까지 자동 팩트체크 기술의 작동방식과 사례들을 제시했지만 현재 시점에서 자동 팩트체크 기술은 이제 시작하고 있는 단계이기도 하고, 팩트라는 것 자체가 갖고 있는 문제로 인하여 어느 정도 한계를 지닐 수밖에 없다. 실제로 페이스북은 인공지능을 활용해 팩트체크를 실시하려는 계획을 추진 중이지만 아직은 초보 단계라고 스스로 고백하고 있다. '지식 금고'라는 지식 베이스를 활용해 팩트 여부를 파악하고 형식적 판단을 통해 팩트체크 기사를 구분해 내고 있는 구글은 가짜 뉴스와 일부 의견을 팩트로 판단하는 오류를 자주 보인다.

자동 팩트체크 기술의 작동 방식별로 보면, 지식 기반 방식은 기록된 데이터를 통해 팩트를 확인하기 때문에 정확하다는 장점이 있지만 방대한 양의 정보를 데이터베이스화하기 어렵다는 단점이 있다. 또, 기록되지 않은 데이터는 확인이 불가능하며 모든 데이터가 기록되어 있지는 않다는 점을 한계로 지적할 수 있다. 이를 위해 구글 '지식 금고'는 지속적으로 웹 문서를 수집해 지속적으로 사실관계를 구축하고 있다. 또한 그외에도 카네기멜론대 연구팀이 2010년부터 진행하고 있는 '리드 더 웹'(Read the Web) [12] 프로젝트도 NELL(Never Ending Language Learn

〈표 4-2〉 자동 팩트체크 기술의 작동 방식별 사례와 특징

| 구분 | 대표 사례 | 장점 | 단점 | 한계 |
|---|---|---|---|---|
| 지식 기반 방식 | 지식 금고 | 기록된 데이터를 통한 정확성 | 방대한 양의 정보의 DB화 필요 | 기록되지 않은 데이터 확인 불가 |
| 맥락적 방식 | 지식 그래프 | 기록되지 않은 루머 등 확인 가능 | 대중의 잘못된 판단을 사실로 판단할 수 있음 | 활용하는 소스에 따라 다른 맥락 |
| 형식적 방식 | '팩트체크' 표식 | 형식 요건 통해 새로운 사실 확인 가능 | 형식만을 판단해 내용에 대해서는 판단하지 못함 | 형식을 제대로 갖춘 틀린 사실은 확인 불가 |
| 기계 학습 방식 | 클레임버스터 | 사실 여부 불확실해도 일정 정도 판단 가능 | 명확한 판단이 아닌 확률적 판단에 불과 | 모델링의 어려움 및 학습 데이터 부족 |

ing) 이라는 시스템을 통해 웹상의 문서들을 읽어 들여 지식 베이스를 구축하고 있다. 수억 개의 웹 문서들을 읽고 그 가운데서 팩트를 추출해 그중 '믿을 만한 것들'(beliefs)을 추려내 현재 약 5천만 개의 믿을 만한 것들을 축적했다. 하지만 세상의 모든 정보를 모두 저장한다는 것은 사실 불가능하다고 볼 수 있다. 지금 이 순간에도 새로운 정보가 생성되고 있으며 그 정보의 맥락은 그때마다 다를 수 있기 때문이다.

맥락적 방식은 기록되지 않은 루머 등도 확인할 수 있지만 대중의 잘못된 판단을 팩트로 판단할 가능성이 있다는 점과 트위터, 페이스북 등 활용하는 소스마다 맥락이 다르다는 사실도 고려해야 한다. 형식적 방식의 경우는 형식 요건만을 판단하기 때문에 완벽한 형식의 거짓 정보는 가려내기 어렵다. 마지막으로 기계 학습 방식의 경우에는 사실 여부가 불분명해도 일정 정도 판단해낼 수 있지만 명확한 판단이 아닌 확률적

---

12) https://rtw. ml. cmu. edu/rtw

판단이며 모델링이 어렵다는 한계를 지니고 있다. 〈표 4-2〉는 자동 팩트체크 기술의 각 작동방식의 특징을 요약한 것이다.

팩트를 확인한다는 것은 사실 어려운 일이다. 절대적 진실이라는 것은 존재할 수 없기 때문에 언론의 기사는 결국 종합적 진실(the whole truth)을 전달할 수밖에 없다. 종합적 진실의 전달자로서 사람이 수행하는 팩트체크는 팩트의 미세한 구성 요소들까지 초점을 맞출 수 있다는 장점이 있지만, 팩트와 허구로 구성되어 있는 더 큰 진실의 조각들을 다루지 못할 가능성이 크다(McBride & Rosenstiel, 2014/2015). 사람은 본인이 관심이 가는 팩트 또는 내용에 집중하게 되기 때문이다. 자동 팩트체크 기술들은 이러한 문제를 보완해 줄 수 있다. 기술은 정해진 절차에 따라 과업을 수행하기 때문에 사람에 비해 특정한 편견을 갖지 않는다. 지금까지 제시한 사례들의 경우 기록된 팩트가 다시 등장하거나 다른 여러 가지 조건으로 기록된 팩트를 유추할 수 있을 때 팩트체크가 가능하다.

문제는 이러한 경우가 드물다는 점이다. 현실에는 누군가 군대에서 축구한 기록 등과 같이 확인이 거의 불가능한 팩트가 더 많다. 물론 사람의 지능을 뛰어넘는 초지능(super intelligence) 등이 등장하면 모든 것을 해결해 줄 수 있다는 주장도 있다. 그러나 현재 단계에서는 자동 팩트체크 기술은 한계점이 있음에도 불구하고 방대한 양의 정보 속에서 사람이 최종적으로 팩트 여부를 판단할 내용을 빠르게 찾아주는 데 유용한 정도로 사용된다(Graves & Cherubini, 2016).

## 자동 팩트체크 기술은 왜 어려운가?

팩트라는 단어의 정의가 어렵기 때문에 자동 팩트체크 기술이 한계를 지닐 수밖에 없다는 점을 앞서 제시했다. 그런데 팩트 개념 자체의 어려움과 함께 현재 기술 수준의 한계도 자동 팩트체크 구현을 어렵게 한다.

사례를 통해 살펴보자. '인이퀄리그램'(Inequaligram)[13]이라는 이름의 프로젝트가 있다. '인이퀄리그램'이라는 명칭은 불평등을 뜻하는 'inequality'와 사진 공유 SNS인 인스타그램(Instagram)을 합쳐 만들어졌다. 뉴욕시립대(City University of New York)의 레프 마노비치(Lev Manovich) 교수가 진행하고 있는 이 프로젝트는 인스타그램의 이미지를 분석해 소셜미디어에서 벌어지고 있는 불평등의 측정을 목표로 한다. 이를 위해 프로젝트 연구팀은 뉴욕에서 공유된 744만 2,454장의 인스타그램 이미지를 수집했다. 이미지 자체를 분석한 것이라기보다는 인스타그램의 위치 태그를 기반으로 수집해 분석했다. 이들은 뉴욕의 어떤 지역들은 인스타그램에서 자주 공유되는 반면, 어떤 지역은 잘 공유되지 않는다는 점이 소셜미디어에서 벌어지는 불평등이라고 설명한다. 〈그림 4-4〉를 보면 쉽게 이해할 수 있다.

〈그림 4-4〉의 왼쪽은 뉴욕을 방문한 관광객들이 공유한 이미지, 오른쪽은 뉴욕에 거주하는 사람들이 공유한 이미지를 분석한 결과다. 밝을수록 많이 공유됐음을 의미한다. 관광객들은 뉴욕의 중심지역을 중심으로 이미지를 많이 공유했고, 뉴욕에 거주하는 사람들은 중심지가

---

13) https://inequaligram.net

<그림 4-4> 인이퀄리그램의 분석 결과

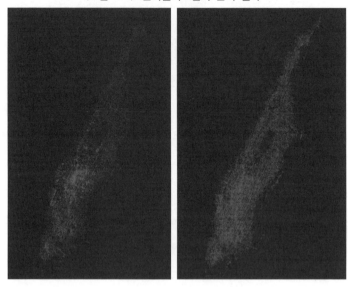

(왼쪽) 방문자가 공유한 이미지들: 중간지대에 집중되어 있고, 시내의 몇몇 지역은 주목을 받고 있지만 110번가 위쪽 지역은 거의 보이지 않는다.
(오른쪽) 거주민이 공유한 이미지들: 도시 전체적으로 골고루 분포되어 있다. 대부분의 도시 지역이 식별 가능하고 110번가 위쪽 지역은 훨씬 적은 주목을 받았다.

아닌 도시 곳곳의 이미지를 공유하고 있음을 알 수 있다. 연구팀은 밝게 보이는 곳과 그렇지 않은 곳의 구분이 소셜미디어에서 나타나는 불평등이라고 해석한다. 연구팀은 이를 지수로도 계산했다. 0에 가까울수록 완전한 평등을 의미하는 지니계수를 차용해서 관광객은 0.669, 거주하는 사람들은 0.494라는 불평등지수를 보인다고 설명한다. 그런데 관광객은 짧은 시간에 도시의 핵심을 훑어보기 위해 그동안 많이 부각된 중심지역 위주로 다니는 것이 당연해 보인다. 반면에 지역 주민들은 분산되어 살고 있기 때문에 좀더 다양한 지역에서 이미지를 공유했을 것이다. 이걸 불평등하다고 말할 수 있을까, 당연하다고 말할 수 있

〈그림 4-5〉 서울 공간 체험의 지역별 분포도

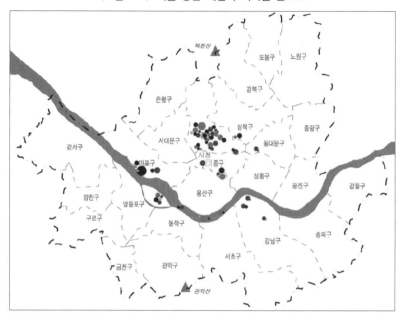

출처: 홍석경, 2015: 89.

을까?

"서울의 풍경들: 블로거들의 서울 사진과 공간 경험에 대한 영상방법론적 접근"이라는 제목의 논문이 있다. 서울대 언론정보학과 홍석경 교수가 쓴 이 논문은 822장의 블로그 사진을 분석했다. 분석에 사용된 사진은 2012년 서울시에서 주최했던 '서울 프로젝트 블로그' 사업에서 지정된 76개의 블로그에 게시된 1만 5,279장 중 대표성을 갖는 사진들로 선정됐다. '서울 프로젝트 블로그' 사업은 시민들이 직접 "서울의 모습을 찍고, 글로 적고, 체험하여 서울을 기록"하면서, 시민들이 바라본 서울에 대한 콘텐츠를 생산하기 위한 사업이었다. 822장의 사진 분석을 통해 홍석경 교수는 서울이라는 장소를 바라보는 세 개의 지배적인 시선을 밝혀냈다. 첫째, 우편엽서와 같은 미학을 드러내는 박물관 시선, 둘째, 세부 일상을 세계화의 스펙터클로 만드는 이국정서의 시선, 셋째, 도시공간의 체험이 텅 빈 것임을 드러내는 자기 지칭적 시선이다. 역시 〈그림 4-5〉를 보면 보다 쉽게 이해할 수 있다. 각 명도의 차이는 이벤트 경험, 소비체험, 관광체험, 산책체험, 놀이체험을 의미한다. 동심원의 크기는 빈도수를 의미한다. 자동 팩트체크 기술에서 기계가 분석하는 것처럼, 사람들이 어디에서 많은 사진을 찍고 있으며 어떤 행위를 주로 했는지를 분석했다.

분석 결과 한강 남쪽 지역은 서울이라는 장소실천의 아카이브에서 매우 작은 부분을 차지하고, 역사적 서울의 중심부인 종로구에서 서울의 공간체험이 집중적으로 발생하고 있었으며, 광화문과 북촌처럼 서로 다른 유형의 공간체험이 공존하는 장소가 서울시의 공간체험에서 상징적으로 중요성을 지니고 있었다. 이는 사람들이 왜 그러한 사진을 찍었는지 사진의 맥락을 주로 분석한 결과이다. 만약 이 연구를 기계가 분석했다면 그 결과는 어땠을까?

제시한 두 사례는 모두 이미지를 읽어 도시를 분석했다. 전자는 뉴욕이라는 도시에서 나타나는 소셜미디어 불평등을 얘기하고, 후자는 서울이라는 도시를 바라보는 지배적인 시선을 규명했다. 뉴욕은 기계가 읽었고, 서울은 사람이 읽었다. 둘의 차이는 무엇일까? 기계는 방대한 양에서 패턴을 읽었고, 사람은 기계와 비교하면 보잘 것 없는 양을 읽었지만 그 속에 담겨 있는 맥락을 읽어 냈다는 점이다. 결과가 갖는 중요성은 논외로 하고, 기계가 방대한 양을 읽어 나온 결과는 예측 가능한 패턴이었고 사람이 적은 양을 읽어 나온 결과는 서울이라는 장소의 맥락이었다. 패턴은 그 속의 맥락까지는 잡아내지 못한다. 기계가 할 수 없는 영역이 분명히 존재하는 것이다. 패턴을 읽을 것인가, 맥락을 읽을 것인가는 상황에 따라 다르다. 하지만 팩트체크 저널리즘의 경우는 맥락을 읽어 종합적인 팩트를 전달해야 하기 때문에 팩트의 맥락까지는 읽지 못하는 자동 팩트체크 기술 활용의 한계가 명확해 보인다.

## 저널리즘 관점에서 자동 팩트체크의 문제점

저널리즘 관점에서도 자동 팩트체크 기술의 한계가 있다. 보통 자동 팩트체크 기술은 인간보다 중립적일 것으로 가정하지만 기술은 그 자체로 초당파적이거나 중립적이지는 않다. 따라서 팩트를 자동으로 확인하는 기술에도 지켜야 할 원칙이 필요하다. 저널리즘 관련 미국의 비영리재단인 포인터재단이 주도하는 IFCN은 다음과 같이 팩트체크 원칙[14]을 제시한다. 초당파성과 공정성에 대한 약속(commitment), 자료출처의 투명성에 대한 약속, 재원 및 조직의 투명성에 대한 약속, 방법론의 투명성에 대한 약속, 개방성과 정직한 수정에 대한 약속 등 다섯 가지가 그 원칙이다.

자동 팩트체크 기술에도 IFCN의 팩트체크 원칙과 같은 것의 적용이 필요하다. 기술은 설계 당시 기입된 편견을 지속적으로 강화할 위험성을 갖고 있으며 잘못되거나 편향된 데이터를 선택해 결론을 유추할 수

---

14) https://www.poynter.org/fact-checkers-code-of-principles

도 있고, 계량화되지 못한 요소들은 내용과 상관없이 배제해 버릴 수 있기 때문이다(오세욱, 2016). 확인해야 할 텍스트 양의 증가, 확인사실 선택의 편견 배제, 뉴스 기사 유통의 플랫폼화 등으로 인해 팩트를 자동으로 확인하기 위한 기술적 시도는 계속될 것으로 전망된다.

현재 자동 팩트체크 기술들의 경우 기록되지 않은 데이터는 확인이 불가능하고, 활용하는 소스에 따라 다른 맥락으로 판단할 우려가 있으며, 형식을 제대로 갖춘 틀린 사실은 확인할 수 없고, 팩트 학습을 위한 모델링의 어려움 및 학습 데이터가 부족하다는 한계를 지니고 있다. 이러한 한계들은 결과만 볼 경우에는 확인되지 않는다. 컴퓨터가 이렇게 판단했다는 결과만 있을 뿐 그 과정에 있을 수 있는 한계점은 보이지 않기 때문이다. 따라서 자동 팩트체크 기술을 사용할 때에는 데이터에 대한 검증이 있어야 팩트체크 결과에 대한 판단이 가능하다.

IFCN의 팩트체크 원칙에서 가장 중요하게 제시되는 것은 초당파성과 함께 출처, 절차, 방법론, 재원, 조직, 수정 내역 등의 투명성이다. 자동 팩트체크 기술은 입력된 데이터를 처리해 결과로서 팩트 여부를 확인한다. 그러나 단지 기계적으로 처리했다고 해서 그 내용이 초당파적이거나 팩트임을 입증하지는 않기 때문에 기계 또는 기술이 수행한 결과에 대해서도 팩트체크가 필요하다. 되르와 홀른부흐너(Dörr & Hollnbuchner, 2016)는 저널리즘 분야에 적용되는 기술이 지켜야 할 원칙을 제시했다. 이들은 저널리즘에 적용되는 알고리즘 등 기술이 데이터를 입력해서 분석 과정을 거쳐 결과를 출력하기까지의 과정에서 조직(미디어 시스템), 전문가(기자 개인), 사회(수용자)가 지켜야 할 구체적 기준을 〈표 4-3〉과 같이 정리했다. 자동 팩트체크 기술도 저널리즘 기

<표 4-3> 알고리즘 저널리즘이 지켜야 할 원칙

| | 조직 영역 | 전문가 영역 | 사회 영역 |
|---|---|---|---|
| | 미디어 시스템 윤리 | 기자 개인 윤리 | 수용자 윤리 |
| 입력<br>(input) | • 데이터<br>- 데이터 출처의 신뢰성, 정확성, 객관성 등<br>- 데이터 수집에 있어서 프라이버시 보호 및 편향 배제 등<br>• 코드<br>- 프로그래밍 코드의 투명성, 객관성, 정확성 및 편향 배제<br>- 기계 학습에 있어서 내재적 편향을 벗어나기 위한 설계 | • 코드<br>- 프로그래밍 코드의 투명성, 객관성, 정확성 및 편향 배제<br>- 기계 학습에 있어서 내재적 편향을 벗어나기 위한 설계 | • 데이터<br>- 사회의 다양한 부분들을 관찰할 수 있도록 다양한 데이터 출처 확인 |
| 과정<br>(through-put) | • 만들어 내는 소프트웨어의 검증 권위 | • 소프트웨어/코딩 테스트와 모니터링 | |
| 출력<br>(output) | • 투명성<br>- 데이터 출처 공개<br>- 자동화 과정 공개<br>- 코드 공개<br>• 법적 책무성 | • 권위 있는 결과 모니터링 | • 투명성과 신뢰<br>• 데이터와 텍스트 분석에 대한 확인<br>• 해당 지역에서 사회에 대한 관찰 |

출처: Dörr & Hollnbuchner, 2016: 11.

능을 기술에 의해 수행하고 있기 때문에 이와 같은 원칙의 적용이 필요
하다.

알고리즘 저널리즘 원칙은 데이터의 입력 부분에서는 지켜야 할 윤리
준칙들을 제시하는 수준이지만, 과정과 출력에서는 각 대상이 윤리를
지키기 위해 해야 할 구체적 행위를 제시한다. 조직 영역에서는 데이터
출처 공개, 자동화 과정의 공개, 사용된 코드의 공개 등을 구체적으로
해야 할 행위로 제시하고 있으며, 전문가 영역에서는 결과에 대한 모니
터링을 강조한다. 그리고 이용자 개인들도 데이터와 텍스트 분석에 대

한 확인을 통해 투명성과 신뢰를 스스로 확인해야 한다는 점을 강조하고 있다.

이 틀이 완벽하지는 않아도 자동 팩트체크 기술과 관련해 많은 시사점을 준다. 저널리즘의 많은 영역이 디지털화되면서 알고리즘, 인공지능 등에 의한 자동화 사례가 많아지는 가운데, 데이터를 처리하는 과정에서 지켜야 할 윤리 기준들을 입력, 과정, 출력 등으로 구분해 제시하기 때문이다. 팩트체크에 사용된 데이터의 질에 대한 판단이 가능하도록 데이터의 정확성과 불확실성, 시간 기준 및 데이터 수집과 관련된 모델, 데이터의 수집, 변형, 편집되는 처리 과정에 대한 투명성을 요구할 필요가 있을 뿐만 아니라 이를 준수할 필요도 있다. 자동 팩트체크도 기본적으로 저널리즘 기능을 수행하기 때문에 투명성이 가장 중요하기 때문이다.


## 팩트의 최종 판단 주체는 사람

로이터 저널리즘 연구소(Reuters Institute for the Study of Journalism)는 2018년 3월 "자동화된 팩트체킹의 가능성과 한계에 대한 이해"(*Understanding the Promise and Limits of Automated Fact-Checking*)라는 제목의 보고서를 발간했다. 인간 팩트체커들과 컴퓨터 공학자들을 심층 인터뷰해 자동 팩트체크(*automated fact-checking*)의 현황과 가능성, 한계 등에 대해 서술했다. 그 결론은 다음과 같다.

첫째, 완전한 자동 팩트체크가 이루어지더라도 최종적으로는 사람의 판단이 필요하다. 둘째, 간단한 사실 주장의 경우에는 데이터만 있다면 자동으로 확인 가능하지만, 이 또한 사람의 감독하에 이루어져야 한다. 셋째, 현 수준에서 자동 팩트체크 도구들은 판단해야 하는 주장을 빠르게 식별하는 데 도움이 될 뿐이다. 넷째, 자동 팩트체크 기술을 고민하고 있는 곳은 기존 미디어보다는 독립적인 비영리 팩트체킹 기관들이다. 다섯째, 앞으로 광범위한 투자가 필요하기 때문에 재단, 대학, 플랫폼 기업들의 협업이 필요하다.

특정한 사안에 있어서 그것의 팩트 여부는 어떠한 기계도 확실하게 판단하지 못한다. 팩트는 0과 1 등으로 확실하게 구분되지 않으며 수학 공식으로 정립할 수 있는 것이 아닌 종합적 진실이기 때문에, 기술은 팩트의 가능성만을 판단할 수 있고 그 판단의 기준을 만드는 것은 사람이다. 기계는 사람의 판단들을 수없이 수집해 그 패턴을 모사하거나 사람의 행위를 학습해 결과를 제시할 뿐 최종적인 결정을 내리지 못하는 것이다. 결국 자동 팩트체크 기술의 가능성과 한계 모두 사람이 만들어낸다고 할 수 있다. 자동 팩트체크 기술의 기준이자 학습 대상이 되는 기존 기사의 신뢰도 제고가 필요한 이유다.

이와 같은 여러 한계에도 불구하고 자동 팩트체크 기술은 언론의 투명성을 높이고 검증하는 사실을 선정함에 있어서 개입될 수 있는 편견을 배제할 수 있는 유용한 도구가 될 수 있다. 이러한 관점에서 '디지털 극화 계획'(The Digital Polarization Initiative) 15) 프로젝트는 좋은 참고사례다. 워싱턴주립대의 마이크 콜필드(Mike Caulfield)가 이끌고 있는

---

15) https://digipo.io/doku.php

이 프로젝트는 디지털 영역에서 나타나는 정보 극화 현상을 해결하기 위해 특정 이슈들에 대해 위키 형식의 사이트를 만들어 정보를 제공하고 있다. 가짜 뉴스 등 문제가 되는 사안이 발생할 경우 먼저 관련한 내용을 설명하고, 정보가 사실인지, 절반의 사실인지, 아직 입증이 안 됐는지 등을 기존 보도 등에 근거해 판단한다. 또, 관련한 내용이 처음 등장한 후 확산되는 과정을 추적하고 뉴스, 커뮤니티, SNS 등 추적 가능한 모든 것을 기록한다. 해당 내용이 전파된 곳과 그 내용을 다룬 곳들을 기록하고 그곳에서 기록된 공유 수, 조회 수 등도 표기할 뿐만 아니라 관련해서 더 읽어볼 만한 자료들을 제공하는 동시에 사안에 대한 다양한 해석도 함께 제공한다.

이 모든 과정이 시민들의 자발적인 참여로 이루어진다는 점이 중요하다. 위키 방식으로 사이트를 구성해 누구나 참여해서 수정할 수 있고 각각 제시하는 내용의 근거(source)만 명확히 표시하면 된다. 특정 이슈에 대해서 관심이 있는 사람들이 입장에 따라 다양하게 제시된 내용을 읽고 사안에 대해서 종합적으로 판단할 수 있게 하는 것을 목표로 한다. 이는 필터 버블, 가짜 뉴스 등 현상의 본질을 디지털 극화로 파악하고 이를 해결하기 위해 크라우드 소싱 방식의 팩트체크를 도입한 것으로 일종의 '팩트체킹 위키피디아'를 만들려는 시도다. 이때 사안에 대한 언론의 보도가 모두 기록될 뿐 아니라 최종적인 팩트 판단의 주체는 일반 시민이기 때문에, 언론 입장에서 자신들의 보도 내용에 대해 가능한 자세하게 설명할 필요가 생긴다. 이 프로젝트는 우선 학생들을 대상으로 한 리터러시 함양 자료로 사용될 계획이며, 이를 통해 궁극적으로 민주주의의 발전을 도모할 수도 있다.

〈퍼스트 드래프트 뉴스〉는 프랑스 대선을 앞두고 가짜 뉴스 등에 대항하기 위해 만든 언론사들 간의 팩트체크 협업 조직인 '크로스체크'(Crosscheck)를 운영하는 비영리 단체다. 이곳에서는 팩트체크가 필요한 팩트 선정을 위해 자동 팩트체크를 위한 기술을 사용한다. '크로스체크'는 'SNU 팩트체크'와 유사한 언론사 간 사실 확인을 위한 협업 모델이지만, 'SNU 팩트체크'와는 달리 각 언론사에서 작성된 기사를 배포하기 위한 조건으로 타 언론사의 동의를 필수적으로 요구한다.

〈퍼스트 드래프트 뉴스〉는 온라인에서 어떠한 내용이 화제가 되고 있는지를 실시간으로 추적하고, 이 내용들을 팩트체크에 적용하기 위한 목적으로 네 가지 외부 도구와 자체 개발한 도구를 통합적으로 활용한다. 먼저 '트렌도라이저'(Trendolizer)는 페이스북의 좋아요, 트위터의 리트윗, 핀터레스트의 핀이 많은 게시물들과 유튜브의 조회 수가 많은 동영상을 실시간으로 수집하고 목록화해 제시한다. 이 작업은 매 시간 순위를 갱신하면서 현재 소셜미디어에서 이슈가 되고 있는 내용을 한눈에 볼 수 있게 해 준다. 그 다음으로는 페이스북의 '크라우드탱글'(CrowdTangle)을 활용한다. '크라우드탱글'은 페이스북으로부터 독점 데이터를 제공받아 제공한다. 〈퍼스트 드래프트 뉴스〉는 '크라우드탱글' 데이터를 활용해 페이스북 페이지 중 특이 사항과 내용들을 모니터링한다. 또한, '뉴스휩 스파이크'(Newswhip Spike)를 통해 소셜미디어상에서 이슈가 되고 있는 뉴스 기사 목록도 제공받는다. 마지막으로는 지역별로 수집된 트위터의 해시태그와 키워드를 수집하는 '트렌즈맵'(Trendsmap)을 통해 지도 형식으로 시각화된 정보를 제공받는다. 또한 실시간 트윗 수집을 목적으로 자체적으로 만든 '소셜 피드 매니저'(Social Feed Manager)를 통해 외부 도구들이 제공하지 않는 소셜 데이터 내용도 확인하고 있다.

이처럼 〈퍼스트 드래프트 뉴스〉는 여러 도구들을 종합적으로 활용해 실시간으로 이슈를 모니터링하고 어떤 팩트를 확인할 것인지를 제시한다. 최종적으로 확인할 팩트를 선정하는 것은 언론사지만 〈퍼스트 드래프트 뉴스〉가 제시하는 확인 대상 팩트들은 이러한 도구들이 제시하는 수치에 따라 가능한 중립적으로 제시된다.

디지털 극화 계획 프로젝트와 〈퍼스트 드래프트 뉴스〉, 두 사례는 자동 팩트체크 기술의 힘을 빌려 수많은 정보 중 확인이 가장 시급한 팩트를 찾은 뒤 최종적인 판단은 사람이 전체적인 맥락을 고려하여 내리도록 했다. 이 장에서 검토한 자동 팩트체크 기술은 급증하는 팩트체크에 대한 사회적 수요에 대처하기 위한 유용한 수단일 뿐이며 팩트에 대한 최종 판단 주체는 여전히 사람이고, 사람이어야 한다. 물론 현재 시점에서 자동 팩트체크 기술은 정치인 등의 반복적인 거짓 발언 등을 빠르고 쉽게 검증할 수 있는 유용한 수단이기는 하다. 하지만 기술은 사람을 도울 뿐이다. 자동 팩트체크 기술은 기술적 논의대상이 아니라 민주주의 공동체의 유지와 발전을 위한 핵심적 기능을 수행하는 저널리즘의 논의 영역에 포함된다.

# 참고문헌

오세욱. 2016. "저널리즘과 알고리즘의 융합에 대한 탐색적 연구", 〈사이버커뮤니케이션학보〉 33(3), 51~101.

_____. 2017. "자동화된 사실 확인(fact checking) 기술(technology)의 현황과 한계", 〈사이버커뮤니케이션학보〉 34(3), 137~180.

홍석경. 2015. "서울의 풍경들: 블로거들의 서울 사진과 공간 경험에 대한 영상방법론적 접근", 〈언론과 사회〉 23(2), 64~112.

Babakar, M. & Moy, W. 2016. *The State of Automated Factchecking: How to make factchecking dramatically more effective with technology we have now.* Full Fact.

Dong, X. L. , Gabrilovich, E. , Heitz, G. , Horn, W. , Lao, N. , Murphy, K. , Strohmann, T. , Sun, S. & Zhang, W. 2014. "Knowledge Vault: A web-scale approach to probabilistic knowledge fusion". Paper presented at the 20th ACM SIGKDD international conference on Knowledge discovery and data mining.

Dörr, K. N. & Hollnbuchner, K. 2016. "Ethical Challenges of Algorithmic Journalism". *Digital Journalism*, 5(4), 404~419.

Graves, L. 2016. *Deciding What's True: The rise of political fact-checking in american journalism.* New York, NY: Columbia University Press.

Graves, L. & Cherubini, F. 2016. *The Rise of Fact-checking Sites in Europe.* Digital News Project 2016: Reuters Institute for the Study of Journalism.

Hassan, N. , Adair, B. , Hamilton, J. T. , Li, C. , Tremayne, M. , Yang, J. & Yu, C. 2015. *The Quest to Automate Fact-checking.* University of Texas Arlington.

Kwon, S. , Cha, M. & Jung, K. 2017. "Rumor Detection over Varying Time Windows". *PLOS ONE*, 12(1).

Mcbride, K. & Rosenstiel, T. 2014. *The New Ethics of Journalism: Principles for the 21th century.* SAGE Publications Inc. 임영호 옮김(2015).《디지털 시대의 저널리즘 윤리》. 서울: 한국언론진흥재단.

Mocanu, D. , Rossi, L. , Zhang, Q. , Karsai, M. & Quattrociocchi, W. 2015. "Collective Attention in the Age of (mis) Information". *Computers in Human Behavior*, 51 (Part B), 1198~1204.

Rubin, V. L. , Conroy, N. J. , Chen, Y. & Cornwell, S. 2016. "Fake News or Truth? Using Satirical Cues to Detect Potentially Misleading News". In Proceedings of the Second Workshop on Computational Approaches to Deception Detection, 7~17.

# 팩트체크와 법률적 이슈

박아란 | 한국언론진흥재단 선임연구위원


팩트체커는 소송의 위협으로부터 자유로울 수 없다. 어떤 이의 발언을 검증한 결과 '거짓'으로 판명된다면, 그 발언자는 불쾌할 수밖에 없고 나아가 소송을 고려할 수 있기 때문이다. 그렇다면 팩트체크 기사는 어떠한 법률적 문제에 노출되어 있으며 기사를 작성할 때 유의해야 하는 점은 무엇일까. 이 장에서는 팩트체크와 관련 있는 법률적 이슈에 대해 생각해 보기로 한다. 우선 다음과 같은 팩트체크의 판정 부분을 읽어 보자.


DJ, 노무현, 이명박, 박근혜 4개 정권을 거치면서 노무현 정부 때 지니계수가 가장 나빴다는 홍준표 후보의 주장은 통계청 가계동향 조사의 수치를 통해 확인해 본 결과 사실이 아닌 것으로 나타났다.

또 지니계수가 김대중 정부 때부터 가파르게 상승하다 노무현 정부 때 급상승했다는 해명은 반은 맞고 반은 틀리다. 김대중 정부 때 지니 계수는

195

오히려 정권 후반에 감소했고 노무현 정부 동안에는 상승했다. 하지만 2010년에 지니계수가 최고를 기록했다는 발언은 사실이 아니다. 지니계수는 2009년에 0.295로 최고치를 기록했다.

— KBS, 2017. 8. 28. "홍준표 '지니계수 노무현 때 가장 나빴다'".

이처럼 팩트체크 결과 검증대상자의 발언 내용이 사실이 아니라고 한다면 이는 검증대상자의 명예를 훼손한 것일까? 실제로 이 팩트체크 기사는 명예훼손을 이유로 2017년 언론중재위원회에 조정신청이 되었으며, 언론중재위원회는 조정신청 기각을 결정했던 사안이다. 이 기사는 검증대상자로부터 왜 명예훼손이라고 주장되었으며, 그러한 검증대상자의 주장은 무슨 이유로 기각되었는지를 이해하려면 언론보도로 인한 인격권 침해에 대한 전반적인 이해가 필요하다. 따라서 이 장에서는 언론보도가 야기할 수 있는 대표적인 인격권 침해로서 명예훼손과 프라이버시 침해에 대해 살펴보기로 한다. 보다 폭넓은 이해를 위해 대상을 팩트체크 기사에 한정하지 않고, 전반적인 언론보도로 인해 야기될 수 있는 문제점 및 언론 자유의 중요성에 대해서도 알아보자.

## 언론 자유와 인격권 보호

언론의 자유는 헌법에 의해 보장받는 권리이다. 헌법 제21조 제1항은 "모든 국민은 언론·출판의 자유를 가진다"고 규정하고 있으며, 제2항은 언론·출판에 대한 허가나 검열을 금지하고 있다. 그러나 언론의 자유는 절대적인 것은 아니며 타인의 명예나 권리 또는 공중도덕이나 사회윤리를 침해해서는 아니 된다는 헌법적 한계가 있다(동조 제4항). 이러한 언론 자유의 한계는 보편적인 것이다. 다른 국가에서도 언론의 자유가 절대적으로 보호되지는 않는다. 심지어 언론의 자유를 가장 강력하게 보호한다는 평가를 받고 있는 미국에서도 언론의 자유는 절대적으로 보호되지 않으며, 명예훼손이나 아동 포르노그래피, 허위 광고, 음란, 위협 등은 언론의 자유가 보호하지 않는 대표적인 영역이다.

과거 언론의 자유는 국가 권력으로부터의 자유를 의미하는 소극적 의미의 자유였다. 그러나 정보사회의 출현과 더불어 언론의 자유는 적극적인 정보의 수집·처리·유통을 포괄하는 정보의 자유, 즉 알 권리를 내포하는 것으로 개념이 확장되었다(성낙인, 2017). 특히, 알 권리 측면에서 국민은 언론매체의 보도에 크게 의존하며 언론보도는 국민들로 하여금 활발한 비판과 토론을 하게 하여 정치에 대한 높은 관심과 적극적 참여를 이끌어내는 데 기여한다. 사상과 의견의 자유로운 교환을 위한 열린 공간의 확보와 언론에 의한 정보 전달은 민주주의 제도에 있어 필수불가결한 본질적 요소라고 헌법재판소도 판시한 바 있다.

언론의 중요성은 국민에 대한 정보 전달 및 알 권리 실현에 기여하는 것에 그치지 않는다. 언론의 본질적 기능으로서 정부와 공직자에 대한 감시 기능도 민주사회에 큰 중요성을 갖고 있다. 언론이 사회의 감시견 (watchdog)으로서 제대로 움직여야만 그 사회의 민주주의도 제대로 작동할 수 있는 것이다. 역사상 언론은 권력이 있는 자의 부정부패를 파헤치고 이를 보도하고 감시함으로써 세계 각국에서 민주화에 기여하였다. 언론이 제대로 감시를 하지 않는 사회는 필연적으로 민주주의 측면에서 후퇴할 수밖에 없다.

그러나 앞서 언급한 것처럼 언론의 자유는 절대적이지 않다. 특히, 언론의 자유를 앞세워 타인의 인격권을 침해하는 것은 허용되지 않는다. 언론의 인격권 침해에 대한 일반 규정으로서 언론중재법 제5조는 다음과 같이 규정하고 있다.

제5조(언론 등에 의한 피해구제의 원칙)

① 언론, 인터넷뉴스 서비스 및 인터넷 멀티미디어 방송(이하 "언론 등"이라 한다)은 타인의 생명, 자유, 신체, 건강, 명예, 사생활의 비밀과 자유, 초상(肖像), 성명, 음성, 대화, 저작물 및 사적(私的) 문서, 그밖의 인격적 가치 등에 관한 권리(이하 "인격권"이라 한다)를 침해하여서는 아니 되며, 언론 등이 타인의 인격권을 침해한 경우에는 이 법에서 정한 절차에 따라 그 피해를 신속하게 구제하여야 한다.

② 인격권 침해가 사회상규(社會常規)에 반하지 아니하는 한도에서 다음 각 호의 어느 하나에 해당하는 경우에는 법률에 특별한 규정이 없으면 언론 등은 그 보도 내용과 관련하여 책임을 지지 아니한다.

1. 피해자의 동의를 받아 이루어진 경우
2. 언론 등의 보도가 공공의 이익에 관한 것으로서, 진실한 것이거나 진실하다고 믿는 데에 정당한 사유가 있는 경우

언론중재법 제5조는 언론이 타인의 인격권을 침해하지 않는 범위 내에서 언론의 자유를 누릴 수 있으며, 언론이 인격권을 침해한 경우 신속하게 피해 구제가 이루어져야 함을 규정한다. 인격권 침해가 발생한 경우에도 언론이 면책될 수 있는 경우가 있는데 ① 피해자가 언론의 보

도에 동의한 경우 및 ② 언론보도가 공익과 관련된 것으로서 진실하거나 진실하다고 믿는 데 정당한 사유가 있는 경우이다.

언론보도로 인한 인격권 침해는 민법과 형법으로 규율될 수 있다. 특히, 명예훼손에 대하여 형법 제307조 제1항은 "공연히 사실을 적시하여 타인의 명예를 훼손한 자는 2년 이하의 징역이나 금고 또는 500만 원 이하의 벌금에 처한다"고 규정하여 진실한 사실에 의한 명예훼손도 처벌하고 있다. 제307조 제2항은 "공연히 허위의 사실을 적시하여 타인의 명예를 훼손한 자는 5년 이하의 징역, 10년 이하의 자격정지 또는 1천만 원 이하의 벌금에 처한다"고 규정하여 허위사실 적시에 의한 명예훼손의 경우 가중처벌하고 있다. 출판물에 의한 명예훼손의 경우 그 파급력이 큰 점을 고려하여 더욱 가중처벌하고 있는바, 제309조는 사실적시 행위가 사람을 비방할 목적으로 신문, 잡지 또는 라디오, 기타 출판물에 의하여 이루어진 경우 가중처벌한다. 그러나 적시한 사실이 공공의 이익에 관한 것이라면 특별한 사정이 없는 한 비방 목적은 부인된다고 법원은 판단하고 있다.

## 팩트체크와 명예훼손

팩트체크 기사로 인해 가장 빈번하게 발생할 수 있는 법률적 문제점은 명예훼손이다. 팩트체크 기사는 '팩트'(fact), 즉 '사실'(事實)을 반드시 포함하고 있으며, 검증과정에서 검증대상자 또는 발언대상자와 관련된 사실을 적시하여 그들의 사회적 평가를 저하시킬 가능성이 높다. 따라서 팩트체크 결과 검증대상자의 발언이 허위라고 판명된 경우에는 언제든 명예훼손 소송이 제기될 수 있는 위험에 노출되어 있는 것이다. 더구나 한국에서는 허위(虛僞)의 사실뿐만 아니라 진실(眞實)한 사실을 적시한 경우에도 명예훼손이 성립할 수 있기 때문에 팩트체크 기사는 보도 내용이 진실일지라도 팩트체크 대상이 되었던 자가 기사로 인해 자신의 사회적 평판이 저하되었다고 주장할 경우 명예훼손 소송의 대상이 될 수 있다.

실제로 팩트체커들은 명예훼손의 위협을 느끼고 있었다. 2018년 6월 팩트체크 전문기자 8명을 대상으로 행해진 인터뷰에서 응답자들 모두 '팩트체크 기사를 작성하면서 명예훼손 소송의 두려움을 느낀다'고 답했다(박아란·이나연·정은령, 2018). 팩트체커들은 주로 정치인의 발언을 체크의 대상으로 삼는다고 했으며, 팩트체크로 검증하기 어려운 인물로는 '정치인 등 권력이 있는 자'라고 응답했다. 더구나 성범죄 의혹 등 정치인의 사생활과 관련된 사안이나 정치인들끼리의 인신공격적 발언은 검증하기가 매우 어려우며, 정치인들은 발언 후에 발언 당시의 취지는 그것이 아니었다며 보도에 문제를 제기하는 경우가 빈번하다고 팩트체커들은 말했다.

팩트체크의 대상인 팩트, 즉 사실은 법률적 관점에서는 '의견'(意見)과 대치되는 개념이다. 형법상 명예훼손죄는 "공연히 사실 또는 허위의 사실을 적시하여 사람의 명예를 훼손한 자"를 처벌하고 있으므로 명예훼손이 성립되려면 팩트에 대한 언급인 '사실의 적시'가 필요하다. 팩트체크 기사는 사실의 적시를 담고 있으므로 팩트체크 기사에서 발언이 검증된 자가 명예훼손을 주장하는 것은 어렵지 않을 것이다. 그러나 실제 상황에서 문제된 내용이 사실의 적시라서 명예훼손죄가 될 수 있을지 아니면 의견 표명에 불과하여 모욕죄에 해당할지를 구별하는 것은 쉽지 않다. 예를 들어 기자가 "검찰이 축소 수사를 했다는 지적이 나오고 있으며, 결과적으로 검찰이 증거를 없앨 충분한 시간을 준 것이 아니냐는 지적을 면하기 어렵게 됐다"고 보도했다면, 이는 사실의 적시일까 의견 표명일까? 이 사건에 대해 법원은 검찰이 엄정한 수사를 못한다는 것을 지적하기 위한 기자의 의견 표명에 불과하다고 판시하였다 (2002다16804 판결). 따라서 사실(事實)의 적시가 아니므로 명예훼손이 성립하지는 않는 것이다. 그러나 많은 의견 표명이 사실관계를 바탕으로 하거나 사실에 대한 의견을 담고 있으므로 사실과 의견을 명확하게 구분해 내는 것은 매우 어려운 일이 될 수밖에 없다.

법원이 사실과 의견을 어떻게 구분하고 있는지를 살펴보자. 법원은 사실적 주장에 대해 의견 표명에 대치되는 개념으로서 증거에 의하여 그 존재 여부를 판단할 수 있는 사실관계에 관한 주장이라고 하였다. 그러나 언론보도는 대개 사실적 주장과 의견 표명이 혼재하는 형식이라서 구별기준 자체가 명확하거나 일의적이기 어렵다고 법원은 판단한 바 있다. 따라서 사실적 주장과 의견 표명을 구별할 때는 원보도의 객관적 내용과 일반 독자가 보통의 주의로 원래의 보도를 접하는 방법을 전제로 하여 사용된 어휘의 통상적 의미, 전체적 흐름, 문구의 연결방법, 원보도의 배경이 되는 사회적 흐름, 일반 독자에게 주는 전체적 인상을 함께 고려해야 한다고 법원은 판시하였다(2006다21491 판결). 즉, 언론보도에서 사실과 의견을 명확히 구별하기는 현실적으로 어렵기 때문에 어휘와 문맥 및 문장의 흐름, 사회적인 배경 등을 종합적으로 고려하여 이를 사안별로 판단하겠다는 것이 법원의 입장이다.

언론보도에서 사실의 적시는 반드시 직접적으로 표현한 경우에 한정되지는 않는다. 간접적이고 우회적으로 표현하더라도 전체 취지를 고려했을 때 사실의 존재가 암시된다면 사실의 적시로 인정될 수 있다(99다6203 판결). '내 의견에 의하면'이라든지 '내 생각에는' 등의 표현을 덧붙이더라도 사실적 주장이 있었다면 단순한 의견 표명이 아니라 사실의 적시로 인정되어 명예훼손이 성립될 수 있다. 언론이 '일설에 의하면'이라고 표현을 시작하면서 타인의 주장이나 풍문을 전파하는 형식을 취했더라도 시청자나 독자가 이를 사실이라고 받아들일 가능성이 높다면 언론이 불법행위로 인한 배상책임을 져야 한다. 따라서 팩트체크 기자의 개인적인 의견이나 세간에 도는 소문이라고 덧붙이면서 기사를 작성할지라도 명예훼손이 성립될 수 있다.

요약하자면, 팩트체크 기사가 증거에 의하여 그 존재 여부를 판단할 수 있는 사실관계에 대한 주장이라면 사실의 적시에 해당될 것이다. 또한 그러한 사실의 적시가 타인의 사회적 평가를 저하시키는 것이라면 명예훼손의 구성요건에 해당하게 된다. 그러나 사실의 적시가 아닌 기자의 의견 표명에 불과한 경우에는 명예훼손죄가 아닌 모욕죄가 성립될 수 있으며, 언론에서 지나치게 모멸적이거나 인신 공격적인 의견 표명을 할 경우에는 불법행위로 인정되어 위자료 청구소송을 당할 수도 있다. 언론이 사실관계를 적시하면서 '필자의 생각에는', '항간의 소문에 따를 경우' 등의 표현을 사용하더라도 명예훼손의 책임을 벗어날 수 없다는 것도 주의해야 한다.

## 언론보도와 명예훼손

어떠한 표현이나 언론보도가 명예훼손의 구성요건에 해당한다면 모두 처벌되는 것인가? 그렇지는 않다. 형법 제310조는 사실 적시 명예훼손의 경우 '진실한 사실'로서 오로지 '공공의 이익'에 관한 때는 처벌하지 않는다고 규정하고 있다. 따라서 언론의 보도가 '진실한 사실'을 전달하고 있으며 '공공의 이익'에 해당할 경우 처벌되지 않는 것이다.

　면책요건으로서 진실성 요건은 모든 팩트에 있어서 완벽하게 사실에 부합할 것을 요구하지는 않는다. 법률적 의미에서 진실성이란 내용 전체의 취지를 살펴볼 때 중요한 부분이 객관적 사실과 합치된다는 뜻으로서 세부 내용에서 진실과 약간의 차이가 있거나 다소 과장된 표현이 사용되었더라도 무방하다. 대법원은 표현의 자유를 위해서는 '숨 쉴 공간'(breathing space)이 있어야 한다면서 진실 부합 여부는 전체적 취지가 중시되어야 하며 세부적인 부분까지 완전히 객관적 진실과 일치할 필요는 없다고 보았다(2000다37524 판결).

　더구나 표현이 진실이 아니라고 해서 모두 명예훼손으로 처벌되는 것은 아니다. 비록 오류가 있을지라도 발화자가 진실이라고 믿을 만한 '상당한 이유'가 있다면 위법성이 없다고 법원은 판단하고 있다(94도3191 판결). 따라서 보도된 내용이 완벽하게 진실에 부합하지 않더라도 기자가 '진실이라고 오인할 만한 상당한 이유'가 있었다면 명예훼손으로 인한 처벌을 받지 않을 수 있다.

　그렇다면 진실 오인의 상당성이란 무엇인가. '상당성'에 대해 법원은 일률적 기준을 제시하지는 않았으나 대체로 진실이라고 믿게 된 근거나 자료의 확실성과 신빙성, 사실확인의 용이성, 보도로 인한 피해 등 여러 사정을 종합하여 판단하고 있다. 예를 들어, 기자가 의혹이 있는 사실에 대해 관계자의 증언을 폭넓게 확보하여 취재하는 등 정확한 보도를 위해 최대한 노력한 정황이 있다면 법원은 진실 오인에 상당성이 있다고 보았다. 2011년 모 방송은 뉴스 프로그램에서 A가 개발 호재가 있다고 속여 임야를 사기 분양하였다는 내용을 보도한 뒤, A로부터 명예훼손으로 고소를 당하였다. 이 사건에서 기자는 진위 여부를 확인하기 위해 관련 군청 공무원 및 부동산중개업자 등을 취재하였고, 그 과정에서 문제가 된 임야의 등기부등본, 지적도, 매매계약서 등 객관적 자료들을 수집하였으며, 수사가 진행 중인 지방검찰청에도 수사 내용을 문의하여 사기죄로 기소할 예정이라는 답변을 들었다. 법원은 진위 여부 확인을 위해 기자가 노력한 점을 인정하여 언론이 진실이라고 믿을 만한 상당한 이유가 있다고 판단하였다(2011가합65346 판결).

그러나 기자가 취재과정에서 진실 확인을 위한 충분한 노력을 하지 않았다면 법정에서 상당성이 부인될 수 있다. 모 뉴스 프로그램은 '마취 환자 방치시킨 위험한 압수수색'이라는 제목하에 경찰이 수술실에 난입하는 등 무리한 압수수색을 하여 환자를 위험에 빠트렸다는 내용을 보도하였다. 원고인 경찰은 허위보도로 인한 명예훼손을 주장하면서 방송사를 상대로 손해배상 청구소송을 제기하였다. 서울중앙지방법원은 보도 내용이 명백한 허위를 담고 있으며, 자료화면을 사용하면서도 '자료화면'이라는 자막 없이 이를 배경화면으로 내보냈고, 당시 수술실의 환자가 아니었던 사람을 당사자인 양 인터뷰를 한 것은 정당한 언론활동의 범위를 벗어나서 '현저히 상당성을 잃은 경솔한 공격'이라고 보아서 언론에게 1천만 원의 손해배상 지급을 명했다(2016가단5246346 판결). 유명 여배우의 불법유학 관련 혐의 사건을 기사화하기 위해 다른 신문의 기사를 참고로 하면서 그 진위를 확인하려 노력을 하지 않은 경우에도 진실 오인의 상당성이 부인되었다(94다33828 판결). 공직자의 비위 관련 기사를 작성하기 위해 공직자의 직속 상관에게 문의하여 비위사실에 대해 부인하는 답변을 들었음에도 불구하고 제3자의 일방적인 제보만을 바탕으로 기사를 작성한 경우에도 상당성이 부정되었다(97다24207 판결).

따라서 논란이 있는 내용에 대해 팩트체크 기사를 작성할 때는 관계자에 대한 인터뷰를 시도하는 한편 관련 서류나 자료를 꼼꼼하게 확인하는 절차를 거치고 이러한 자료를 증거로 수집해 두어야 한다. 취재과정에서 이러한 노력이 있을 때에만 보도 내용에 사소한 오류가 있을지라도 '진실 오인의 상당성'이 인정되어 팩트체커가 법률적으로 면책될 가능성이 있다.

팩트체크 기사를 작성할 때는 본문뿐만 아니라 제목에도 신경을 써야한다. 제목 때문에 명예훼손이 발생할 수도 있기 때문이다. 기사의 제목은 본문의 내용을 간략하게 표시하여 독자의 시선을 끄는 것이 목적이기 때문에 원칙적으로는 제목만 떼어 내어 명예훼손을 판단해서는 안 된다(2006다60908 판결). 그러나 기사 본문과 상관없는 제목을 반복적으로 사용한 경우에는 명예훼손이 성립한다고 대법원이 판시한 바 있다(98다24624 판결). 기사 제목에 '포르말린 통조림' 또는 '발암 통조림'이라는 표현을 사용한 신문기사는 고의로 포르말린을 통조림에 첨가하였다는 인상을 독자들에게 주기 때문에 명예훼손이 성립하였다(2000가합68769). 대마초를 피운 혐의로 조사받고 있는 연예인에 대한 기사에서 '가수 ○○ 또 대마초 적발'이라는 단정적인 문구를 사용한 경우, 일반 독자들은 기사 제목을 읽고 연예인의 범행에 대한 강한 인상을 받고 나서 기사 본문은 대충 넘기는 경우가 많기 때문에 기사 제목에 의한 명예훼손이 성립한다는 판결도 있다(2000가합64132 판결). 따라서 편집자가 기사의 제목을 붙일 때 기사 본문의 내용과 무관한 제목을 붙이거나 과도하게 과장된 표현을 사용하여 타인의 인격권을 해하지 않도록 각별한 주의가 필요하다.

## 팩트체크와 공인

2017년 대통령 선거를 앞두고 다수의 팩트체크 기사에 대해 언론중재위원회에 중재신청이 되거나 민·형사상의 고소가 제기되었다. 물론 팩트체크의 내용에 허위가 있거나 심각한 오류가 있다면 당연히 정정보도나 반론보도 청구의 대상이 되어야 할 것이고, 법정에서도 그로 인한 민사적·형사적 책임을 물어야 할 것이다. 그러나 문제는 이러한 팩트체크 기사에 대해 중재신청 내지 소송의 위협을 가하는 자가 주로 공인(公人)들이라는 점이다(박아란, 2018).

공인이 언론사를 상대로 명예훼손 소송을 제기할 경우 기자나 언론사는 사인(私人)이 제기하는 명예훼손 소송보다 더 부담을 느낄 수밖에 없다. 결국 공인에 의한 명예훼손 소송은 언론사와 기자에게 심각한 위축효과(chilling effect)를 발생시키며, 언론인은 추후 보도에서 자기검열

(self-censorship) 을 시도하게 될 가능성이 높아진다. 언론인들을 대상으로 한 인터뷰에서 언론인들은 공인에 대해 보도할 경우 소송의 위협을 직접적으로 받거나 간접적으로 보도를 하지 못하도록 압력이나 회유를 받는 경우도 있다고 털어 놓았다(박아란·김민정·최지선, 2017).

그렇다면 공인이란 누구인가? 법원은 공인의 범주에 대해 다음과 같이 판단하였다(2014가단123116 판결).

공적 인물이란 재능, 명성, 생활양식 때문에 또는 일반인이 그 행위, 인격에 관하여 관심을 가지는 직업 때문에 공적 인사가 된 사람을 말하는 것으로 공직자, 정치인, 운동선수, 연예인 등 자의로 명사가 된 사람뿐만 아니라 범인과 그 가족 및 피의자 등 타의로 유명인이 된 사람도 포함된다. 또한 일정한 공적 논쟁에 스스로 참여하거나 개입하여 공적 인물로 인정되는 경우도 있을 수 있는바, 이는 논쟁에 자발적으로 참여함으로써 비판적인 보도와 논평의 대상이 될 수 있는 위험을 감수하였다고 볼 수 있기 때문이다.

실제 사건에서 법원이 공인(공적 인물 포함)으로 판단한 직군이나 직위로는 대통령, 국회의원, 탤런트, 사립학교 비리가 지속적으로 문제가 된 학교법인의 이사장, 언론사의 전·현직 임원, 현직 대통령의 친조카 등이 있다. 따라서 공인의 범주를 명확하게 정할 수는 없지만 대체로 공인이란 사회적으로 널리 알려져 있고 영향력이 있는 인물로서 일반인의 관심을 받는 자라고 할 수 있다.

이처럼 공인은 사회적 영향력이 큰 인물이므로 공인에 대한 언론보도는 더욱 날카롭고 비판적인 표현이 허용되어야 한다. 공인뿐만 아니라 공적 이슈와 관련된 언론보도 또한 비판의 자유가 보장되어야 한다. 법원도 정부나 공직자에 대한 날카로운 비판적인 언론보도가 허용되어야하는 필요성을 다음과 같이 설명하였다(2014누5912 판결).

> 우리 헌법이 보장하는 자유민주주의 기본질서하에서는 미국의 설리번 판결에서 제시된 것처럼 공적인 토의는 우리 정부의 본질적인 원칙이자 정치적 의무이며, 이러한 토의는 정부나 공직자에 대한 격렬하고 신랄하며 가끔은 불쾌할 정도의 날카로운 공격이 포함된다고 할지라도 결코 억제되어서는 안 되며 가급적 광범위하고 활발하게 전개되도록 보장되어야 할 것이다. 그것이 공공적·사회적 의미를 가진 사안에 관하여 정부기관의 공식적 조사발표를 대상으로 하는 탐사보도 프로그램인 경우에는 이와 같은 언론 자유의 보장 필요성이 더더욱 커진다고 할 것이다. 이로써 진실하고 투명하며 다양하고 자유로운 공개토론의 장이 마련된 자유민주주의 정치체제의 우월성을 입증할 수 있고, 이러한 개방된 정치체제와 언론의 자유 보장이야말로 표현매체의 기술적·사회적 발전으로 국경이라는 물리적 경계를 초월하여 전 세계가 실시간으로 소통하는 오늘날의 지구촌에서 우리나라가 누릴 국가안보를 위한 최고의 방책이 되기 때문이다.

법원은 공인이나 공적인 이슈에 대한 보도를 위해서 언론 자유가 강하게 보호되어야 한다는 일련의 법리를 마련하였다. 2002년 대법원은 언론보도로 인한 명예훼손 사건에서 피해자가 공적인 존재인지 사적인 존재인지, 그 보도가 공적인 관심 사안인지 순수한 사적인 사안인지, 또는 그 보도가 객관적으로 국민이 알아야 할 공공성, 사회성을 갖춘 사안으로서 여론형성이나 공개토론에 기여하는 것인지 등을 따져 보아 공적 존재에 대한 공적 관심 사안과 사적 영역의 사안 간에는 심사기준을 달리해야 한다고 판시하였다(2000다37524 판결). 즉, 사적 영역의 사안에서는 언론 자유보다 명예의 보호라는 인격권이 우선할 수 있으나, 공적 의미가 있는 사안에서는 언론의 자유에 대한 제한이 완화되어야 한다는 것이다. 따라서 공익과 관련된 영역의 보도에 대해서는 언론자유가 강화되어야 한다고 결론을 내렸다.

대법원은 공적인 존재의 정치적 이념에 관한 표현인 경우 그 공적인 존재의 국가·사회적 영향력이 크면 클수록 그의 정치적 이념은 더욱 철저히 공개되고 검증될 필요가 있으므로 이에 대해서는 광범위하게 문제제기가 허용되어야 하고 공개토론의 대상이 되어야 한다고 지적했다. 그러나 공적인 존재의 공적 관심사에 대한 문제제기라 할지라도 구체적 정황에 근거해야 하며 표현방법도 상대방의 인격을 존중해야 한다면서 표현의 허용범위가 무제한으로 확장되는 것을 경계하였다.

2003년 대법원은 언론의 자유를 더욱 강하게 보호할 수 있는 기준을 수립하였다. 정부 또는 국가기관의 정책 결정이나 업무수행과 관련된 사항은 국민의 감시와 비판의 대상이 되어야 하는 것으로서 그 감시와 비판을 주된 임무로 하는 언론의 자유를 충분히 보장하기 위해 보도 내용이 공직자 개인에 대한 악의적이거나 심히 경솔한 공격으로서 현저히 상당성을 잃은 것이 아닌 한 공직자 개인에 대한 명예훼손이 아니라고 보았다(2002다62494 판결). 보도 내용이 객관적 자료에 의해 최종석으로 확인되지는 않았더라도 공직자의 공직과 관련된 중요 사항에 대해 의혹을 품을 만한 충분하고 합리적 이유가 있고 그 사항의 공개가 공공의 이익을 위해 필요하다면 이는 보도의 자유로서 보호될 수 있다는 것이다. 언론보도로 공직자 개인의 사회적 평가가 다소 저하되더라도 바로 명예훼손이 된다고 할 수 없으며, 언론보도가 공직자에 대해 악의적이거나 현저히 상당성을 잃은 내용일 경우 제한이 가능하다고 법원은 판단하였다(2011다40373 판결).

그렇다면 악의적이거나 현저히 상당성을 잃은 보도란 어떤 것인가? 어느 일간지가 2005년 12월 "국무총리가 전북지역 폭설피해 현장에서 양주파티를 했다"고 보도한 사건이 있다. 보도가 나간 뒤 양주가 아닌 복분자병으로 밝혀지자 언론사는 보도 3시간 만에 기사를 삭제하는 소동을 벌였다. 국무총리는 이 언론사를 상대로 명예훼손 소송을 제기했고, 이러한 보도가 용인 가능한 오보로 허용될 수 있을 것인지가 문제되었다. 대법원은 사진 속의 복분자주 병이 양주병과 비슷해 보이는 점을 제외하고는 양주파티를 했다는 증거가 없고, 당시 현장에 참석하지 않은 기자가 시민의 제보를 받아 기사를 작성하였음에도 사실관계를 제대로 취재하지 않은 채 제목을 포함해 무려 7회에 걸쳐 '양주파티'라는 자극적인 표현을 반복하여 사용한 경우에 이러한 보도는 악의적이거나 심히 경솔한 공격으로서 현저히 상당성을 잃은 경우라고 보았다(2008다53805 판결). 다른 사건에서는 공직자가 직무를 이용하여 부정한 돈을 수수하였다는 주장이 사실이 아님을 기자가 쉽게 알 수 있었는데도 그대로 보도하였다면 이러한 보도는 악의적이거나 심히 경솔한 공격으로서 현저히 상당성을 잃은 것이라고 법원은 판단하였다(2007다29379 판결).

그러나 〈돌발영상〉이 국회에서 국회의원이 불만을 토로하는 장면을 방송으로 내보낸 것은 악의적이거나 현저히 상당성을 잃은 공격이 아니라고 법원은 판단했다. 또한 외교통상부 통상교섭본부장을 맡았던 공직자가 쌀시장 개방에 대해 추가 협상을 약속했다는 종합일간지 보도에 대해 명예훼손으로 고소한 사건에서도 법원은 원고가 공인에 해당할뿐더러 쌀시장 개방에 관한 이슈는 공적 관심사에 해당한다고 보았다. 따라서 언론 자유에 대한 제한은 완화되어야 하므로 공직자인 원고에 대한 당해 보도가 악의적이거나 심히 경솔한 공격으로서 현저히 상당성을 잃은 경우가 아니므로 명예훼손을 저지른 것이 아니라고 판단하였다. 어느 주간지는 모 국회의원이 인사 청탁을 받았다는 기사를 낸 뒤 국회의원으로부터 명예훼손으로 고소를 당했다. 그러나 법원은 기자가 신뢰할 만한 경찰 내부자의 진술에 근거하여 보도를 하였으므로 악의적이거나 현저히 상당성을 잃은 공격이 아니라고 보아 언론사의 손을 들어주었다(2013나11661 판결).

2013년 헌법재판소는 대통령에 대해 비판적인 동영상을 개인 블로그에 게시한 자가 정보통신망법상의 비방목적 명예훼손죄로 처벌받는 것이 타당한지를 검토하였다. 헌법재판소는 공직자의 자질·도덕성·청렴성에 관한 사실은 그 내용이 공직자의 공무집행과 직접 연관이 없는 개인적인 사생활에 관한 것이라도 순수한 사생활의 영역에 있는 것이 아니며 이러한 사실은 공직자에 대한 비판 내지 평가의 한 자료가 될 수 있으므로 공직자의 사생활에 관한 비판도 허용되어야 한다고 보았다. 또한 대통령의 전과와 토지소유 현황은 공인에 관한 공적 관심사에 해당하므로 이에 대한 비판은 표현의 자유로서 보다 폭넓게 인정되어야 한다는 원칙하에 동영상 게시자의 비방목적을 부인하였다(2009헌마747 결정).

사회의 비리나 부조리에 대해 알리는 고발보도는 종종 명예훼손과 관련된 문제를 일으킨다. 비리나 부조리를 저지른 자라고 보도된 자는 대체로 보도 내용이 허위이며 자신의 명예를 훼손하였다고 주장하기 때문이다. 고발보도의 내용이 사실관계에 부합한다면 앞서 살펴본 공익성과 진실성이 인정되어 언론은 명예훼손의 책임으로부터 벗어날 수 있다. 그러나 고발보도 내용에 오류가 있다면 커다란 문제가 발생한다. 고발보도의 대상이 된 자나 기업이 입는 피해가 막대할 수 있기 때문이다. 때로는 고발보도 내용의 과학적 검증과 관련하여 법적 분쟁이 발생하기도 하였다.

2007년 KBS 소비자 고발프로그램은 '충격! 황토팩에서 중금속 검출'이라는 제목으로 황토팩 제품에 쇳가루가 유입되었다는 내용을 방송하였다. 보도대상이 된 황토팩 업체는 결국 폐업위기를 맞게 되었고 업체는 방송 프로듀서를 명예훼손과 업무방해 혐의로 고소하였다. 대법원은 검출된 자성체가 이물질인 쇳가루라고 보도한 것은 허위 사실이기는 하나 프로듀서들의 취재 대상 선정 및 취재 방법, 황토 성분 관련 문헌의 내용, 황토업체의 대응 등을 고려해 볼 때 방송제작진이 보도 내용이 진실하다고 믿은 데에는 상당한 이유가 있었으므로 무죄라고 판단하였다(2010도8847 판결).

미국산 쇠고기 수입을 위한 협상단 대표와 주무부처 장관이 협정을 졸속으로 체결하여 국민을 인간광우병 위험에 빠뜨리게 했다는 MBC 〈PD수첩〉의 고발보도는 이후 명예훼손 및 업무방해죄 혐의로 기소되었다. 이 사건에서 대법원은 보도 내용의 일부는 허위사실이라고 판단하였다. 그러나 보도 내용이 정부 정책에 대한 여론형성이나 공개토론에 기여할 공공성 및 사회성을 지닌 사안이며, 방송보도가 공직자들에 대한 악의적이거나 현저히 상당성을 잃은 공격이 아니라고 법원은 판단했다. 그 결과 방송사 제작진에게는 무죄가 선고되었다(2010도17237 판결).

제보 받은 내용을 과신하여 비리내용을 제대로 검증하지 않고 무리하게 고발보도를 한 뒤 방송사가 거액의 손해배상금을 지불하게 된 사건도 있다. 2008년 SBS는 〈긴급출동 SOS 24〉에서 '찐빵 파는 소녀'라는 제목으로 휴게소 운영자들이 종업원인 지적장애인 소녀에게 가해행위를 하고 앵벌이를 시켰다고 방송하였다. 그러나 법원은 방송내용이 제작진이 객관적으로 취재하여 도출한 결론이 아니라 그 결론에 맞게 편집한 내용에 불과하다면서 방송의 공익성, 진실성, 상당성이 모두 부인된다고 판단하였다. 법원은 방송사에게 총 3억 원의 손해배상금을 원고들에게 지급하라고 명했다(2012나28806 판결).

고발보도에서 집단표시에 의한 명예훼손이 문제가 된 적이 있다. MBC 〈뉴스데스크〉는 대전지역 변호사가 검사들에게 금품을 제공하였다고 보도하였다가 대전지역 검사들로부터 고소를 당했다. 원래 명예훼손에서 피해자는 특정되어야 하지만, 대전지역 검사처럼 그 수가 적고 집단 구분이 명확하여 지역검사라고 칭하였더라도 집단 내 개별구성원을 지칭할 수 있는 것으로 판단될 경우 명예훼손이 성립한다고 대법원은 보았다(2002다63558 판결).

## 언론보도와 프라이버시 침해

팩트체크 기사로 인해 발생할 수 있는 또 다른 법률적 문제는 프라이버시 침해이다. 팩트체크 기사가 타인의 사생활에 관한 사항을 검증할 경우 그 당사자는 자신의 프라이버시가 침해되었다고 주장할 가능성이 높다. 그렇다면 프라이버시권 내지 사생활에 대한 권리란 무엇인가? 개인의 사생활에 대해서 보도한다면 무조건 프라이버시 침해가 발생하는 것인가? 이를 알아보기 위해 우선 프라이버시권의 개념부터 살펴보기로 한다.

프라이버시권은 애초에 언론으로부터 사생활을 보호 받기 위한 개인과 언론 간의 갈등관계에서 탄생한 권리이다. 법률적 권리로서 프라이버시권은 1890년 미국의 두 법률가인 사무엘 워런(Samuel Warren)과 루이스 브랜다이스(Louis Brandeis)가 〈하버드 로 리뷰〉라는 학술지에 발표한 "프라이버시권"(*The Right to Privacy*)이라는 논문에서 처음 주장되었다. 인격권 중에서 프라이버시권은 그 역사가 상당히 짧은 편이다. 당시 '황색 언론'(*yellow journalism*)이 독자들의 호기심을 자극하고 구독률을 올리기 위해 개인의 사생활을 함부로 폭로하는 것에 분개한 두 법률가는 개인의 사생활도 '프라이버시권'이라는 독립된 권리를 통해 보호되어야 한다고 이 논문에서 주장하였다. 이후 미국 법원은 1900년대 초반부터 프라이버시권이라는 새로운 권리를 인정하였고 개인의 사생활을 보호하기 위한 법률적 노력이 계속되었다.

우리 헌법도 사생활의 비밀과 자유(제 17조), 통신비밀의 불가침(제 18조) 등의 조항을 통해 사생활에 대한 권리를 보장하고 있다. 비록 헌법은 '사생활의 비밀과 자유'라는 표현을 쓰고 있지만 '프라이버시권'이라는 용어도 널리 사용되고 있다. 프라이버시권은 소극적으로는 '사생활을 함부로 공개당하지 아니하고 사생활의 평온과 비밀을 요구할 수 있는 법적 보장'을 뜻하며, 적극적으로는 '자신에 관한 정보를 관리·통제할 수 있는 법적 능력'을 의미한다. 프라이버시권은 정보사회가 도래하면서 자신에 대한 정보가 언제 어디서 어느 정도까지 수집되어 활용될 수 있는지를 결정할 수 있는 '개인정보자기결정권'으로서 더욱 중요성을 갖게 되었다.

프라이버시 침해행위의 유형으로는 ① 사적 영역의 침입, ② 사적인 사항의 공개, ③ 오해를 낳게 하는 사적 사항의 공개, ④ 성명·초상·경력 등의 영리적 이용 등이 있다. 특히, 언론이 취재 과정에서 타인의 주거나 사무실에 허락 없이 들어갈 경우 사적 영역의 침입이 문제될 수 있다. 언론은 경찰의 압수수색이나 체포 현장에 동행하여 그 과정을 촬영하여 내보내는 '경찰 동행취재'를 행하고 있으며 이로 인하여 초상권 침해 등 인격권 관련 논란이 발생해 왔다. 실제로 모 방송사 기자는 경찰관이 음대 교수의 불법고액 교습현장을 급습할 때 경찰과 동행하여 체포현장을 촬영한 뒤 이러한 모습을 뉴스에 내보냈다가 소송을 당하였다. 경찰 동행취재는 국민의 알 권리 및 언론의 자유를 위한 정당한 것이라는 언론의 주장을 법원은 배척하였다. 경찰이 음대 교수를 체포하러 들어갈 당시에 기자들이 교수의 동의를 얻지 않고 교습현장에 들어갔으며, 교수가 연행된 뒤에도 현장에 남아 촬영한 것은 원고의 사생활 및 초상권을 침해했다고 판단한 것이다(99나66474 판결). 그러나 불법도박현장이나 마약거래 현장 등 경찰을 동행하지 않고서는 취재가 불가능한 경우도 있으므로 경찰 동행취재를 일률적으로 전부 위법한 것이라고 하기는 어려울 것이다. 경찰 동행취재라는 수단 외의 방법으로 취재를 하기 어려운 경우에 한하여 제한적으로 동행취재를 해야 하며, 촬영 후에도 취재대상자에게 초상권 사용에 대한 설명을 제공하고 동의를 얻고자 노력해야만 법적인 문제에서 보호 받을 수 있을 것이다.

언론에 의한 사적 영역의 침입은 물리적인 신체의 침입뿐만 아니라 망원렌즈 또는 몰래카메라로 인한 촬영이나 도청 등의 행위로 인해서도 발생한다. 몰래카메라로 촬영한 영상이나 도청된 대화내용을 보도할 경우 '사적인 사항의 공개' 유형으로서의 프라이버시 침해도 발생함은 물론이다. 언론이 몰래카메라를 이용해 촬영하고 이를 보도하였다면 어느 정도까지 정당한 취재행위로 허용될 수 있을지 아직 구체적인 가이드라인은 확립되지 않으나 다음과 같은 사례를 통해 그 허용범위를 생각해 볼 수 있다.

2007년 모 방송사 기자는 군부대 내에 여성 접대부까지 고용한 룸살롱이 운영되고 있다는 제보를 받았다. 당시 군 장교로 재직 중이던 후배의 신분증을 빌려 군부대에 들어간 기자는 군 간부들이 부대 내 룸살롱에서 음주하는 장면을 몰래 촬영하여 보도했다. 그러나 군사법원은 이러한 보도는 공익을 위해 허용되어야 한다는 기자의 주장을 받아들이지 않았다. 허위 신분증을 제시해 초소를 통과했으므로 군 형법상 초소 침입죄를 적용하여 기자에게 징역 1년에 집행유예 2년을 선고하였다 (2008노104 판결). 대법원도 기자의 행위가 사회통념상 용인될 수 있는 정당행위가 아니라고 판단하여 기자의 유죄판결을 확정했다(2008도 11009 판결).

반면에 구치소에서 몰래카메라를 이용해 촬영한 언론에 대해서는 무죄가 선고된 사례가 있다. SBS 시사프로그램 〈그것이 알고 싶다〉의 제작진은 보이스 피싱 사건을 취재하기 위해 서울구치소에 수감된 피의자를 접견하였다. 제작진은 피의자의 지인이라고 신분을 속이고 몰래카메라를 이용하여 접견 중 대화내용을 촬영하여 방송에 내보냈다. 제작진인 방송 프로듀서와 촬영감독은 형법상 위계에 의한 공무집행 방해 및 폭력행위처벌법에 의한 공동주거침입죄로 기소되었다. 그러나 법원은 구치소 내의 촬영 및 녹음이 교도관의 현실적인 직무집행을 방해하지는 않았으니 위계에 의한 공무집행방해죄는 성립하지 않는다고 보았다. 또한 '국가기관에 대한 감시'라는 언론의 본질적 기능을 고려할 때 취재를 위해 국가기관에 들어가는 행위는 주거침입죄에 해당하지 않는다고 보았다. 그 결과 기소된 두 명의 언론인들은 무죄 판결을 받을 수 있었다(2016고단3834 판결). 이상에서 살펴본 것처럼 언론의 몰래카메라를 사용한 취재가 항상 정당화될 수는 없지만 중대한 공익을 위해 취재를 위한 다른 대체수단이 없었다면 예외적인 경우에 한하여 몰래카메라 사용이 허용될 수도 있다.

언론이 도청된 대화내용을 공개한다면 불법행위의 책임을 져야하는 것일까. 도청과 언론보도에 대한 대표적 판결로는 속칭 '안기부 X파일' 사건이 있다. 2005년 MBC 기자는 도청된 대화 자료를 입수하였다. 이 자료는 구(舊) 국가안전기획부 소속 정보수집팀인 '미림팀'이 지난 1997년 대기업 고위관계자와 모 중앙 일간지 사주(社主) 간의 사적 대화를 불법 도청하여 생성한 녹음테이프와 녹취 보고서였다. 불법적으로 녹취된 내용에는 제15대 대통령 선거를 앞두고 대기업 고위관계자와 일간지 사주가 여야 후보 진영에 대한 정치자금 지원 문제 및 정치인과 검찰 고위관계자에 대한 금전적 지원 등을 비밀스럽게 논의한 대화가 담겨 있었다. MBC가 녹취된 대화내용을 보도하기로 결정하자, 녹취된 대화의 당사자들은 도청자료의 보도 금지를 요청하는 방송금지가처분을 법원에 신청하였다. 서울남부지방법원은 테이프 원음을 직접 방송하거나 대화내용을 그대로 인용하거나 실명을 직접 거론하는 등의 방법으로 방송을 하지 말 것을 내용으로 하는 가처분결정을 하였다. 그러나 MBC는 〈9시 뉴스데스크〉에서 대화 당사자의 실명을 밝혔고 대화내용도 자세히 보도하여 소송을 당했다. 특히, 법정에서 논란이 된 이슈는 '불법 감청 및 녹음에 직접 관여하지 않은 언론인이 도청되었다는 사정을 알면서 대화내용을 보도하는 행위가 형법 제20조 정당행위 규정에 의해 면책될 수 있는가'라는 것이었다.

이 사건을 맡은 1심 법원은 해당 보도는 공익에 기여하는 정당행위이므로 기자는 무죄라고 판단하였다(2006고합177 판결). 그러나 2심을 맡은 서울고등법원은 1심 판결을 뒤집었다. 이러한 도청테이프의 방송을 허용한다면 향후 불법적으로 녹취된 내용이 더 많이 방영될 수 있다며 기자는 유죄라고 판단한 것이다(2006노1725 판결). 상고심에서 대법원도 기자의 유죄를 확정하였다(2006도8839 판결). 대법원 다수의견은 언론이 녹취된 내용을 공개한 것이 국가기관이 불법 녹취를 했음을 고발하기 위해 불가피하게 행한 것이 아니라고 지적했다. 또한 방송 시점을 기준으로 8년 전에 있었던 대화 및 녹취를 공개한다고 하여 보도 당시의 정치질서에 직접적 영향을 미치지도 않는다고 보았다. 따라서 불법 녹음된 대화를 실명과 함께 그대로 공개할 만큼 대화내용이 '공익에 대한 중대한 침해가 발생할 가능성이 현저한 경우'로서 비상한 공적 관심의 대상이 되는 경우가 아니라는 것이다. 그리고 보도가 나가기 전에 법원이 방송금지 가처분결정을 내렸음에도 불구하고 언론이 도청된 내용을 공개하였다는 점에서 언론의 불법성이 있으며, 녹취된 대화의 당사자가 비록 공적 인물이라 할지라도 그들의 사적인 대화를 공개하는 것이 정당화될 수 없다고 하였다. 이 판결에 대해서는 사회적으로 많은 비판이 제기되기는 하였으나, 결국 언론이 도청된 내용을 공개하기 위해서는 이를 정당화시킬 만한 중대한 공익에 대한 침해 발생을 막기 위한 경우로 제한된다는 것을 판례는 시사한다.

## 언론에 의한 초상권 침해

언론이 사진이나 영상을 통해 타인의 얼굴이나 모습 등을 공개할 경우 초상권 침해가 발생할 수 있다. 초상권뿐만 아니라 음성권이나 성명권도 법으로 보호받는 인격권 중의 하나이다. 특히, 초상권이란 '사람의 얼굴 기타 사회통념상 특정인임을 식별할 수 있는 신체적 특징에 관하여 함부로 촬영 또는 공표되지 아니하며 영리적으로 이용되지 않을 권리'를 뜻한다. 법원은 초상권이 ① 얼굴 등 기타 사회통념상 특정인임을 식별할 수 있는 신체적 특징을 함부로 촬영 또는 작성하지 않을 권리인 촬영·작성거절권, ② 촬영된 사진 또는 작성된 초상이 함부로 공표 또는 복제되지 않을 권리인 공표거절권, ③ 초상이 함부로 영리 목적에 이용되지 않을 권리인 초상영리권을 포함한다고 하였다(96나282 판결).

따라서 개인들은 자신의 모습이 함부로 촬영되는 것을 거절할 권리뿐만 아니라 촬영된 사진이 공개되거나 복제되어 유포되는 것을 거절할 권리도 초상권의 일환으로서 갖고 있는 것이다.

그렇다면 언론이 개인의 초상을 사용하는 것은 언제나 금지되어야 할까? 그렇지는 않다. 만약 언론이 개인의 초상을 일절 사용할 수 없게 된다면 언론보도, 특히 화면 사용이 필수적인 방송은 취재와 보도에 있어 지극히 어려움을 겪게 될 것이다. 따라서 언론의 자유와 초상권이 충돌하는 경우 어느 권리를 어느 정도로 우선하여 보호할 것인가를 결정하는 것은 쉬운 일이 아니다. 예를 들어 꽃이 만발한 봄날의 풍경이나 비가 세차게 내리는 장마철 모습을 보도하기 위해 사진기자가 길거리 모습을 촬영할 때 지나가던 행인의 모습도 함께 찍혔다면 이는 초상권을 침해한 것일까. 이러한 경우 법원은 공개된 장소에서 사진이 촬영되었다는 사실만으로는 초상권 침해가 정당화되지 않는다고 한다. 따라서 비록 공개된 장소에서 촬영할지라도 사진에 찍힌 개인들에게 초상의 사용에 대해 동의를 얻을 필요가 있다는 것이다.

더구나 디지털 시대에는 일반인들의 모습을 촬영한 기사가 인터넷을 통해 유포되면서 전혀 예상하지 못했던 프라이버시 침해가 발생하기도 한다. 일례로 모 신문은 서울 지하철 9호선에 급행열차가 투입된 첫날의 상황을 보도하기 위해 지하철 객실 내부의 쾌적한 모습을 사진으로 찍어 보도하였다. 이 사진은 공개된 지하철 객실에서 촬영되었고 기사 내용도 승객과는 무관한 것이어서 그 자체로는 문제될 것이 없어 보였다. 하지만 이 기사가 네이버 뉴스를 통해 퍼지면서 생각지도 못한 모욕적인 댓글이 달리기 시작했다. 모욕적 댓글의 대상이 된 사람은 결국 언론중재위원회에 조정을 신청했고 네이버는 기사 노출 및 검색을 차단하였다.

방송을 상대로 일반인들이 초상권 침해를 주장하며 소송을 제기하는 경우는 매우 빈번하다. 어느 방송뉴스 기자는 도로에서 전단지를 뿌리는 일반인의 얼굴을 모자이크 처리하지 않은 채 "뿌리는 사람 따로, 치우는 사람 따로"라는 제목으로 보도하였다가 고소를 당하기도 하였다. 전단지를 뿌리는 자의 모습은 공익적 목적을 위해 방영된 것이므로 위법성이 조각되어야 한다는 기자의 항변을 법원은 받아들이지 않았다. 전단지를 뿌리는 일반인의 초상을 뉴스에 반드시 내보내야 할 필연성도 없었고, 방송사가 원고의 충분한 동의를 구하는 절차를 생략할 만한 긴급성이 없는데도 불구하고 원고의 얼굴을 노출한 것은 위법하다는 것이다. 법원은 방송사와 기자에게 각자 원고에게 3백만 원의 손해배상금을 지급하라고 판결하였다(2011가단80889 판결).

따라서 공개된 장소나 길거리에서 촬영되었더라도 사진에 찍힌 인물이 인격권 침해를 주장할 경우 언론은 공익이나 국민의 알 권리를 이유로 면책을 주장하기에는 한계가 있다. 타인의 얼굴 또는 식별 가능한 신체적 특징이 나타나는 사진이나 영상을 촬영하려면 언론은 피촬영자로부터 동의를 받아야 한다. 촬영 또는 공표에 대한 동의가 있었다는 입증책임은 그 촬영자나 공표자인 언론에게 있다. 날씨나 풍경 관련 스케치 기사 등 공개된 장소에서의 촬영일지라도 행인의 모습이 사진에 찍혔고 그의 동의가 없었다면 법정에서 초상권 침해로 인정될 가능성이 높은 것이다. 언론의 입장에서는 그만큼 취재에 제약을 받을 수밖에 없어서 상대적으로 언론의 자유에 대한 제한으로 여겨질 수 있지만, 부당하게 초상이 공개되어 피해를 입을 수 있는 사람을 보호하기 위해서는 언론은 촬영에 상당한 주의를 기울여야 할 것이다.

그렇다면 촬영대상자가 명시적으로 동의를 하지는 않았더라도 언론의 촬영 및 초상의 사용을 '묵시적으로 동의했다'고 볼 수 있는 경우는 어떤 것인가. 가령 검찰에 출두하는 자가 언론을 위한 포토라인에 멈춰 섰다면 이는 언론의 촬영 및 공표에 대해 묵시적으로 동의한 것일까? 실제로 이러한 이슈가 쟁점이 된 사건이 있다. 원고 A와 B는 세월호 사건 관련 소환 조사를 위해 연예인 C와 함께 검찰에 출두한 일반인들이었다. 이들은 연예인 C와 함께 같은 승용차를 타고 검찰청에 도착한 뒤 함께 걸어가면서 C가 포토라인 앞에서 잠시 멈추자 함께 멈춘 다음 C를 뒤따라가는 모습이 촬영되었다. A와 B의 모습이 방송 뉴스에 보도되자 이들은 초상권 침해를 이유로 소송을 제기하였다. 언론사는 이들이 연예인과 동행하면서 행동을 같이하였고, 마스크 등을 착용하거나 모자이크 처리를 요청하지 않았으므로 초상의 촬영 및 공표에 묵시적으로 동의했다고 항변했다. 이에 대해 1심 법원은 A와 B가 포토라인에 멈춰선 것만으로는 촬영 및 초상권 사용에 대해 묵시적 동의가 있는 것으로 판단할 수 없다고 보았다(2016가합101939 판결). A와 B는 언론이 연예인 C만을 촬영한다고 생각했을 여지가 있으므로 초상의 촬영에 묵시적으로 동의한 것이 아니라는 것이다.

그러나 2심 법원은 원심을 뒤집고 묵시적 동의가 있다고 판단하였다(2016나2088859 판결). 서울고등법원은 촬영과 공표 사실을 알고 있거나 예상하면서도 촬영을 적극적으로 제지하거나 이의를 제기하지 않고 촬영에 임하는 경우, 카메라 앞에서 스스로 촬영에 응해 포즈를 취하거나 카메라를 피하지 않고 친근하게 웃는 표정을 짓는 경우, 신문기자에게 기꺼이 설명하는 경우 등은 묵시적 동의 내지 승낙의 의사표시를 추단할 수 있다고 하였다. 따라서 2심 법원은 A와 B가 보도진의 촬영 및 보도를 충분히 예상한 것으로 보이며 연예인 C가 포토라인 앞에 서서 입장을 밝힐 동안에도 그 옆에 서 있거나 이동할 때 오른팔을 잡고 함께 이동한 점 등을 고려해 보면 묵시적 동의가 추단된다고 판단하였다. 이처럼 상황에 따라 피촬영자의 묵시적 동의를 인정한 판결은 언론의 취재 및 보도의 자유를 확장한 것으로 볼 수 있다. 공공의 이익을 위한 내용을 보도할 때 피사체 전원의 확실하고 명시적인 동의를 얻는 것이 제일 바람직하겠으나 때로는 현실적으로 불가능한 상황도 발생할 수 있기 때문이다.

언론보도는 저널리즘 원칙상 실명 보도가 원칙이겠으나, 범죄 관련 보도에서는 익명 보도 원칙으로 변화되었다. 언론의 보도 관행이 익명 보도 원칙으로 바뀐 것은 1998년 대법원 판결이 계기였다. 당시 대법원은 범죄사건 보도가 비록 공공성이 있을지라도 범죄 자체를 보도하기 위하여 반드시 범인이나 범죄 혐의자의 신원을 명시할 필요가 있는 것은 아니고, 범인이나 범죄 혐의자에 관한 보도가 반드시 범죄 자체에 관한 보도와 같은 공공성을 가진다고 볼 수도 없다고 판결한 것이다(96다17257 판결). 이러한 대법원 판결은 언론의 기사쓰기 방식에 큰 영향을 미쳤고, 차츰 범죄 보도와 관련하여 실명을 공개하지 않는 방향으로 기사작성 방식이 변화되었다. 사인의 경우 가급적 익명을 사용하여 신원 노출을 피해야 하지만, 언론은 수사기관과는 달리 진위 여부 확인에 현실적으로 상당한 제약이 있으며 신속한 보도의 필요성으로 인한 한계도 있다는 것을 대법원은 인정하였다(97다10215 판결). 따라서 사인의 경우 익명 보도가 원칙이기는 하나, 피의사실을 익명으로 보도하지 않았다고 하여 무조건 명예훼손이나 프라이버시 침해의 책임이 발생하는 것은 아니라는 것이다. 실명으로 피의사실을 보도한 경우에는 언론보도에 공익성이 있는지 또는 진실이라고 언론이 오인함에 상당성이 있는지를 법원은 판단하게 될 것이다.

2009년 대법원은 범죄사실을 보도하면서 피의자 실명을 공개할 수 있는지에 대해 중요한 법리를 제시하였다(2007다71 판결). 첫째, 실명을 보도함으로써 얻어지는 공공의 이익과 피의자의 명예나 사생활의 비밀 유지로 인한 이익을 비교하여 전자의 이익이 후자의 이익보다 우월해야 실명 보도가 허용된다고 보았다. 또한 실명 보도가 허용되더라도 언론기관이 보도 내용이 진실인지 여부를 확인할 주의의무는 더 높아진다고 법원은 덧붙였다. 둘째, 실명 공개가 허용되는 경우의 예시로서 ① 사회적으로 고도의 해악성을 가진 중대한 범죄에 관한 것, ② 사안의 중대성이 다소 떨어지더라도 정치・사회・경제・문화적 측면에서 비범성을 갖고 있어 공공의 이익과 연관성이 있는 경우, ③ 피의자의 공적 인물로서의 특성과 활동과의 연관성으로 인해 시사성이 인정되는 경우 등을 제시하였다. 셋째, 실명 공개가 허용되는 경우에는 그 공개가 피의자의 의사에 반하여 이루어졌더라도 공익이 우월한 경우에는 성명권이 위법하게 침해되는 것은 아니다. 즉, 공익의 가치가 월등히 높은 사안이거나 피의자가 공적 인물이어서 보도할 가치가 높은 경우에는 피의자의 실명 공개가 위법한 것은 아니다. 하지만 그 정도로 중한 사안이 아니라면 피의자의 실명이나 신원을 언론보도에서 밝히는 것은 인격권 침해로 인정될 가능성이 높다.

피의자의 이름뿐만 아니라 얼굴 공개를 허용해야 하는지도 계속 논란이 되고 있다. 과거에는 피의자가 체포되는 모습, 수사기관으로 이송되는 모습, 범행과정을 재현하는 모습까지 얼굴을 그대로 노출하여 보도하였다. 그러나 헌법 제27조 제4항은 '무죄추정원칙'을 천명하고 있어서 아직 공소 제기가 없는 피의자는 물론 공소가 제기된 피고인이라도 유죄의 확정판결이 있기까지는 원칙적으로 죄가 없는 자에 준하여 취급해야 한다. 이러한 무죄추정원칙을 반영하여 2005년 제정된 경찰관 직무규칙은 원칙적으로 수사사건에 대하여 공판청구 전 언론 공개를 금지하였으며, 피의자나 피해자의 신분이 노출되지 않도록 촬영을 금지하도록 규정하였다. 그 결과 피의자의 신상 공개는 원칙적으로 금지되어 있지만 예외적으로 특정강력범죄의 처벌에 관한 특례법(약칭 '특강법')에 따라 허용될 수 있다. 얼굴 등 신상 정보 공개에 대한 특강법 조항은 다음과 같다.


제8조의 2 (피의자의 얼굴 등 공개)

① 검사와 사법경찰관은 다음 각 호의 요건을 모두 갖춘 특정강력범죄사건의 피의자의 얼굴, 성명 및 나이 등 신상에 관한 정보를 공개할 수 있다.

1. 범행 수단이 잔인하고 중대한 피해가 발생한 특정강력범죄사건일 것
2. 피의자가 그 죄를 범하였다고 믿을 만한 충분한 증거가 있을 것
3. 국민의 알 권리 보장, 피의자의 재범방지 및 범죄예방 등 오로지 공공의 이익을 위하여 필요할 것

4. 피의자가 청소년 보호법 제2조 제1호의 청소년에 해당하지 아니
   할 것
② 제1항에 따라 공개를 할 때에는 피의자의 인권을 고려하여 신중하게 결
   정하고 이를 남용하여서는 아니 된다.


따라서 범행 수단이 잔인하고 중대한 피해가 발생하였으며, 범행의 충분한 증거가 있고, 공개가 공익을 위해 필요하며, 피의자가 청소년에 해당하지 않는 경우에만 피의자의 얼굴과 성명, 나이 등 신상정보를 공개할 수 있는 것이다. 최근 청소년이 저지른 강력범죄가 증가하면서 청소년 피의자의 얼굴 등 신상정보를 공개해야 한다는 여론이 높아지고 있으나 현행법상 청소년 신상정보 공개는 허용되지 않는다. 그럼에도 불구하고 청소년 범죄를 억제하기 위한 수단으로 공개가 허용되어야 한다며 법 개정을 요구하는 목소리도 높아지고 있다.

헌법재판소도 범죄사실 자체가 아닌 그 범죄를 저지른 자가 누구인지, 즉 피의자 개인에 관한 부분은 국민에게 알려야 할 공공성을 지니지 않는다고 보았다(2012헌마652 결정). 예외적으로 피의자가 공인으로서 국민의 알 권리의 대상이 되는 경우, 특정강력범죄나 성폭력범죄를 저지른 피의자의 재범방지 및 범죄예방을 위한 경우, 체포되지 않은 피의자의 검거나 중요 증거 발견을 위해 공개수배의 필요성이 있는 경우 등에 한하여 극히 제한적인 경우에만 피의자의 신원을 공개할 수 있다고 판단하였다. 헌법재판소는 특히 피의자의 얼굴이 공개될 경우 어떠한 개인정보보다 각인 효과가 크고, 얼굴이 한 번 공개된 경우 인터넷을 통해 다시보기가 가능하여 그 파급효과가 예전보다 훨씬 강력하다는

점에서 피의자의 얼굴 노출은 극히 최소화되어야 한다고 지적했다. 따라서 수사기관은 모자, 마스크 등으로 피의자 얼굴을 가리는 등 신원이 노출되지 않도록 조치를 취해야 한다고 판단했다.

보험사기를 이유로 체포된 피의자가 경찰서 내에서 수갑을 차고 얼굴을 드러낸 상태에서 조사받는 모습을 촬영하도록 허용하는 경찰의 행위는 위헌일까? 헌법재판소는 이러한 경찰의 행위는 무죄추정원칙에 반하여 인격권을 침해한 것이라고 결정했다. 실제로 이 사건에서 취재를 한 방송사와 신문사는 피의자를 'A씨' 등으로 처리하였고, 얼굴을 드러낸 채 조사 받는 장면도 흐릿하게 처리하거나 모자이크 처리하여 보도했다. 그러나 청구인은 얼굴을 노출하고 수갑을 찬 상태에서 촬영하도록 허용한 경찰의 행위를 문제 삼은 것이다. 이에 대해 헌법재판소는 실제로 모자이크 처리되어 방영되었더라도 이는 국민에 대한 보도 단계에서 사후적으로 문제되는 것일 뿐 언론사 자체에 대한 얼굴 공개 행위에 대해서는 침해를 최소화하기 위한 조치가 취해지지 않았으므로 경찰관의 촬영 허용행위는 과잉금지원칙에 위반되어 청구인의 인격권을 침해했다고 판단했다.

## 팩트체크 기사 작성 시 주의사항

이상에서 살펴본 법리를 바탕으로 팩트체크 기사를 작성할 때 주의할 점을 정리해 본다.

## 팩트가 진실에 부합하는 것인지 확인하고 또 확인하라

보도 내용은 당연히 진실된 것이어야 한다. 취재원과 연락이 닿지 않는다거나 관련 자료를 수집하기 어렵다거나 내용을 확인할 수 없었다는 등 진실 확인에 제약이 되는 요소들은 법정에서 고려될 수는 있을지라도 허위보도를 정당화할 수 있는 요소는 아니다. 더구나 팩트체크 기사라면 내용에 허위사실이 포함된다는 것은 더욱 용납되기 어렵다. 그러나 만약 일부 내용에 허위사실이 포함되어 있더라도 팩트체커가 그러한 내용이 진실이라고 오신(誤信)할 만한 상당한 이유, 즉 '진실오신의 상당성'이 인정된다면 법원에서 면책될 가능성이 있다.

따라서 이러한 상당성을 인정받기 위해서 팩트체커는 취재과정에서 사실확인을 위해 어떠한 노력을 했는지 입증할 수 있어야 한다. 관련 취재원을 접촉하려 노력했는지, 취재대상에게 반론권을 주고자 시도했는지, 경찰이나 담당 검사 등 수사기관에게 사실 여부를 확인했는지, 주변 인물들을 접촉하여 사실관계 확인을 시도했는지 등을 기록으로 남겨 두는 것이 권장된다. 기사로 인해 추후 분쟁이 생겨날 소지가 있다고 판단된다면 취재과정을 꼼꼼히 기록해 두고 취재자료도 보관해 두는 것이 나중에 증거자료로 활용하기에 좋을 것이다.

## 취재수단을 선택할 때 신중하라

공직자나 정치인 등 권력자의 발언을 검증하는 것은 쉽지 않다. 권력자의 발언을 검증할 수 있는 명확한 통계자료나 데이터가 있다면 팩트체커로서는 무척 반가운 일이 될 것이다. 그러나 많은 발언들은 때로는 모호하며, 때로는 바탕이 되는 사실관계가 명확하지 않을 때가 있다. 기자들은 간혹 수사기관을 사칭하거나 비어 있는 사무실에 들어가 몰래 자료를 촬영하고 싶은 유혹을 느낀다고 한다. 그러나 이러한 행동은 위법한 행위로서 자칫 형사처벌을 받게 될 수 있다. 취재를 위한 몰래카메라나 도청장치, 망원렌즈의 사용도 마찬가지이다. 몰래카메라 사용은 공익적 보도를 위해 다른 수단이 허용되지 않는 극히 제한적인 경우에만 사용이 가능함은 앞서 살펴보았다. 도청된 내용을 대화당사자의 허락 없이 공개하는 것도 통신비밀보호법 위반으로 기자가 처벌 받을 수 있다. 팩트 확인을 위해 열혈 팩트체커가 되려는 것은 바람직한 일이지만, 굳이 불법적인 취재수단을 사용하는 위험을 감수할 것인지는 본인이 이성적으로 판단해야 할 것이다.

## 기사에 포함된 사진과 제목을 꼼꼼하게 확인하라

사진이나 영상에서 동의를 구하지 않은 일반인들의 모습이 사용되지는 않았는지 확인해야 한다. 법원은 동의 없는 초상의 사용에 대해 엄격한 입장을 취하고 있음을 명심하자. 더구나 인터넷을 통해 기사에 사용된 일반인의 모습이 퍼져 나가면서 모욕적인 댓글이 달리거나 이미지가 변형이 되어 예상치 못한 법률적 문제가 발생할 소지도 있음을 주의하자. 특히, 범죄보도나 비리보도에서 피의자나 피해자의 얼굴이 공개되지 않도록 조심해야 한다. 얼굴이 가려져 있지 않다면 모자이크 처리를 하고 음성은 변조하는 것이 안전할 것이다. 모자이크나 음성변조가 불충분할 경우 기사를 보거나 방송을 시청한 주변인들이 피의자나 피해자를 알아볼 수 있다면 언론은 초상 공개에 따른 법적 책임을 지게 될 수도 있다. 범행 수단이 잔인하고 범죄 증거가 충분한 경우에는 얼굴과 성명 등 신상정보를 특강법에 따라 공개할 수 있으니 이러한 조건을 충족시키는지도 검토해야 할 것이다. 기사의 제목을 정하는 것은 편집자의 권한이겠지만, 제목이 보도 내용과는 별개로 허위나 과장된 내용을 담고 있다면 명예훼손이 성립할 수 있다. 따라서 팩트체커는 자신의 기사 제목이 어떻게 나가는지 꼭 확인할 필요가 있으며, 제목이나 자막에 오류가 있다면 적극적으로 수정을 요청해야 한다.

## 당신의 취재대상은 '사람'임을 명심하자

언론의 자유는 절대적인 권리가 아니다. 타인의 인격권과 충돌한다면 취재 및 보도의 자유는 제한 받을 수 있다. 오보가 발생할 때 보도대상자가 겪는 경제적, 정신적 피해는 막심할 수 있으며, 디지털 시대에는 기사의 빠르고 광범위한 확산으로 인해 그 피해 또한 눈덩이처럼 커질 수 있다. 보도의 대상은 결국 사람이다. 팩트체크로 진실을 밝혀내는 과정에서 무고한 사람이 피해를 입는 일은 없어야 할 것이다. 다양한 팩트체크 기법과 도구로 무장하고 취재를 위해 나갈 때 마음속으로 챙겨야 하는 것은 결국 인간에 대한 예의와 인간의 존엄성에 대한 존중의 마음가짐일 것이다.

# 참고문헌

박아란. 2018. "팩트체크와 명예훼손 – 진실 오신 상당성 법리와 중립보도 면책특권을 중심으로", 〈언론정보연구〉 55(4), 139~174.

박아란·이나연·정은령. 2018. 《팩트체크 저널리즘의 기본원칙》. 서울: 한국언론진흥재단.

박아란·김민정·최지선. 2017. 《공인 보도와 언론의 자유》. 서울: 한국언론진흥재단.

성낙인. 2017. 《헌법학》. 서울: 법문사.

# 6장

## 팩트체크 관련 연구동향

정은령 | 서울대 언론정보연구소 SNU 팩트체크 센터장

미국을 중심으로 정치인 발언의 사실성 여부를 검증하는 현대적인 의미의 팩트체크가 본격화한 것은 1980년대 이후이다. 현재까지 팩트체크에 대한 연구들은 팩트체크 운동의 전개과정을 기술하거나, 팩트체크가 인식론적으로 가능한가라는 논쟁들과 함께 팩트체크의 결과가 유권자들이 갖고 있는 잘못된 인식을 교정할 수 있느냐는 것을 주로 다루었다. 2016년 이후 팩트체크는 이른바 '가짜 뉴스'(*fake news*) 논란과 맞닥뜨린다. 인터넷공간을 중심으로 허위 정보(*disinformation*)의 생산과 유통, 확산이 전 세계적인 문제가 되자 팩트체크가 이를 저지하는 방안이 될 수 있을 것인지가 주목되고 있다. 훈련받은 팩트체커들이 일일이 대응하기에는 쏟아져 나오는 허위 정보들에 효과적으로 대응할 수 없다는 점 때문에 컴퓨터 기술에 의지하는 팩트체크가 모색되고 있다. 이 장에서는 이러한 흐름에 따라 국내외의 팩트체크에 대한 연구들을 살펴보았다.

## 팩트체크의 기원과 전개

미국을 중심으로 확산된 저널리즘 실천에서의 팩트체크는 전통적인 객관주의 저널리즘의 한계에 대한 반성과 더불어 언론환경을 둘러싼 새로운 기술적 기반과 사고에 현장 언론인들이 응답한 결과라고 할 수 있다 (Graves, 2016). 즉, 팩트체크는 해석공동체(Zelizer, 1993)인 현장 언론인들이 직무 수행에 대한 자성의 결과 시작한 '운동'(movement)의 성격을 띠지만, 동시에 전통적인 신문·방송에서 인터넷으로 미디어 환경이 변화하며 수용자들의 정보 접근 양상이 달라진 것에 대해 언론인들이 적응해 나가는 과정에서 형성된 것이기도 하다.

미국 언론사에서는 현대적인 팩트체크 저널리즘의 기원을 레이건 대통령 재임시절로 기술하고 있다. '위대한 소통자'(great communicator)라고 불릴 만큼 대 국민 여론형성에 탁월한 재능을 발휘했던 레이건 대통령이지만, 그의 많은 정치적 주장들이 오류나 의도적인 왜곡에 기반을 두고 있었던 것을 언론이 검증해 내지 못한 데 대해 미국의 언론인들은 회의했다. [1]

본격적인 팩트체킹은 공화당의 조지 H. W. 부시 후보와 마이클 듀카키스 후보가 1988년 대선에서 겨뤘을 때 워싱턴 정가를 취재하던 기자들 사이에서 싹텄다. 1988년 대통령선거 운동은 "사실에 심각한 오류

---

[1] 일례로 1980년 대통령선거 운동과정에서 레이건 후보는 나무가 유발하는 공해가 자동차와 공장 매연의 4배에 이른다고 주장했고 언론은 이를 비판했지만 레이건 후보는 끝까지 자신의 주장을 굽히지 않았다(Dobbs, 2012).

가 있었음에도 그것이 마치 진실인 것처럼 주장되던 최초의 대선"이라고 기억된다. 워싱턴 취재 기자들 사이에서 '학장'(dean)으로 불리던 〈워싱턴 포스트〉의 노장 기자 데이비드 브로더는 "기자들이 사실을 검증해야 한다"는 주장을 담은 칼럼을 수년에 걸쳐 게재하며 팩트체크에 불을 댕겼다(Adair & Holan, 2011; Dobbs, 2012). 브로더는 객관주의 저널리즘의 정치보도에 대한 한계에 대해 "오랜 시간 동안 유권자는 '그는 이렇게 말했고, 그녀는 이렇게 말했고'(He says, she says)라는 보도 외에는 (정치적 판단의 근거로 삼을 만한) 아무런 결론이 없는 상태"에 내던져져 왔다(Spivak, 2010)고 비판했다. 기존의 언론사들이 수행해 온 팩트체크가 화자가 말한 내용을 정확하게 옮기는 것을 팩트체크라고 간주한다면, 새로운 팩트체크는 인용구 안의 말이 사실(true)인가를 규명하는 것에 초점을 맞추는 것이라고 구별할 수 있다(Graves & Glaisyer, 2012). 즉, 화자의 뜻을 훼손하지 않고 정확하게 '받아쓰기' 했는가를 확인하는 것이 팩트체크가 아니라 화자가 한 말 그 자체의 진실성 여부를 가리는 것이 현재의 팩트체크의 핵심인 것이다.

사실검증의 필요성에 대한 기자들 사이의 공감대 확산에도 불구하고 대부분의 기자들은 팩트체크에 나서는 것을 주저했다. 펜실베이니아대 아넨버그 공공센터에 '팩트체크닷오알지'를 창설한 브룩스 잭슨 전 CNN 기자는 이에 대해 "전통적으로 배워 온 객관주의 저널리즘의 작법과는 달리, 어떤 발언이 독자를 오인할 수 있게 한다는 평가를 내려야 하고, 정치인들의 발언 중에 무엇이 참이거나 거짓이라고 판정을 내려야 한다는 데 부담을 느꼈기 때문"(Graves, 2016: 59)이라고 설명한다.

미국 언론에서 2004년은 '팩트체크의 해'(year of the fact check)로 명명

될 만했다. 2003년 말, 펜실베이니아대에 '팩트체크닷오알지'가 창설되었고, 그해 대선에서 〈뉴욕 타임스〉, 〈로스앤젤레스 타임스〉, ABC 뉴스 등의 언론사들이 팩트체크 포맷을 선보였다. 제이미슨과 왈드먼(Jamieson & Waldman, 2003)은 언론이 사실성의 논쟁에 대한 판정에 보다 적극적으로 나서야 한다고 주장했다. 즉, 정치엘리트들의 부정확한 주장들을 정확하게 인용하는 데 만족할 것이 아니라 증거들을 동원해 그러한 주장들을 팩트체크해야 하며, 팩트체크의 결과가 사실과 상반될 경우, 그 결과를 독자들과 공유해야 한다는 것이다.

팩트체크 운동이 기자 사회에서 번져 나가는 데 결정적인 역할을 한 또 하나의 사건은 이라크 전쟁이었다. 베트남 전쟁이 백악관과 백악관 기자단 간의 편안한(cozy) 관계를 붕괴시켰듯이, 부시 정부의 이라크 내 대량살상무기(WMD) 주장을 그대로 받아써서 오보를 낸 언론들은 확인되지 않은 사실을 쓰는 일을 더욱 경계하게 된 것이다(Dobbs, 2012).

팩트체크 운동의 직접적인 촉발은 1980년대 이후 미국 정가와 언론 간의 긴장관계이지만, 객관주의 저널리즘에 대한 회의와 이에 대한 지속적인 개선의 역사는 1950년대부터 싹터 왔다(Barnhust, 2014). 미국 언론사에서는 1950년대와 1960년대를 언론의 정치에 대한 과잉협조(overcooperative)의 시대라고 지칭할 만큼 언론의 정부 감시는 해이했다. 매카시즘의 광풍이 불 때 저널리즘은 단지 이를 전달(transmission)하는 수단에 그쳤다는 반성(Zelizer, 1993)이 저널리스트들 사이에서 일었다. 1970년대에 이르면 1950년대와 1960년대의 과잉협조의 분위기가 사라지고 정치적 스캔들에 대한 언론의 탐사는 일상이 되었다. "선거가 있을 때까지 정부에 대한 심판을 미룰 필요도 없었고, 언제 정부에 대한 조사가 이뤄져야할 것인지 결정하는 데 정치인들에게 의존할 필요도 없어졌다"(Zelizer, 2007: 236; Fink & Schudson, 2014 재인용).

20세기 후반은 특히 정치보도가 더 설명적이고 해석적이고 단정적인 형식으로 전환되어 왔다. 반허스트(Barnhurst, 2014)는 이를 '해석적 전환'(interpretive turn)이라고 역설한다. 1960년대 이후 탐사 저널리즘(investigative journalism)이 베트남 미라이(My Lai) 학살을 밝히고, 워터게이트가 닉슨의 사임을 불러오는 가운데, 탐사기자협회(IRE, Investigative Reporters & Editors)가 탄생했다. 탐사 저널리즘이 확대됐지만 그 성장세는 완만했고, 하나의 단어로 특정하기 어려운 비슷한 유형의 보도들이 늘어났다. 심층보도, 장문보도(long journalism), 해설보도(explanatory report) 등 다양한 이름으로 불린 이러한 흐름은(Forde, 2007), 사건 발생 자체를 기술하기보다는 원인을 파악하는 데 주력하는 것이었다. 이러한 해석적 전환은 저널리즘이 기계적인 객관주의의 한계와 진실과 권력의 관계에 대해 민감하게 저항해 온 역사를 반영(Hallin, 1992; Nerone, 2013)하며, 현대적인 팩트체크 역시 이 맥락에 놓인다(Graves, 2017).

언론보도의 기술적 환경의 변화도 해석적 전환에 박차를 가하게 된 또 다른 동력이다. 1960년대 후반 이후부터 텔레비전 뉴스와 라디오 뉴스에서의 해석적 기능의 강화는 해석적 전환을 강화하게 된 기술적 기반이다. 해설 기능이 강화된 텔레비전 뉴스쇼의 등장2)과 공영방송

---

2) 대표적인 사례로 꼽을 수 있는 것이 1968년 텔레비전 다큐멘터리 스타일 뉴스매거진

(NPR, National Public Radio)의 논평 기능 강화는 인쇄매체인 신문에까지 사건 중심 보도(*event centered reporting*)에서 해설의 강화 방향으로의 변화를 이끌었다. 인터넷의 등장은 기존의 사건중심 보도에 더욱 변화를 불가피하게 만들었다. 제도권 언론이 아닌 수많은 정치블로거들의 등장, 게이트키핑을 불가피하게 만들었던 지면과 방송 시간의 희소성 등이 해소된 환경에서 인터넷의 뉴스유통 양상은 해설의 강화를 더욱 요구했다. 3) 위에서 아래로(*top down*), 언론사로부터 수용자로의 일 대 다(*one to many*) 소통 모델은, 인터넷 환경에서 상호적이고 수평적인 소통으로 바뀌었고, 저널리스트의 지위도 수많은 정보 공급자 중의 하나로 재정립되었다. 21세기에 들어서 저널리스트들은 일찍이 사회학자 고프먼(Goffman, 1959)이 갈파했던 저널리스트의 위치, 즉 "진실을 찾기 위한 중립적인 관찰자가 아니라 사회적 지식을 생산하는 행위자"로 자리매김된 것이다. 4)

팩트체크 저널리즘이 20세기 후반 이후 미국 저널리즘에서 지속되어 온 해석적 전환의 맥락에 놓인다는 것은 팩트체크 저널리즘의 필연적인 이중적 성격을 규정한다. 다시 말해서, 팩트체크 저널리즘 실행의 규범들은 한편으로는 미국 저널리즘의 객관주의 전통에 발을 딛고 있지

---

인 CBS 뉴스의 〈60 Minutes〉의 창설이다.

3) 2004년 대선을 앞두고 미국 언론들이 앞다퉈 팩트체크 포맷을 도입한 것도 이 시기 인터넷공간에 당파성이 강한 정치블로거들이 대거 등장해 상대 후보를 공격하는 게시물을 쏟아 내기 시작한 데 대한 해독제 성격이었다(Dobbs, 2012).

4) "Instead of neutral observers in search of truth, journalists seem to play an on stage role in manufacturing social knowledge"(Goffman, 1959).

만, 다른 한편으로는 객관주의의 한계를 확장하려는 도전이기 때문이다. 이러한 이중성으로 인해 팩트체크 저널리즘은 이론적으로는 팩트체크가 다루는 사실(fact)이 무엇인가라는 인식론적 논쟁에 직면하게 되고, 저널리즘 수행의 현장에서는 팩트체크가 특정 정치 당파에 편향적이라거나 거짓 균형(false equivalence)을 맞춘다는 논란에 맞닥뜨리게 된다. 팩트체크의 실행과정은 이러한 논란들을 내재하면서, 뉴스룸에 대한 고전적인 연구들(Gans, 1979; Tuchman, 1978)이 제기했던 문제, 즉 '객관적인 사실은 어떻게 만들어지는가'(How are objective facts made?)라는 질문을 21세기에 다시 소환한다(Graves, 2017).

## 저널리즘 운동으로서의 팩트체크와 인식론 논쟁

관성화된 저널리즘의 혁신을 위해 팩트체크 저널리즘의 필요성을 주장하고 이를 실현한 것은 일선 기자들이었다. 현장에서 혁신안이 도출된 것은 저널리즘 역사에서 처음 있는 일은 아니었다. 뉴스 문체의 정형이 된 역 피라미드 기법은 1800년대 말에 고안된 것이고, 인터뷰 기법 역시 현대적 저널리즘의 양식으로 같은 시기에 미국을 시작으로 영미권에 확산되었다(Chalaby, 1996). 역 피라미드 기법의 기사 작성이나 인터뷰는 20세기 초반부터 객관주의 뉴스 패러다임의 기본 요소가 되었다.

그레이브스와 나이핸, 라이플러(Graves, Nyhan & Reifler, 2016)는 19세기 말에 뉴스에 혁신이 일어났던 것처럼, 팩트체크 저널리즘도 20세기 말에 발흥한 새로운 저널리즘 혁신안으로 보고 이러한 혁신의 동기가 무엇인지를 미국 82개 신문의 정치 담당기자 1,689명을 대상으로 한 현장실험을 통해 확인했다. 실험설계의 틀이 되었던 것은 19세기의 당파지에서 20세기의 객관주의 저널리즘으로의 이행에 대한 두 가지 해석이었다. 정치경제학적 접근은 객관주의로의 이행이 더 많은 독자들을 확보할 수 있으리라는 경제적 계산 때문이었다고 보는 반면, 사회문화적 접근을 한 연구자들은 경제적 이익의 추구보다는 기자들이 자신들의 직업을 독립적인 전문직으로 구별 짓기 위해 객관주의를 하나의 직업윤리로 받아들인 것이라고 해석한다.

이 실험에서는 저널리스트들이 팩트체크 저널리즘을 받아들이는 이유는 과연 시장의 위기를 돌파하기 위한 것인지, 아니면 저널리즘의 윤리에 충실함으로써 언론인으로서 자부심을 갖고자 하는 의지가 더 강해서인지를 확인했다. 실험에 무선배치된 기자들 중 한 그룹은 독자들이 팩트체크에 목말라 있으며 팩트체크를 하면 독자들이 현저히 늘어난다는 메시지를 받았다. 다른 한 그룹은 권위 있는 언론인들은 팩트체크를 하고 있으며, 팩트체크는 저널리즘이 추구하는 최고의 이상에 부합하는 것이라는 메시지를 받았다. 실험 결과, 뉴스 이용자가 팩트체크 저널리즘을 원한다는 상업적 목적의 메시지보다는 팩트체크 저널리즘을 수행하는 것이 저널리즘의 가치를 실현하는 것이라는 저널리즘 윤리를 강조하는 메시지에 노출됐던 기자들이 팩트체크에 더 많이 참여하는 것으로 나타났다.

현대적인 의미의 팩트체크는 미국에서 발원했지만 지난 10년 내에 전 세계적으로 번져 나갔다. 2014년부터 전 세계에서 활동하는 팩트체크 기관의 수를 집계해 온 미국 듀크대의 듀크 리포터스 랩(Duke Reporters'

Lab)에 따르면 2014년 44개였던 팩트체크 기관은 2018년 2월 현재 53개국의 149개로 늘어났다. 2017년 한 해에만 35개의 기관이 새로 활동을 시작했다. 이 중 3분의 1에 해당하는 47개 기관이 팩트체크를 처음 시작했던 미국에 속해 있지만, 프랑스(7개), 영국(6개) 등 유럽 52개, 브라질(8개) 등 남미 대륙 15개, 한국을 포함한 아시아 22개, 아프리카 4개등 확산은 전 세계적인 양상이다.

팩트체크 운동이 전 세계적으로 확산되자 이를 이론적으로 규명하려는 연구도 등장했다. 아마진(Amazeen, 2017)은 팩트체크 저널리즘의 빠른 확장을 결정적 전기 이론(critical juncture theory)으로 분석해 역사적 개혁운동의 하나로 위치시킨다. 아마진은 팩트체크 저널리즘이 직업적인 혁신운동으로 시작했지만, 언론을 포함해 쇠약해진 민주주의의 기관들을 다시 세우는 도구로 기능하고 있다며, 팩트체크 저널리즘은 30년 주기로 한 번씩 도래했던 정치·사회구조를 바꾸는 소비자 개혁운동의 일환이라고 주장했다.

그레이브스(Graves, 2018)는 팩트체크 저널리즘의 전 세계적인 확산을 〈글로벌 팩트〉(Global Fact)5)라는 전 지구적 팩트체크 기관들의 모임에 참여관찰한 경험을 바탕으로, 국경을 넘는 이 운동이 저널리즘과 학계, 시민단체라는 팩트체크의 서로 다른 세 주체가 전개해 나가는 것이며, 방법과 사명을 어떻게 규정하는가에 따라 보다 저널리즘적인 성격, 시민운동적인 성격, 학술적인 성격을 갖게 된다고 분석했다. 그레

---

5) 전 세계 팩트체크의 연대기구인 국제팩트체킹네트워크(IFCN)가 2014년부터 매년 열고 있는 팩트체크 국제회의다.

이브스는 전 지구적으로 확산되는 팩트체크 저널리즘이 한편으로는 국제적으로 통용될 수 있는 공동의 준칙("Code of Principles") 6)을 제정하는 등 수렴되는 경향을 보이지만, 다른 한편으로는 전통적인 저널리즘 외에 학계와 시민운동계에 참여의 문을 열어 놓음으로써 푸코적 의미의 경계 공간(*boundary space*)이 확인된다고 주장했다.

　팩트체크 저널리즘의 세계적인 확산은 한국에서도 예외가 아니었다. 2017년은 한국 언론사에서 '팩트체크 저널리즘의 원년'(김선호 · 김위근, 2017)으로 평가된다. 대통령선거 기간 각 언론사가 보도한 팩트체크 결과를 별도 섹션으로 운영한 포털사이트 네이버의 팩트체크 코너에는 20여 개 언론사의 대선 관련 후보자 발언 공약 검증 내용이 게시됐다. 2017년 조기 대선을 앞두고 언론사와 대학 간의 협업 모델로 출범한 'SNU 팩트체크'7)(최원형, 2017)에는 2019년 1월 현재 27개 언론사가 참여해 정치인과 공직자 발언의 사실 여부, 정치 · 경제 · 사회 등의 주제에 걸쳐 대중에게 회자되는 사실적 진술의 사실성 여부 등을 검증하고 있다.

　한국 언론계의 팩트체크 저널리즘 경험이 1년을 넘긴 후 정은령(2018)은 한국 팩트체크 저널리즘의 특징을 그를 수행하는 언론인들의 사실 인식과 사실검증과정에 대한 탐색을 중심으로 살펴보았다. 팩트체크 저널리즘을 1년 이상 수행한 기자 10명을 심층 인터뷰한 결과, 한국의 팩트체크 언론인들은 팩트체크 저널리즘이 추구하는 사실이 기존

---

6) IFCN은 전세계의 팩트체커들이 공통적으로 지킬 수 있는 규범으로 2016년 "Code of Principles"를 제정했다. 불편부당성, 투명성을 주요 원칙으로 한다.

7) http://factcheck. snu. ac. kr

의 발표기사, 발생기사가 다루는 사실과는 다른 층위의 사실이며, 현재의 뉴스 생산 환경에서는 이중층위의 사실이 뉴스룸 안에서의 역할분담을 통해 동시에 추구될 수밖에 없다고 인식하고 있었다. 둘로 분리될 수 없는 '사실'이 편의적으로 분리되어 팩트체크 언론인에게는 사실 '검증'의 임무가 출입처 취재처럼 부과되고, 대부분의 기자들은 사실을 받아쓰기하는 관행이 유지됨으로써 뉴스룸 운영의 관점에서 보자면 기사를 양산하면서도 빈약한 사실 추구의 틈을 메우는 분할 전략이 수행되는 것이라 할 수 있다.

심층 인터뷰에 응한 팩트체크 언론인들의 경험에서 기존의 저널리즘 수행과 비교했을 때 두드러진 변화는 팩트체크 기사의 서술양식으로, 기존의 역피라미드 구조와는 달리 기승전결의 맥락을 가진 해설형 기사가 채택되고 있다는 점이었다. 팩트체크의 성격상 드러난 사건이나 발언만을 파편적으로 제공하는 것으로는 수용자들의 이해를 이끌어 내기에 부족하기 때문에 맥락을 제공하기 위한 해설형 기사쓰기가 자연스럽게 시도되는 것이라 할 수 있다. 이러한 기사쓰기의 변화는 이미 팩트체크 저널리즘을 선도적으로 수행해 온 미국의 저널리즘에서 팩트체크 저널리즘을 사건중심의 보도(event centered reporting)에서 맥락이 있는 해설(interpretive)로, 즉 저널리즘 수행의 양식이 변화하는 것으로 이해하는 것과 맥을 같이한다.

이나연(2018)은 팩트체크가 활발히 이뤄졌던 19대 대선기간 'SNU 팩트체크'와 제휴하여 후보자들의 발언과 공약을 검증한 국내 12개 언론사의 팩트체킹 기사 174건을 내용 분석해 한국 팩트체크의 현주소를 국제 기준에 비추어 고찰했다. 이나연은 IFCN의 검증 준칙("Code of

Principles")인 투명성과 불편부당성을 비교의 틀로 이용했다. 투명성은 투명 취재원 사용, 익명 취재원 사용 및 이유 공개, 수정내용의 공개 등 3개 항목으로, 불편부당성은 언론사별 판정 결과의 일치도와 발언 내용에 대한 찬반주장을 모두 포함하였는가를 측정한 이견(異見)의 수용 등 2개 항목으로 분석하였다. 연구 결과 팩트체크 기사당 포함된 투명 취재원과 익명 취재원은 각각 평균 2.69개, 0.89개로 이는 선행연구에서 조사된 일반 기사에서의 투명 취재원 숫자와 크게 다르지 않았다. 국내 언론의 취재원 투명성이 해외언론에 비해 크게 낮다는 것이 선행연구의 지적인 점에 비춰 보면 낮은 투명성의 경향은 팩트체크 기사에도 지속되고 있음을 보여 주는 결과였다. 한편, 팩트체크에 비판적인 연구자들이 제기하는 문제인 '선택편향'(selection bias), 즉 보수언론이 진보후보를 주로 검증하거나 혹은 반대의 경우는 발견되지 않았지만 일부 학자들(Uscinski & Butler, 2013)이 검증의 대상이 될 수 없다고 비판한 미래 예측, 인과관계, 정치적 수사의 내용이 각각 10.3%, 18.4%, 25.2%의 팩트체크 기사에서 확인되었다.

팩트체크의 도입단계에 있는 한국에서 언론인들은 검증의 대상인 정치권과 마찰을 빚고 있다. 팩트체크의 대상이 되는 것을 정치적 공격으로 간주한 정치인들이 팩트체크 언론인이나 언론사, 팩트체크 기관을 대상으로 언론중재위에 제소하거나 민형사상 소송을 제기함으로써 팩트체크를 억지하려는 긴장관계가 형성되어 있는 것이다.

일례로 2017년 대통령선거 과정에서 다수의 팩트체크 기사에 대해 언론중재위원회에 중재신청이 되거나 민·형사소송이 제기되었다. 공인(公人)들인 팩트체크의 대상자들이 팩트체크 기사에 대해 명예훼손을 이유로 중재신청 내지 소송의 위협을 가한 것이다. 이러한 현실에 착안해 박아란(2018)은 팩트체크 기사가 명예훼손 위협으로부터 어떻게 보호될 수 있을 것인가를 연구했다. 박아란에 따르면 공인에 의한 명예훼손 소송의 경우 법원의 판결을 통해 확립된 '진실 오신(誤信)의 상당성' 및 '악의적이거나 현저히 상당성을 잃은 공격'의 법리로 보호될 수 있을 것이다. 그러나 공인의 발언을 검증하는 팩트체크 기사의 경우 '진실 오신의 상당성'의 법리로는 보호되기 어려운 경우도 나타나고 있다고 보았다. 팩트체커가 검증을 위해 공인의 명예훼손적 발언을 그대로 보도한 경우 '전문(傳聞) 보도의 법칙'에 따라 언론은 원칙적으로 원발언자와 마찬가지의 책임을 져야하기 때문이다.

따라서 박아란(2018: 169)은 팩트체크 언론인들이 적극적으로 보도할 수 있는 환경을 만들기 위해서는 미국에서 법리화된 중립보도 면책특권을 적극적으로 도입할 필요가 있다고 주장한다. 중립보도 면책특권(neutral report privilege)을 적극적으로 인용한 국내 판결은 아직까지 없지만, 기자가 타인의 발언을 재발행하여 제3자의 명예를 훼손한 것으로 주장되는 경우 ①'공적인 사안'에 대하여 ②'공인 간'에 ③'그러한 발언이 있었다는 사실'만을 ④'중립적인 태도'로 '정확하고 공정하게' 보도한다면 명예훼손의 책임으로부터 벗어날 가능성이 있을 것이라고 보았다.

팩트체크 저널리즘에 쏟아져 온 비판과 회의 중 두드러진 것은 팩트체크의 존립근거인 사실검증에서 '사실'이라는 것이 팩트체커들이 판정하는 것처럼 흑과 백으로 분명하게 구분되는 것이 아니라는 반박이다. 우신스키와 버틀러(Uscinski & Butler, 2013)는 정치의 영역에서 다뤄지는 주제들은 복잡하고 모호하며 여러 가지 상충하는 해석에 열려 있기 때문에 진실에 대해서도 사람들이 동의하지 않을 수 있다는 점을 지적한다. 우신스키와 버틀러는 이러한 자신들의 주장을 팩트체커들이 동원하는 방법이 드러내는 모순점을 통해 증명한다.

이들은 팩트체커들이 무엇을 검증할 것인가를 선택하는 방법이 사회과학적인 방법론으로 보았을 때 전혀 과학적이지 않다며 선택편향의 문제를 지적한다. 즉, 선거과정에서 A후보와 B후보를 비교했을 때 A후보가 더 거짓말을 많이 한 것으로 판정되었다면, 이는 A후보가 더 거짓말을 많이 했기 때문일 수도 있지만, B후보에 비해 A후보가 더 많이 검증대상이 되었기 때문이었을 수도 있다는 것이다. 우신스키와 버틀러는 여기에 더하여 검증해야 할 여러 개의 사실이 포함된 발언을 하나의 사실로 검증한다거나 인과관계를 확증할 수 없는 경우임에도 불구하고 정치적 사실에 대해 원인이 무엇이라고 단정해서 판정을 내린다거나, 어떻게 귀결될지 모르는 미래를 미리 예측해서 판정한다거나, '사실'과 '절반의 사실'을 가리는 판정기준의 모호함 등의 문제를 지적한다. 우신스키 등은 지금까지 팩트체크 없이도 문제가 없었던 것처럼 정치가들을 그들 나름의 모호성의 영역에 그대로 내버려 두자며 팩트체크 무용론을 주장한다.

이에 대해 아마진(Amazeen, 2015)은 우신스키 등이 자신들이 비판한 것과 동일하게 자신들의 주장을 입증할 수 있을 만한 사례들만을 대표성 없이 선택하는 오류를 범했으며, 경험적인 데이터도 동원하지 않았다고 반박한다. 아마진은 전문적인 팩트체크 사이트인 '폴리티팩트'와 '팩트체크닷오알지', 〈워싱턴 포스트〉의 '팩트체커' 등 3개 기관 중 2개 이상 기관이 2008년과 2012년 대선에서 각 후보 진영에서 내보낸 정치 광고를 검증한 결과, 판정의 95% 이상이 일치했다며, 이러한 일치도는 우신스키 등이 지적한 것과는 달리 팩트체킹이 과학적인 삼각측정에 의해 이뤄지는 것임을 증명한다고 주장했다. 아마진은 팩트체크란 정치적인 논쟁에서 다뤄지는 주관적인 문제들을 검증대상으로 삼는 것이 아니라 검증이 가능한 사실에 관한 발언을 다루는 것이라고 전제한 뒤, 팩트체커들의 판정도 우신스키 등의 주장처럼 흑백논리가 아니라 오히려 참과 거짓을 이분법적으로 가를 수 없다는 것을 팩트체커들 스스로 인정하는 것이라고 논박한다.

그레이브스(Graves, 2017)는 우신스키 등의 인식론 논쟁에 대해 직업적인 저널리스들에 의해 수행되는 객관주의 규범의 미묘함을 제대로 고려하지 못한 것이라고 지적한다. 그는 직업적인 저널리스트들은 우신스키 등이 주장하는 것처럼 사실에 대해 흑백논리적인 관점을 갖고 있는 것이 아니라, "진실이 우리의 목표이기는 하지만, 최선을 다해도 이를 잡기 어렵다는 것을 알면서, 여전히 이 목표를 품고 있는 것"(Kovach & Rosenstiel, 2007: 45)이라는 겸양적인 태도를 직업윤리로 갖고 있다고 강조한다. 그는 셔슨을 빌려 20세기에 확립된 객관주의는 뉴스가 사실을 반영한다는 순진한 경험주의에 대한 대안으로 출현한 것이며, "사실이란 세계의 상(相)이 아니라 합의에 의해 타당성을 갖게 된 진술"(facts … are not aspects of the world, but consensually validated statements about it, Schudson, 1978: 6)이라고 주장한다. 저널리즘 현장에서는 끊임없이 객관주의의 한계를 검토해 왔고, 역사적으로 보아 비판적이며 분석적인 보도들이 더 많아지게 된 것은 기계적인 객관주의를 극복하기 위한 노력이었다는 것이다.

그레이브스는 우신스키 등의 주장처럼 정치의 영역에서는 사실을 가릴 수 없고 오로지 다른 의견만 있을 뿐이라고 하는 것은 의견과는 달리, 합리적이고 증거에 의해서 지지되며 전문가들의 합의와 일치하는 사실적인 논증(*factual argument*)을 의견으로 등치시켜 버리는 것이라고 비판한다. 또한 저널리즘이 다루는 사실이라는 것은 증거와 해석이 뒤섞여 있으며 가치가 내재된 것이라는 인식이야말로 뉴스 사회학의 기본이라고 주장한다.

팩트체커들이 검증하는 사실이라는 것이 정치사회의 영역에서 있을 수 있는가라는 인식론적인 논쟁 외에 팩트체크의 과정에서 불거지는 다른 쟁점은, 검증대상을 어떻게 선택하느냐는 선택편향의 문제와 과연 검증할 수 있는 것을 검증대상으로 삼느냐는 것이다. 머퍼트 등(Merpert et al., 2018)은 팩트체커가 아닌 일반인 3,357명을 대상으로 8개의 검증문이 담긴 가상의 정치적 언술을 주고 이 중에 검증이 가능한 것과 가능하지 않은 문장들을 구별하게 했다. 그 결과 실험참여자들은 평균 69%의 진술문을 정확하게 구별해 냈다. 실험참여자들에게 간단한 훈련을 시킨 뒤 다시 진술이 가능한 문장을 검증하게 했을 때는 수행 능력이 향상되는 것이 확인되었다. 그러나 진술을 한 정치인의 이름을 밝혔을 때는 참여자가 갖고 있는 정치적 성향에 따라 검증 능력이 감소하는 것이 확인됐다. 머퍼트 등은 이에 대해 정보의 진실성 정도와 관계없이 자신의 기존 의견과 일치하는 정보를 신뢰하고 수용하는 동기화 추론(*motivated reasoning*)(Taber & Lodge, 2006)이 팩트체크의 결과에 대한 수용은 말할 것도 없고 검증대상의 선정에도 영향을 미치는 것이라고 해석했다.

  팩트체킹을 하는 주체 간에 검증대상을 선정하고 검증결과를 판정하는 데 어느 만큼의 일관성이 있는가에 대해서는 연구결과가 엇갈린다. 아마진(Amazeen, 2014)은 2008년 대선과정에서 미국의 3대 팩트체크 기관으로 꼽히는 '팩트체크닷오알지'와 '폴리티팩트', 〈워싱턴 포스트〉의 '팩트체커'가 검증대상을 선정하고, 평가한 결과를 내용 분석했다. 서로 다른 평가척도를 쓰는 세 기관이 동일한 검증대상을 판정했을 때, 결과의 일치도는 100%였다. 그러나 마리에타와 바커, 바우저(Marietta, Barker & Bowser, 2015)는 이 3대 팩트체크 기관이 기후변화, 인종주의의 영향, 국가부채의 귀결 등 세 개의 논쟁적 사안을 어떻게 다뤘는지를 내용분석으로 비교한 결과, 검증대상 선정과 검증에 대한 판정에서 일치도보다는 상이성이 두드러진다고 보고했다. 인종문제에 대해서는 '폴리티팩트'가 가장 많은 숫자로 정치인들의 발언을 검증했지만, '팩트체크닷오알지'나 '팩트체커'는 2년 동안 이 주제를 다루지 않았다. 기후변화에 관해서는 세 팩트체크 기관이 기후변화가 사실이 아니라는 주장에 대해서만 '거짓'이라고 판정하는 결과를 동일하게 내놓았고, '팩트체커'와 '팩트체크닷오알지'는 기후변화가 사실이라는 주장에 대해서는 검증을 하지 않았다. 국가부채에 대해서는 세 개 기관의 판정이 엇갈렸다. 이러한 결과를 근거로 마리에타 등은 팩트체커들이 선택편향을 가질 수 있으며 판정 결과는 상호모순적일 수 있다고 주장한다.

  2016년 미국 대선에서 '폴리티팩트'와 〈워싱턴 포스트〉의 '팩트체커'가 검증대상을 상호 교차검증했는지, 검증결과 판정에 일관성이 있었는지를 판정등급 간 신뢰성(inter rater reliability)으로 검토한 림(Lim,

2018) 도 마리에타 등의 결론처럼 팩트체커들이 동일한 검증대상을 교차검증하는 경우는 드물며, 판정 결과도 특히 '절반의 진실' 등 회색지대라고 할 수 있는 판정에서는 일관성이 현저히 낮아진다고 보고했다. 이처럼 팩트체크의 교차검증 가능성, 판정결과의 일관성에 관해서는 상이한 경험적 연구결과들이 보고되고 있다.

## 팩트체크의 효과

팩트체크에 관해 많은 연구가 집중된 것은 팩트체크가 과연 이에 노출되는 수용자들에게 효과를 갖느냐는 것이다. 이에 대해서는 상반되는 연구결과들이 보고되어 왔다. 팩트체크의 교정효과(correction effect)를 발견한 연구들이 있는가하면 팩트체크가 오히려 이에 노출된 수용자들의 기존 신념을 강화하는 역효과(backfire effect) 혹은 부메랑효과(boomerang effect)를 불러일으킨다는 보고도 지속된다.

팩트체크가 효과적일 수 있는가에 대한 논의는 왜 사람들이 오정보(misinformation)를 받아들이며, 왜 받아들이고 나면 이에 대해 올바른 정보를 제공해도 교정이 이뤄지지 않는지 등 심리적인 메커니즘에 대한 고찰로부터 시작된다. 오정보와 오정보의 교정에 관한 심리적 메커니즘을 다룬 실증연구들을 포괄적으로 문헌조사한 레완도우스키 등은 오정보를 철회(retraction)하는 데 효과적이라고 현재까지 확인된 요인은 세 가지 정도라고 요약했다. 첫째, 오정보에 노출된 순간 이에 대해 경고를 하는 것, 둘째, 주어진 오정보에 대한 철회를 반복할 것, 셋째, 철회를 통해 발견된 논리적인 빈틈을 메우는 다른 이야기를 제공할 것이다(Lewandowsky et al., 2012: 116).

연구자들은 오정보가 입력되고 난 후에 인식이 수정되는 것은 입력되기 전보다 비교적 어렵다는 점을 발견해 왔다. 그라이스(Grice, 1975; Lewandowsky, 2012 재인용)에 따르면, 사람들은 기본적으로 자신에게 제공되는 정보가 타당할 것이라고 기대하지만 이에 대해 경고가 선행되면 이러한 기대는 바뀐다. 광고든 실화를 바탕으로 한 영화든 이러한 사전 경고가 붙게 되면 입력되는 정보들을 아무런 판단 없이 사실로 받아들이지 않고, '의심할 것'이라는 태도를 갖게 된다는 것이다.

오정보가 일단 입력되고 난 뒤에는 이를 철회하는 정보가 계속적으로 강한 강도로 주어지는 것이 오정보를 수정하는 데 효과적이다. 그러나 아주 약한 정도의 오정보라도 오정보가 한번 수용자에게 입력되고 나면, 오정보의 효과가 없어지거나 지속되지 않을 정도로 효과가 낮아지기는 극히 어렵다는 것이 다양한 실증 연구에서 공통적으로 발견되었다.

오정보를 철회하는 정보를 정보 수용자들이 받아들이지 못하는 이유는 논리적인 빈틈이 발생하기 때문이다. 따라서 이를 줄여 주는 대안적인 이야기가 제시될 때 오정보의 교정이 가능하다. 효과적으로 오정보를 대체하기 위해서 대안적인 이야기에는 왜 최초에 오정보가 발생했는지에 대해 인과를 분명히 밝혀 주는 설명이 담겨야 하며, 특히 오정보의 배후에 담긴 동인을 밝혔을 때 교정효과가 커진다는 것을 발견할 수 있었다고 레완도우스키 등은 정리한다.

그러나 이러한 교정작업이 수행되어도 정보 수용자들이 갖고 있는 세계관에 따라 교정된 정보를 받아들이지 않는 역효과 혹은 부메랑효과에 부딪칠 수 있다. 역효과는 정보의 수용자들이 자신의 세계관에 도전하는 정보들에 맞닥뜨리면 이를 반박하려고 하거나 기존의 믿음을 더욱 강화하는 것이다. 역효과와 밀접하게 연관되는 것은 신념극화(belief polarization)라고 할 수 있다. 신념극화를 연구한 로드와 로스, 레퍼(Lord, Ross & Lepper, 1979)에 따르면 복잡한 사회적 문제에 대해 강한 의견을 가진 사람들은 자신의 의견을 확인하는 증거는 액면 그대로 받아들이지만 반대되는 증거는 비판적으로 평가한다. 그 결과 사회적으로 논쟁이 되는 사안에 의견을 달리하는 그룹에 동일한 증거를 제시해도 그 결과는 견해차가 좁혀지는 것이 아니라 오히려 벌어지는 것으로 나타난다. 예를 들어 기독교 신앙인들과 비신앙인들에게 예수의 부활이라는 성서의 기술을 반박하는 가상의 보고서를 제시할 경우, 기독교 신앙인들은 자신들의 믿음을 강화하는 반면, 비신앙인들은 의구심을 더 키워 간다는 것이다. 자신의 신념에 도전하는 정보에 맞닥뜨렸을 때 기존의 믿음이 더 강화되는 것은 기존의 정보를 교정하는 정보가 입력됐을 때 이에 역효과가 발생하는 것과 동일한 메커니즘이다.

핑그리와 브로사드, 매클라우드(Pingree, Brossard & McLeod, 2014)는 저널리스트들의 판정이 이를 접하는 이들의 사실에 대한 믿음을 바꾸는가에 대한 실험연구(N = 436)를 통해 판정에 따라 믿음이 바뀐다는 결과를 확인했다. 가상의 정치광고를 통한 이들의 연구에 따르면 피험자들이 갖고 있는 정치적 성향 즉 이데올로기는 선행연구들(Ansolabehere & Iyengar, 1996; McKinnon & Kaid, 1999; Nyhan & Reifler, 2010; Pfau & Louden, 1994)과는 달리 사실에 대한 믿음이 바뀌는 데 영향을 미치지 않는 것으로 나타났다. 또한 논쟁적인 사안에 대한 판정을 하는 것이 편견을 가진 것으로 보여 뉴스의 이용자들에게 더 질이 낮은 뉴스로 보일 것이라는 의구심과는 달리 오히려 더 질이 높은 뉴스로 평가한다는 결과도 도출됐다.

팩트체크가 활발해지는 때는 선거기간 중이다. 특히, 후보자 간 토론이 벌어지고 서로 진실공방을 벌일 때 팩트체크 기관이 어떤 후보의 발언이 사실성을 갖고 있는가를 판정해 주는 것이 유권자들에게 영향을 미칠 것인가 여부는 최대 관심사다. 윈터식(Wintersieck, 2017)은 2013년 뉴저지 주지사 경선에서 팩트체크가 어떻게 영향을 미쳤는가를 132명의 학생 피험자들을 대상으로 실험연구를 함으로써 탐색했다. 피험자들은 3개 팩트체크 기관이 검증한 팩트체크에 노출됐다. 팩트체크의 판정은 토론에서 개진된 메시지가 '정확하다', '정확하지 않다', '사실인지 거짓인지 판단하기 어렵다'는 세 가지 내용이었다. 참가자들은 이후 각 후보의 토론 수행 수준에 대한 평가를 내리고 누가 승자인지를 판정했다. 결과는 팩트체크 메시지가 유권자들의 후보에 대한 평가와 투표의도에 영향을 미친다는 것이었다. 특히, 후보 발언이 정확하다고 판정하거나 정확하지 않다고 판정한 팩트체크들이 후보의 역량평가나, 승패판정과 투표의도에 영향을 미친 반면, 사실인지 거짓인지 판단하기 어렵다는 팩트체크에 노출된 경우는 아예 팩트체크에 노출되지 않은 경우와 마찬가지로 영향이 발견되지 않았다.

정치광고가 유권자들에게 중요한 영향을 미치는 미국의 선거과정에서 광고에 대한 팩트체크가 이루어졌을 경우 유권자들이 여기에 어떻게 반응하는지도 주요 관심사다. 프리드킨, 케니, 윈터식(Fridkin, Kenny & Wintersieck, 2015)은 온라인 실험을 통해 피험자들에게 부정적인 광고를 보여 준 뒤 후속으로 팩트체크 기사를 보여 주어 그 반응을 관찰했다. 연구진은 실험을 설계하며 부정적인 광고에 대해 그 내용에 도전하는 부정적인 팩트체크가 제시됐을 경우, 긍정적인 팩트체크보다 더 강력한 효과를 낳을 것이라고 기대했다. 또한 사람들의 정치적 소양, 부정성에 대한 불관용, 당파성이 팩트체크에 대한 그들의 반응을 규정할 것이라는 가설을 세웠다. 실험결과 팩트체크는 피험자들의 부정적 광고에 대한 정확성(accuracy), 유용성(usefulness), 어조(tone)에 대한 평가에 영향을 미치는 것으로 나타났다. 또한 사람들이 갖고 있는 성향도 팩트체크의 결과를 수용하는 데 영향을 미치는 것으로 나타났다. 부정성에 대한 관용이 적은 사람들일수록 부정적인 광고가 담고 있는 내용에 대해 부정적으로 팩트체크한 기사를 보고 나면 광고에 담긴 내용에 대해 더 비판적이 되고, 광고에 담긴 내용을 받아들이지 않는 것으로 나타났다. 정치적 소양이 높은 사람일수록 부정적인 광고의 진실성에 대해 도전하는 팩트체크를 보았을 경우, 부정적인 광고를 더욱 부정적으로 보는 것으로 나타났다. 반면 당파성은 팩트체킹의 결과에 통계적으로 유의한 차이를 나타내지 않았다.

팩트체크의 목표는 팩트체크한 결과를 보고 유권자들이 올바른 판단을 하도록 설득하는 데만 있지 않다. 언론인들이 팩트체크를 하는 이유는 팩트체크의 대상이 되는 발언자들, 즉 정치인이나 선출직 공직자들이 자신들의 발언이 팩트체크 되어 부정적인 평가를 얻게 된다면 평판에 손상을 입을 것을 염려해 발언에 경각심을 갖게 될 것이라는 기대에 있다. 나이핸과 라이플러(Nyhan & Reifler, 2015a)는 이러한 가설을 현장실험을 통해 검증해 보았다. 2012년 11월에 치러진 선거를 3개월여 앞두고 연구자들은 9개 주의 주의회 의원 1, 169명을 3개의 실험그룹에 무선배치했다.

처치조건에 배정된 의원들은 팩트체크 기관인 '폴리티팩트'가 의원의 발언을 해당 주에서 팩트체크하고 있으며, 부정적인 팩트체크가 되었을 때 선거나 평판에서 어떤 결과가 초래될 수 있는지, '새빨간 거짓말'로 판정된 사례가 무엇인지 등의 내용을 담은 우편물을 3차례에 걸쳐 받았다. 두 번째로 위약(placebo) 조건에 배정된 의원들은 정치인들의 발언의 정확성을 연구하고 있다는 것을 알리는 우편물을 3차례에 걸쳐서 받았다. 처치조건과는 달리 이 우편물에는 팩트체크에 대한 언급이나 정확하지 않은 발언을 했을 때의 후과 등에 대한 경고는 없었다. 세 번째는 통제조건에 속한 의원들로 어떤 우편물도 받지 않았다. 실험이 진행되고 있다는 것을 의원들이 공유할 수 없도록, 우편물은 회기가 끝난 뒤에 발송됐다.

연구자들은 각각의 그룹에 속한 의원들이 ① 팩트체크 기관인 '폴리티팩트'로부터 부정적인 평가를 받았는가, ② 선거운동 기간에 발언의 정확성에 대해 의구심이 제기되는 보도가 있었는가 등을 종속변수로 확인했다. 결과는 처치그룹의 의원들이 위약이나 통제그룹에 속한 의원들에 비해 통계적으로 유의미하게 사실성에 문제가 있다는 '폴리티팩트'의 평가를 덜 받았고, '폴리티팩트'가 아닌 저자나 언론보도에 의해서도 정확성에 대한 문제제기를 덜 받았다는 것이다. 연구자들은 이러한 연구결과가 처치그룹의 의원들이 위약그룹이나 통제그룹의 의원들보다 발언횟수가 적거나, 보도가 덜 되어서라는 점 때문은 아니라는 것을 밝혔다.

형식적 측면에서 어떻게 하면 팩트체크의 설득효과를 높일 수 있는지에 대한 연구도 진행되어 왔다. 영, 제이미슨, 폴슨, 골드링(Young, Jamieson, Poulsen & Goldring, 2017)은 지면과 비디오(*format*), 유머러스한 스타일과 유머러스하지 않은 스타일(*tone*) 중 어떠한 팩트체크 메시지가 더 설득효과가 있는지를 실험(*N* = 525)을 통해 확인했다. 연구자들은 대부분의 팩트체크가 텍스트와 판정결과를 직관적으로 이해할 수 있는 등급 이미지로 구성되어 있지만, 텔레비전이나 유튜브 등 비디오를 이용한 팩트체크가 점차 확산되고 있는 것에 주목했다. 또한 유머가 메시지에 대한 주목과 흥미는 높이지만, 메시지를 정교하게 논박하는 능력은 떨어뜨린다는 선행연구(Nabi, Moyer-Gusé & Byrne, 2007; Young, 2008)에 근거해 팩트체크가 유머러스하다면 기존의 신념을 교정하는 데 효과적일 것이라는 가설을 세운다. 연구 결과 유머러스한 스타일이든 유머러스하지 않은 스타일이든, 긴 텍스트보다는 비디오의 설득효과가 더 큰 것으로 나타났다. 비디오가 더욱 흥미롭고 내용을 전달하는 데 혼돈을 덜 주었다. 예상했던 것과는 달리 유머의 효과는 발견되지 않았다.

　아마진, 소슨, 무디먼, 그레이브스(Amazeen, Thorsen, Muddiman & Graves, 2018)는 팩트체크 사이트들이 사용하고 있는 직관적인 이미지의 등급표(*rating scale*)가 당파성과 어떻게 상호작용하는지를 온라인실험을 통해 고찰했다. 팩트체크의 포맷이 어떻게 그릇된 신념을 교정하거나 새로운 정보에 대한 당파적 저항을 극복할 수 있을 것인가에 관심을 둔 것이다.

　정치적인 팩트체크 사이트들은 '사실', '거짓', '절반의 사실' 등 판정결과를 직관적으로 보여 주는 시각적인 등급표를 텍스트 기사와 함께 사용하고 있다. 정치학, 커뮤니케이션, 심리학 분야의 선행 연구들은 이러한 시각적인 등급표가 포함될 경우 사람들이 실제로 내용을 읽을 것인지, 읽고 난 뒤에 그 내용을 어떻게 소화할 것인지, 궁극적으로는 오정보에 대한 교정효과가 나타날 것인지에 영향을 준다고 밝히고 있다. 비정치적인 컨텍스트에서는 이러한 시각적 등급표가 교정효과를 높이는 데 효율적이었다. 정치적인 컨텍스트에서는 이러한 등급표가 교정효과를 높이는 데 효과가 없었지만, 그렇다고 해서 자신의 신념과 일치하지 않는 교정내용에 노출됐을 때 기존의 신념을 더욱 강화하는 역효과가 나타나지도 않았다.

이러한 선행연구를 바탕으로 아마진 등은 세 개의 가설을 제시했다. 첫째, 시각적 등급표가 포함되는 것이 없는 것보다 독자의 오지각(misperception)을 줄이는 데 더욱 효과적일 것이다. 둘째, 교정 내용이 독자가 원래 갖고 있는 당파적 믿음과 일치하지 않을 때는 시각적 등급표가 있는 것이 없는 것보다 덜 효과적일 것이다. 셋째, 교정 내용이 독자의 정치적 선유경향(predisposition)을 거스르는 것일 경우, 시각적 등급표가 부가되는 것이 해당 팩트체크를 시행한 기관에 대한 평가를 낮출 것이다 등이었다.

실험 결과 시각적인 등급표는 사람들에게 사안에 대한 이해력을 높이는 데 실제적으로 효과가 있었으며, 특히 비정치적인 주제를 다뤘을 때 그 효과는 더 두드러지게 확인됐다. 이는 비정치적인 주제의 경우 관여도가 낮아 정교화 가능성 모델(ELM, Elaboration Likelihood Model, Petty & Cacioppo, 1986)의 두 개의 경로 중 주변적인 경로를 통해 설득되는 것이라고 해석했다. 그러나 정치적인 주제가 다뤄졌을 때 시각적 판정표의 효과는 다양하게 나타났다. 팩트체크를 통해 발언이 교정된 후보가 지지후보였을 경우는 시각적 판정표가 텍스트와 함께 제시되든, 텍스트만 제시되든 설득에 효과적인 것으로 나타났다. 그러나 발언이 교정된 후보가 반대 진영의 후보였을 경우는 어떤 포맷이든 설득효과가 나타나지 않았다. 이러한 결과가 나타난 데 대해 연구자들은 '천장 효과'(*ceiling effect*) 때문일 것이라고 추론했다. 즉, 반대 진영 후보에 대한 의심의 최저 수준이 자기 진영 후보에 대한 의심의 최고 수준을 상회하기 때문에 설령 반대 진영 후보에 대한 교정이 일어난다 하더라도 이미 해당 후보에 대해서는 진실을 말하지 않는다는 선입견이 형성되어 있어 교정효과가 나타나지 않는다는 것이다.

결과적으로 당파성이 팩트체크 포맷에 관계없이 지속적으로 정치적 교정의 효과를 완화하는 것이 확인된 셈이다. 이 실험결과의 긍정적인 발견이라면 일부 이론적인 예측이나 언론인들의 우려와는 달리 당파성이 있는 사람들에게 자신의 진영 후보들에게 불리한 시각적 등급표가 제시됐을 경우 당파성에 기반을 둔 역효과가 나타나지는 않는다는 것이었다.

한편 나이핸과 라이플러는 2014년 미국 하원의원선거를 계기로 팩트체크의 효과를 선거 전과 후에 걸쳐 다섯 번에 걸쳐 종단연구했다 (Nyhan & Reifler, 2015b). 연구결과는 고무적이었다. 선거 전후로 팩트체크에 노출됐던 사람들은 팩트체크가 제대로 된 정보를 전달한다고 긍정적인 반응을 보였다. 그러나 팩트체커들이 팩트체크의 설득효과를 높이기 위해 유념할 것도 있었다. 첫째, 획득하는 정보의 양이 적고 교육수준이 낮으며 정치적 지식이 적은 사람들은 팩트체크에 대해 덜 긍정적인 태도를 취했다. 또한 팩트체크는 보수적 지지자들에 비해 진보적 지지자들에게 더 호응을 얻었다. 이러한 격차를 어떻게 해소할 것인가가 팩트체커들의 과제로 주어졌다. 또 하나의 과제는 실험과정에서 팩트체크가 아닌 다른 정보가 주어졌을 때, 팩트체크를 읽는 비율이 크게 높지 않았다는 것이었다. 이는 여러 가지 정보가 주어졌을 때 팩트체크를 골라 읽는 경우가 많지 않을 것임을 의미하는 것으로서, 팩트체크에 노출된 후에는 긍정적인 반응을 보인다 하더라도 어떻게 팩트체크까지 다다르게 할 것인가가 팩트체크의 과제임을 보여주는 것이다. 그럼에도 불구하고 나이핸 등은 미국인들이 팩트체크라는 새로운 포맷에 대해 호의적이며 저널리즘에서 이러한 실천이 확대된다면 저널리즘에 혁신을 가져오는 것은 물론 정치인들에게도 좀더 책임 있는 발언을 하게 할 것이라고 낙관했다.

국내에서 백영민과 김선호(2017)는 한국에서 팩트체크가 본격화한 이후 치러진 19대 대선기간 동안 팩트체크 기사를 접했던 유권자의 특성이 무엇인지를 온라인 설문조사를 통해 탐색적으로 살펴보았다. 연구 결과 팩트체크 뉴스 노출에 영향을 미치는 사용자 특성 중 연령, 정치 성향, 가짜 뉴스 심각성 인식의 영향력이 두드러졌다. 첫째, 연령이 높을수록 팩트체크 뉴스를 접할 확률은 감소했다. 이는 대체적으로 연령이 높아질수록 뉴스 소비량이 증가한다는 점을 감안할 때 팩트체크 뉴스에 대한 소비 양태가 일반적인 뉴스와 구분된다는 것을 보여 준다. 둘째, 정치적으로 보수적일수록 팩트체크 뉴스를 접할 가능성이 줄어드는 것으로 나타났다. 셋째, 가짜 뉴스를 심각하게 인식하는 응답자일수록 팩트체크 뉴스에 노출될 가능성이 더 높게 나타났다. 특히, 팩트체크 뉴스 소비에 가장 크게 기여하는 요인은 '가짜 뉴스의 심각성 인식'이었다. 언론인에 대한 부정적 인식은 팩트체크 뉴스 노출에 별다른 영향을 미치지 않아, 언론에 대한 불신이 높은 상황에서 팩트체크 저널리즘이 신뢰의 위기를 돌파할 수 있는 하나의 가능성으로 제시됐다.

백영민 등이 주목한 두 번째 문제는 '팩트체크를 접한 사람에게서 자신에 대한 영향력 인식수준과 타인에 대한 영향력 인식수준은 어떻게 나타나는가'였다. 사람들은 설득적 메시지가 본인보다 제3자에게 더 강한 영향력을 행사한다고 생각하는데(제3자 인식), 특히 메시지가 사회적으로 바람직하지 않을 경우에는 제3자 인식이 나타나지만 긍정적일 경우에는 본인(제1자 인식)에게 더 강한 영향력을 미친다고 인식하는 경향이 두드러진다. 이를 근거로 연구자들은 팩트체크 뉴스의 영향력 인식의 방향성을 통해 뉴스 이용자가 팩트체크 뉴스를 어떻게 바라보고 있는지를 가늠해 볼 수 있다고 추론했다. 연구 결과, 팩트체크 뉴스효과 인식의 경우 제3자 인식이 제1자 인식보다 강하게 나타나는 '제3자 효과'가 확인됐다.

마지막으로 연구자들은 어떤 요인들이 팩트체크 뉴스를 공유하게 하는가에 주목했다. 연구자들은 팩트체크의 영향력에 대한 '제1자 인식'과 '제3자 인식'이 팩트체크 뉴스 공유행동에 어떠한 영향을 미치며, 이 관계는 수용자의 정치성향, 가짜 뉴스에 대한 인식에 따라 어떻게 달라지는가를 검토했다. 연구 결과, 팩트체크 뉴스가 응답자 자신에게 영향을 미쳤다는 제1자 인식이 강할수록 팩트체크 뉴스 공유행동이 더 빈번하게 나타났다. 이는 19대 대선기간의 팩트체크 뉴스 공유는 타자에 대한 우려보다는 정치적 자기표현의 형태로 나타난 것이라고 해석할 수 있게 한다.

또한 김선호와 백영민(2018)은 19대 대선기간 후보자들이 상대 후보에 대해 부정적인 의혹을 제기한 것에 노출됐던 유권자들의 태도가 팩트체크 뉴스 보도를 접한 후에 어떻게 변하였는가를 온라인 실험을 통해 살펴보았다. 제기된 의혹에 대한 피험자들의 주관적 동의 수준이 팩트체크에 노출되고 난 뒤에 어떻게 변화되었는지를 측정한 것이다.

김선호 등은 먼저 팩트체크 뉴스의 사실 여부 판정을 접한 미디어 이용자는 정치적 선유경향(투표를 통해 지지했던 대통령 후보)과 무관하게 팩트체크 뉴스의 판정에 맞게 자신의 입장을 변화시키는지(설득효과) 아니면 정치적 선유경향과 부합할 경우에만 팩트체크 뉴스의 판정을 수용하는지(부메랑효과)를 확인하고자 했다. 또한 연구자들은 대부분의 팩트체크 효과에 대한 연구들이 제기된 주장을 '거짓'으로 판정한 것을 분석대상으로 삼은 것과 달리, 참과 거짓의 어느 쪽도 확정하지 않는 '사실 반 거짓 반'에 대한 이용자의 반응을 살펴보고자 했다.

대선이 끝난 직후 19대 대통령 선거 후보자 득표율을 기준으로 1,092명을 표집해 실험한 결과, 홍준표 후보 지지자를 제외한 대부분의 미디어 이용자가 팩트체크 뉴스에 포함된 판정결과를 수용하는 쪽으로 태도를 바꾸는 설득효과가 발견되었다. 연구자들이 특히 주목한 것은 팩트체크 뉴스의 설득효과가 누가 누구에게 의혹을 제기했는가 하는 정치적 의혹제기 상황('문재인 후보의 홍준표 후보에 대한 의혹 제기', '문재인 후보의 안철수 후보에 대한 의혹 제기', '홍준표 후보의 문재인 후보에 대한 의혹 제기', '안철수 후보의 문재인 후보에 대한 의혹 제기')이나 미디어 이용자의 정치성향에 상관없이 비슷한 양상으로 나타났다는 것이었다. 이는 한국의 미디어 이용자에게 팩트체크 뉴스가 미치는 영향이 부메랑효과보다는 설득효과에 가까움을 드러낸 것이지만, 연구자들은 이러한 결과가 나온 것에 대해 유보적인 해석을 내린다. 즉, 실험자극으로 택한 정치적 의혹이 미디어 이용자의 정치적 신념이나 정체성에 도전하는 필수적 정치 정보가 아니기 때문에 팩트체크 뉴스의 판정에 대해 심리적 저항을 느끼지 않았을 가능성이 높다는 것이다.

한편 정치적 의혹에 대해 '사실 반 거짓 반'으로 판정한 팩트체크 뉴스의 효과는 '거짓'으로 판정한 팩트체크 뉴스의 효과에 가깝게 나타났다. 이에 대해 김선호 등은 같은 양의 정보라도 사람들이 부정적인 정보에 더 크게 영향을 받는다는 부정성 편향(negativity bias)을 이유로 추론했다. 마지막으로 홍준표 후보 지지자의 경우 팩트체크 뉴스에 거의 영향을 받지 않았는데, 이는 진보적 유권자에 비해 보수적 유권자에게서 심리적 저항이 더 강하게 나타난다는 해외 연구결과와 일치하는 것이었다.

앞서 레완도우스키 등(2012)의 연구에서 확인할 수 있었듯이 사람들은 자신들이 그릇되게 알고 있는 정보를 교정하는 정보가 입력됐을 때 이를 수용하기만 하는 것이 아니라 오히려 기존의 그릇된 믿음을 강화하기도 한다. 이러한 역효과를 보고한 것으로 두드러지는 것은 나이핸과 라이플러(Nyhan & Reifler, 2010)의 연구다. 이들은 실험참여자들이 기존에 갖고 있던 신념체계를 지키는 방향으로 정보처리 과정을 편향되게 할 수 있다는 것을 염두에 두었다. 편향된 정보처리 과정으로서 첫 번째는 자신의 신념체계에 반하는 정보는 회피하고 이를 강화하는 정보를 선별적으로 찾는 것이다(Taber & Lodge, 2006). 이에 기반을 두고 나이핸 등은 사람들이 자신의 기존의 신념과 일치하는 정보를 맞닥뜨렸을 때보다 어긋나는 정보에 맞닥뜨렸을 때 반대되는 견해를 더욱 강하게 생성하게 될 것이라고 가설을 세운 뒤 이를 역효과라고 개념화했다.

자신들의 주장을 검증하기 위해 이들은 세 개의 가설을 세웠다. 첫째, 잘못된 인식에 대한 교정효과는 실험 대상자의 이데올로기에 의해 조절될 수 있다. 둘째, 집단적으로 잘못된 이해를 공유하고 있는 그룹에서는 교정이 실패할 수 있다. 셋째, 둘째의 그룹과 관련하여, 어떤 경우에는 교정과 잘못된 인식 사이에 강한 상호작용이 발생함으로써 이데올로기적으로 동질적인 그룹에서 잘못된 인식이 더 확대될 수 있다는 것이었다.

세 개의 가설을 각각 이데올로기적 상호작용, 교정에 대한 저항, 교정에 대한 역효과라고 이름붙인 이들은 ① 이라크가 대량살상무기(WMD)를 갖고 있다는 주장, ② 부시 정부의 세금인하 정책이 경제성장을 가져와 실제로는 세수가 늘어났다는 주장, ③ 부시 행정부가 줄기세포 연구를 중지시켰다는 민주당 의원들의 주장 등 세 가지를 주제로 가상의 뉴스를 작성해 실험자극으로 삼아 결과를 살폈다. 세 개의 실험자극들은 모두 오류로 판명된 것으로서 앞선 두 개는 보수적인 정치관을 가진 쪽에서 동의하는 내용이고, 세 번째는 민주당 성향의 지지자들이 흔히 갖는 잘못된 인식이었다. 실험결과 응답자의 이데올로기적인 편향에 따라 교정효과가 현저히 다르게 나타난다는 것이 확인됐다. 이보다 더욱 부정적인 결과는 이데올로기적으로 동질적인 그룹에서 잘못된 인식이 더욱 강화된다는 것이었다. 이 연구결과는 팩트체크를 통해 주어지는 교정된 정보는 잘못된 원래의 인식을 바꾸는 데 실패할 수 있을 뿐만 아니라 원래의 인식을 더욱 강화하는 방향으로 귀결될 수 있다는 가능성을 제시했다.

기존에 갖고 있던 정치적 귀속(*affiliation*)이 교정효과에 영향을 미친다는 점은 잘먼(Jarman, 2016)의 연구에서도 확인됐다. 잘먼의 경우는 기존의 정치적 귀속에 더해 팩트체크의 판정 정도의 차이가 교정효과에 미치는 영향까지를 추가적으로 살폈다. 오바마 대통령의 이민정책 개혁안에 대한 발언을 검증문으로 제시해 실험 참가자 전원을 노출한 뒤 이 중 한 그룹에는 이를 '거짓'으로 판정한 팩트체크 기관의 해석을 보여 주고 나머지 한 그룹에는 '사실 반 거짓 반'으로 판정한 분석을 보여 준 뒤 결과를 측정했다.

주어진 검증문을 사실과 거짓으로 판단하는 첫 번째 단계의 질문에서는 피험자들이 갖고 있던 원래의 정치적 귀속에 따라 통계적으로 의미 있는 차이가 나타났다. 즉, 민주당 지지자들은 오바마 대통령의 이민정책에 대한 발언을 사실이라고 인식한 반면, 공화당 지지자들은 거짓이라고 답변하는 경향이 강했다.

다음 단계로 피험자의 정치적 성향과 검증문에 대한 팩트체커의 판정이 '거짓'과 '사실 반 거짓 반'으로 제시되었을 때의 결과는 나이핸과 라이플러(Nyhan & Reifler, 2010)의 실험에서와 마찬가지로 팩트체크의 판정결과에 따라 기존에 갖고 있던 잘못된 인식이 교정되기보다는 오히려 이를 강화하는 방향으로 나타났다. 즉, 민주당 지지자들은 오바마 대통령의 발언이 '거짓'이라고 판정되었을 때도 당초의 발언이 참이라고 믿는 결과가 오히려 강화되는 것으로 나타났다. 이는 기존의 당파성이 그대로 유지되는 한 팩트체크의 교정효과가 이로 인해 제한될 수 있다는 부메랑효과를 확인해 준다. 또한 자신의 신념체계를 그대로 유지하려는 성향을 갖고 있는 사람들에게 '사실 반 거짓 반'의 판정은 자신의 신념이 일부일지라도 사실이라고 확인된 것으로 간주돼 잘못된 정보에 대한 자신의 기왕의 믿음을 더욱 강화하는 것으로 나타났다.

정치적 성향에 따라 팩트체크에 대해 상이한 반응을 보이는 것은 어떤 팩트체크를 공유하는가에서도 드러났다. 신과 소슨(Shin & Thorsen, 2017)은 트위터 이용자들이 어떤 팩트체크를 공유하며 팩트체크의 판정에 대해 어떤 댓글을 다는지를 분석한 결과 당파성에 따라 선택적 공유(selective sharing)가 일어난다는 사실을 확인했다. 신과 소슨은 대선이 치러졌던 2012년 10월 '팩트체크닷오알지'와 '폴리티팩트', 〈워싱턴포스트〉의 '팩트체크' 등 미국의 3대 팩트체크 기관의 트윗을 트위터 유저들이 어떻게 공유하고 댓글을 달았는지를 분석했다. 당파성이 강한 사람들은 자신이 지지하는 후보에게 유리하고 반대 후보에게 불리한 팩트체크를 공유함으로써 이념적으로 편협한 팩트체크를 지지자들에게 확산하고 있었다. 신 등은 이러한 선택적 공유가 일어나는 이론적 근거를 사회적 정체성 이론(SIT, Social Identity Theory, Tajfel & Turner, 1979)에서 찾았다. 인종이나 종교, 정파 등 자신이 속한 사회집단을 지시하는 자극에 노출되었을 때, 사람들은 자신과 타인을 내집단(ingroup)과 외집단(outgroup)으로 나눠 내집단에 대한 호의, 외집단에 대한 차별을 드러낸다. 이런 맥락에서 당파성이 강한 사람들이 내집단에 호의적인 팩트체크 메시지를 공유하는 것은 자기 그룹을 지지하는 행위라는 것이다.

팩트체크 메시지에 대한 선택적 공유가 갖는 함의는 첫째, 당파성을 가진 사람들에게는 팩트체크 메시지조차 자신이 속한 집단을 지지하고 상대 그룹을 깎아내리는 도구로 활용될 수 있다는 점이다. 지금까지 선택적 노출(selective exposure, Stroud, 2008)은 매체의 편향성에 따라 이를 선택적으로 소비하는 것에 집중해 왔지만, 당파성이 강한 사람들은 편향되지 않은 매체에서 생산된 메시지조차 선별적으로 골라 자신의 소셜네트워크에 가시화했다. 즉, 미디어 소비자 자신이 자신의 트위터 팔로워들에게 당파적인 정보원으로 역할을 하는 것이다.

또한 팩트체크를 리트윗하고 댓글을 다는 사람들은 일반적으로 정치적 의견을 트윗하는 이용자들에 비해서 더 역동적이라는 사실이 확인됐다. 팩트체크에 댓글을 달고 이를 공유하는 트위터 이용자들의 팔로워 총수가 78,726,217인 데 비해 3대 팩트체크 기관의 팔로워 총수는 222,513에 그쳤다. 이는 팩트체크 메시지를 트위터에서 확인하는 사람들 중 팩트체크 기관을 직접 팔로우해서 결과를 확인하는 사람들보다는 자신이 지지하는 후보에게는 유리하고 반대하는 후보에게는 불리한 팩트체크를 선택적으로 공유한 다른 트위터 이용자들을 통해서 그 결과를 접하는 사람들이 더 많을 수 있다는 것을 의미한다.

한편 우드와 포터(Wood & Porter, 2018)는 10,100명을 대상으로 52개의 정치적 이슈를 제시하고 이에 대한 팩트체크에 노출했을 때 역효과가 나타나는지를 고찰해본 결과 발견되지 않았다며 나이핸과 라이플러(2010)의 역효과 주장을 반박했다. 우드와 포터는 자신이 갖고 있는 믿음에 배치되는 정보가 제시되었을 때 이를 반박한다는 것은 자신이 기존에 갖고 있던 믿음에 배치되는 정보를 받아들이는 것보다 더 많은 인지적 노력(cognitive effort)을 필요로 한다는 점을 역효과가 나타나지 않는 근거로 제시했다. 이는 일찍이 리프먼(Lippmann, 1922)이 사람들은 인지적 노력을 기울이지 않고 이를 피하는 영리한 전략을 편다고 갈파했던 것을 이론적으로 계승한 것이다. 우드와 포터는 사람들은 자신의 기존 견해와 맞지 않는 교정이 일어났을 때 인지적 노력을 기울여 이에 대해 반박하기보다는 교정을 무시하거나 무기력하게 받아들인다고 주장했다.

우드와 포터는 나이핸 등(2010)이 실험에 사용했던 대량살상무기에 대한 발언 등을 먼저 보여 준 뒤 이를 교정하는 사실을 보여 주고 교정된 사실에 동의하는지 여부를 질문했다. 발언한 정치인은 민주, 공화 양당의 인물들을 포괄했다. 그 결과 민주당 지지자, 공화당 지지자, 중도 모든 그룹에서 교정된 사실을 지지하는 결과가 나타났으며, 특정 당 지지자에서 교정된 사실에 더 반박하는 경향도 드러나지 않았다. 이러한 결과를 바탕으로 우드와 포터는 사람들이 교정된 사실에 노출됐을 때 자신의 이데올로기보다는 사실적 정보(factual information)에 주의를 기울인다고 주장했다.

우드와 포터의 실험 디자인에서 나이핸 등의 연구와 첨예하게 달랐던 것은 실험 참가자의 인구학적 특징이다. 역효과를 발견했던 나이핸 등(2010)의 실험이 대학생 응답자를 대상으로 했던 것과는 달리 우드와 포터는 아마존이 제공하는 메커니컬 터크(Mechanical Turk)[8]를 피험

---

8) 아마존이 개발한 크라우드소싱 장터(market place)로, 특별한 과제를 수행하기 위해 인간의 지적능력을 사고판다. 현재 수준에서 컴퓨터가 해결하기 어려운 과제를 의뢰자(requester)가 제시하면, '터커스'(turkers)라고 불리는 3만여 명의 노동자들이 이를 집단적으로 해결한다. 터커스들은 데이터 클리닝이나 데이터 검증 등의 작업을 수

자군으로 이용했다. 우드와 포터는 대학생 피험자들이 인구집단 중 특별히 인지적 노력을 기울이는 집단이라는 점이 역효과의 측정을 가능하게 했을 것이라고 추론했다.

## 가짜 뉴스(fake news) 논란

2016년 트럼프 미국 대통령 당선 이후 가짜 뉴스는 세계적인 유행어가 되었다. 세계 각국에서 가짜 뉴스가 자국의 민주주의 실행을 저해하고 공적 가치를 훼손하고 있다는 위기감이 증대되었다. 가짜 뉴스는 특히 전 세계적으로 보수와 진보로 양극화된 상황에서 선거 국면에 급증하는 양상을 보인다. 특정한 정치세력의 이해를 대변하는 가짜 뉴스는 유권자들이 올바른 판단을 내리는 데 장애로 작용하여 민주주의를 위협하고 있다.

  2016년 미국 대선이 끝난 이후 앨콧과 겐츠코(Allcott & Gentzkow, 2017)는 미국 대선기간 도널드 트럼프 후보, 힐러리 클린턴 후보와 관련해서 만들어지고 확산됐던 156개 가짜 뉴스의 목록을 작성한 뒤 2016년 12월까지 이 뉴스들이 페이스북에서 공유된 총 횟수를 집계했다. 결과는 친 트럼프(반 클린턴 포함)가 115개, 친 클린턴(반 트럼프 포함)이 41개였고 친 트럼프 성향의 가짜 뉴스는 페이스북에서 약 3천만 회 공유됐고, 친 클린턴 성향의 가짜 뉴스는 약 760만 회 공유된 것으로 나타났

---

행한다.

다. 연구자들은 공유횟수와 웹 브라우징 데이터, 선거 후에 실시한 설문을 종합해 선거기간 중 미국 성인이 가짜 뉴스를 최소 한 건 이상 보고 기억했을 것이라고 추정했다.

그러나 문제는 가짜 뉴스라는 단어가 과연 인터넷공간을 중심으로 생산 유포 확산되는 허위 정보와 오정보를 지칭하기에 적당한 것인가라는 개념규정의 혼란에 있다.

국내에서 박아란(2017: 68)은 "허위의 사실관계를 고의적, 의도적으로 유포하기 위한 목적으로 기사 형식을 차용하여 작성한 것"이라고 가짜 뉴스를 정의하며, 황용석과 권오성(2017)도 "상업적 또는 정치적 목적에서 타자를 속이려는 의도가 담긴 정보, 수용자가 허구임을 오인하도록 언론보도의 양식을 띤 정보, 사실검증이라는 저널리즘의 기능이 배제된 가운데 사실처럼 허위 포장된 정보" 등을 가짜 뉴스로 정의하고 있다. 오세욱·정세훈·박아란(2017: 22)은 "원본과 작성 주체의 불명확성이라는 특성을 감안해 그 강도에 상관없이 정치적·경제적 목적으로 거짓 내용을 작성하고, 독자를 기만할 목적으로 뉴스 형식을 차용한 거짓 정보로서 이용자가 믿을 수 있는 뉴스 형식을 갖춰 한눈에 전체 내용을 파악할 수 없는 소셜미디어, 모바일 메신저 등 유통 플랫폼을 통해 콘텐츠 확산을 의도한 뉴스 형식의 정보"라고 가짜 뉴스를 정의한다.

가짜 뉴스는 크게 두 가지의 핵심적인 구성요건을 가진다. 첫째는 정보의 허위성(*falsity of information*)이며, 둘째는 오인하게 하려는 의도(*intention to mislead*)다(Allcott & Gentzkow, 2017). 그러나 이러한 기준을 설정한다고 해서 가짜 뉴스의 규정이 쉬운 것은 아니다.

2013년부터 2017년까지 가짜 뉴스를 연구대상으로 삼은 논문 34편을

〈표 6-1〉 가짜 뉴스의 개념 유형 분류

| 사실성의 수준 | 뉴스 저자의 속이려는 의도 | |
| --- | --- | --- |
| | 높음 | 낮음 |
| 높음 | 네이티브 광고, 선동 | 뉴스 풍자 |
| 낮음 | 조작, 위조 | 뉴스 패러디 |

출처: Tandoc Jr., Lim & Ling, 2018.

분석해 가짜 뉴스의 유형을 분류한 탄독, 림, 링(Tandoc Jr., Lim & Ling, 2018)은 학술적으로도 가짜 뉴스에 대해 최소한 6가지의 정의가 존재한다는 것을 드러냈다(〈표 6-1〉 참조).

탄독 등(2018: 147)에 따르면 연구자들은 뉴스 풍자(news satire), 뉴스 패러디(news parody), 위조(fabrication), 조작(manipulation), 광고나 홍보(advertising and public relations), 선동(propaganda)을 모두 가짜 뉴스 범주에 넣었다. 이 6가지의 분류는 사실성(facticity)과 속이려는 의도(intention to deceive)의 정도의 높고 낮음에 따라 연속적으로 존재하는 것이지 별개의 영역으로 구분될 수 있는 것이 아니었다. 그나마 6가지 유형의 공통점이라고 할 수 있는 것은 진짜 뉴스처럼 보이기 위해 그 느낌과 외양을 전용한다는 것이었다.

엄정한 개념정의가 요구되는 학술논문에서조차 가짜 뉴스의 정의가 합의되지 않는 이러한 현실 때문에 최근에는 가짜 뉴스가 무엇인가라는 개념적 정의를 내리려는 시도보다는, 이 용어 사용 자체를 중지하고 허위 정보라는 단어를 대신 쓰는 실천이 잇따르고 있다.

일례로 EU에서는 역내 고위전문가그룹(High Level Group of Experts)을 구성해 허위 정보에 대해 실천적인 개념규정을 했다. EU 집행위(EU

Commission)는 허위 정보란, ① 경제적 이익을 얻거나 고의적으로 공중을 속이기 위해 만들어져 제시되고 유포된 정보, ② EU시민의 건강과 환경, 안전을 보호하는 등의 공익과 더불어 민주주의의 정치적 과정 및 정책 입안 과정을 위협하려 하는, 공익에 해를 끼칠 수 있는 정보라고 규정했다.

그러나 EU집행위는 허위 정보에 언론의 오보, 풍자 및 패러디, 혹은 당파적인 뉴스나 의견은 포함되지 않는다고 명시했다. 이러한 영역들을 허위 정보로 규정할 경우 표현의 자유와 언론 자유를 침해하는 것은 물론이며, 시민들이 각자의 의견을 갖고 이를 주고받을 수 있는 헌법적 권리를 침해하는 것이기 때문이다(European Commission, 2018).

가짜 뉴스의 개념규정 문제에 관한 논의에 더하여 가짜 뉴스에 관해 이루어진 연구들은 가짜 뉴스가 전파되어 나가는 경로의 문제와 가짜 뉴스를 믿거나 공유하게 만드는 요인에 관한 것들이다.

신, 지안, 드리스콜과 바(Shin, Jian, Driscoll & Bar, 2017)는 2012년 미국 대선기간 13개월 이상 트위터에서 활발하게 유통됐던 17개의 정치 관련 소문(*rumor*)의 트윗을 추적해(*N* = 274, 416), 시간적인 패턴(*temporal pattern*), 콘텐츠 변이(*contents mutation*), 오정보의 원천(*source of misinformation*) 등을 탐색했다. 17개의 소문 중 4개는 진실, 13개는 거짓이었다.

연구 결과 진짜 소문은 반복의 경향을 보이지 않았지만 가짜 소문은 주기적으로 반복됐다. 이러한 패턴은 최초에 가짜 소문을 퍼뜨린 정보 제공자가 영향을 끼치기 위해 주기적으로 정보를 재유통하는 것으로 해석할 수 있으며, 결국 주기적인 재유통의 목적은 이러한 소문의 확산이 선거운동의 일환이라는 것을 방증하는 것이라고 연구자들은 해석했다.

연구자들은 가짜 소문의 경우 주기적 확산이 이뤄지는 이유에 대해 세 가지 해석을 내놓았다. 첫째, 소문의 확산자들이 보았을 때 뚜렷한 증거가 없는 가짜 소문은 확산되기 위해 더 많은 '부양'(promotion)을 필요로 하기 때문이다. 둘째, 확산자들이 보기에 진짜 소문은 이미 주요 언론사들에 의해 충분히 알려졌기 때문에 더 이상 확산할 필요가 없지만, 가짜 소문의 경우 존재가 알려지지 않은 웹사이트들을 통해서 유통되기 때문에 이러한 정보가 확산되려면 주기적으로 이를 재생할 필요성을 느끼는 것으로 해석할 수 있다. 내용면에서 주목할 것은 가짜 소문이 반복해서 유통될 때 최초의 내용에 조금씩 새로운 내용이 더해진다는 것이다. 소문이 반복될수록 내용은 더 과장되며 공격적으로 변화했다. 마지막으로, 가짜 소문의 주요 발원지는 이른바 가짜 뉴스 사이트로 알려진 다수의 뉴스 사이트들이며, 이들은 일종의 '루머 기업'(rumor entrepreneurs)으로서 단순히 소문을 반복할 뿐만 아니라, 이미 화제에서 사라진 소문을 다시 이끌어 내 생명을 부여하기도 했다. 그러나 가짜 뉴스 사이트보다 소문의 유통에 더 결정적 역할을 하는 것은 영향력 있는 트위터 이용자들이었다.

가짜 뉴스에 노출되는 것과 가짜 뉴스를 수용하는 것을 포괄적으로 접근해야 한다는 시각도 제기됐다. 노성종·최지향·민영(2017: 118)은 "가짜 뉴스에 노출됐고 이를 사실이 아닌 것으로 부정하지 못한 상황"을 '가짜 뉴스 효과'라고 정의했다. 같은 맥락에서 '실제 뉴스 효과'는 사실에 기초한 뉴스에 노출됐으면서 동시에 이를 사실로 받아들이는 것이다.

가짜 뉴스 효과의 조건을 탐색하기 위해 연구자들은 2017년 제19대 대통령 선거 전후로 2차례의 전국 규모 온라인 패널조사(1차, $N = 1,000$; 2차, $N = 769$)를 실시했다. 응답자들에게 대선기간 유통됐던 실제 뉴스와 가짜 뉴스 총 10건을 보여 준 뒤 이를 얼마나 사실로 받아들이는가를 질문했다. 연구자들은 가짜 뉴스 수용에 주로 작용하는 요인들로는 유권자의 정치심리적 성향(후보자 호감도 및 정치이념성향, 정치지식, 언론 신뢰도)을 고려했으며, 가짜 뉴스 노출에 작용하는 요인들로 다양한 선거 커뮤니케이션 행위(온라인 선거정보 이용, 소셜미디어상에서 이견회피 행위, 사실확인 행위, TV토론회 시청)를 고려했다.

　주요 연구결과를 보면, 첫째, 다당 구도로 치러진 19대 대선에서 이념적 성향보다는 후보자 호감도가 가짜 뉴스 효과의 주요 원인으로 작동한 가운데, 후보자 호감도는 해당 후보에게 유리한 방향으로 가짜 뉴스 효과를 낮추거나 높인 것으로 나타났다. 즉, 특정 후보에 대한 호감도가 높을수록 그 후보에게 불리했던 가짜 뉴스 효과는 감소했고, 유리했던 가짜 뉴스 효과는 증가했다. 이는 유권자들이 자신의 정치적 선호도에 따라 가짜 뉴스의 정파적 유불리성을 적극적으로 판단했다는 것으로서 동기화 추론(motivated reasoning)이 작동했음을 시사한다. 둘째, 독특하게 나타난 것은 응답자의 정치지식이 실제 뉴스 효과뿐만 아니라 가짜 뉴스 효과도 제고하는 것으로 나타났다는 점이다. 셋째, 카카오톡, 라인 등 모바일 메신저를 통해 선거정보를 접할수록 가짜 뉴스 효과가 높아진 것으로 나타나 이들이 가짜 뉴스 유통의 주된 채널로 작동했음을 간접적으로 보여 줬다. 넷째, 소셜미디어상에서 이용자가 정치적 이견을 회피함으로써 커뮤니케이션의 동질성과 폐쇄성을 추구할수록 가짜 뉴스 효과가 상승했으며 실제 뉴스 효과는 감소했다. 다섯째, 유권자의 사실확인 행위의 효과는 구체적인 방법에 따라 차별적으로 나타났는데, 기사의 출처를 확인하는 방법이 가짜 뉴스 효과를 감소시키는 데 상대적으로 더 유효했으며, 지인에게 가짜 뉴스의 사실성을 확인하는 행위는 오히려 가짜 뉴스 효과를 높이는 경향을 보였다. 흥미로운 것은 가짜 뉴스 현상의 원인의 하나로 지목되어 온 언론 불신이 가짜 뉴스 효과를 높이거나 실제 뉴스 효과를 낮추는 결과는 관찰되지 않았다는 것이다.

가짜 뉴스를 믿게 되는 메커니즘을 규명하고자 한 염정윤·정세훈 (2018)도 동기화 추론을 이론적 근거로 삼았다. 특히, 동기화 추론이 제시하는 인지적 처리과정 중 옳거나 최상의 결론에 도달하고자 하는 정확성 목표에 비해 자신이 원하는 결론을 미리 결정한 후 그것을 유지하고자 하는 방향성 목표에 주목했다. 정확성 동기보다 방향성 동기가 강할 경우 자신의 본래 신념과 일치하는 정보는 높이 평가되고 일치하지 않는 정보는 폄하된다. 가짜 뉴스를 둘러싼 현상을 둘러보더라도 메시지에 담긴 주장의 진위를 검증하여 판단하는 것이 아닌 기존의 신념에 비추어 유리한 정보는 신뢰하고 불리한 정보는 가짜 뉴스로 치부해 버리는 것을 편향적 정보처리의 결과라고 볼 수 있다는 것이다.

염정윤 등은 신념 일치 여부가 가짜 뉴스에 대한 태도에만 영향을 미치는 것이 아니라 팩트체크의 설득효과에도 영향을 미칠 것이며 이러한 상황에서 팩트체크 효과를 극대화하는 전략을 도출하기 위해 팩트체크 주장의 품질(근거자료 제시 유무), 팩트체크 정보원 우호도, 기존 신념의 세 변인이 결합하여 어떠한 상호작용을 만들어 내는지를 탐색했다.

실험연구($N = 446$) 결과, 사람들은 자신의 기존 신념과 일치하지 않는 뉴스를 가짜 뉴스라고 인식하는 정도가 증가하였고 뉴스 전파 의도는 감소하였다. 팩트체크 효과의 경우 자신의 신념과 일치하는 가짜 뉴스에 대한 팩트체크의 경우는 정보원 우호도와 관계없이 강한 주장의 설득효과가 나타나지만, 신념과 일치하지 않는 가짜 뉴스의 경우는 우호적 정보원의 강한 주장에 대해서만 긍정적인 평가를 내리는 것으로 나타났다.

장과 김(Jang & Kim, 2018)은 사람들이 가짜 뉴스의 효과에 대해 어떻게 인식하는가에 대해 제3자 인식(TPP, Third Person Perception)을 이론적 틀로 규명했다. 전국 단위의 설문조사 결과($N = 1,299$), 사람들은 자신이나 자신이 속한 내집단보다 외집단의 사람들이 가짜 뉴스에 더 쉽게 영향 받을 것이라고 인식하고 있었다. 이러한 제3자 인식은 당파성이 강할수록 더 커졌다.

이러한 결과의 함의는 두 가지로 볼 수 있다. 첫째, 자신이나 내집단의 사람들은 가짜 뉴스에 영향을 받지 않는다고 생각하기 때문에 정보의 실제 사실성 여부와는 관계없이 자신들이 유통하는 정보는 사실이라고 믿을 수 있다는 것이다. 둘째, 가짜 뉴스를 막기 위해 어떤 대안이 효과적인가 하는 데 대한 시사점이다. 제3자 인식이 강한 사람일수록 가짜 뉴스에 대해 효과적인 대응책이 마련되어야 한다는 인식도 높았다. 그러나 그 방법에 대해서는 복합적인 반응이 나타났다. 즉, 제3자 인식이 강한 사람들은 법에 의한 제재에는 부정적인 반응을 나타냈다. 대신 미디어 리터러시를 통한 가짜 뉴스 억지에 대해서는 긍정적인 반응을 나타냈다. 이에 대해 연구자들은 제3자 인식을 가진 사람들이 자신을 포함해 모든 사람의 표현의 자유를 억제하는 규제책보다는, 자신이 아닌 제3자의 교정을 목표로 하는 미디어 리터러시 교육을 지지하는 것이라고 해석했다.

## 팩트체크에 대한 테크놀로지적 접근

팩트체크가 허위 정보를 걸러 내는 대안으로 모색되지만, 쏟아져 나오는 허위 정보를 인간이 일일이 감별해 내는 것은 역부족이다. 이러한 한계로 인해 기술의 조력을 받는 팩트체크가 다양한 방식으로 모색되고 있다. 즉, 컴퓨터 등 기술의 힘을 빌려 자동으로 사실을 확인하려는 시도들이 축적되고 있는 것이다.

장 등은(Jang et al., 2018) 네트워크 분석을 통해 가짜 뉴스의 출처, 생산자, 진화양상을 추적하는 연구를 진행했다. 이들은 이른바 '진화나무분석'(*evolution tree analysis*)이라는 기법을 동원해 2016년 미국 대선 기간 유통된 30개의 사실 뉴스 트윗과 30개의 가짜 뉴스 트윗의 출처와 생산자, 진화양상을 고찰했다. 분석 결과, 30개의 가짜 뉴스 트윗은 대부분 보통 사람들에 의해서 생산됐다. 그러나 주목할 것은 이러한 가짜 뉴스 트윗의 절반은 가짜 뉴스 웹사이트에서 기원한다는 것이다. 즉, 가짜 뉴스 웹사이트에서 가짜 뉴스를 본 보통 사람들이 이를 트위터에 유포하는 것이라고 볼 수 있다. 진화양상을 보았을 때 사실 뉴스는 확산의 폭이 넓은 데 비해 가짜 뉴스는 확산이 깊게 이루어졌다. 확산이 깊게 이루어진다는 것은 여러 번의 수정이 발생한다는 것을 의미한다.

또한 사실 뉴스는 사실이 밝혀진 즉시 넓게 확산되지만 가짜 뉴스는 사실 뉴스에 비해 확산의 속도가 늦고 확산될 때도 확산자의 개인적인 의견을 부가하여 이루어진다. 이는 결과적으로 가짜 뉴스의 경우는 여러 번의 변이를 거쳐 사실 뉴스보다 더 오래 지속적으로 재생된다는 것을 의미한다고 연구자들은 분석했다.

자동화된 팩트체킹의 선두에 선 연구 중 하나는 '클레임버스터'다. 2014년부터 이 팩트체크 플랫폼의 개발작업에 참여해 온 하산, 아슬란, 리와 트레메인(Hassan, Arslan, Li & Tremayne, 2017)은 '클레임버스터'의 효용성에 관해 2016년 미국 대선을 사례로 연구했다. '클레임버스터'는 기계 학습, 자연어 처리, 팩트체크를 돕는 데이터베이스 조회(query) 기술을 이용한다. '클레임버스터'는 인터뷰나 발언, 토론 등의 실제 대화를 모니터링하며, 팩트체커들이 사실검증을 해 놓은 데이터베이스에서 이러한 실제 대화와 짝을 이룰 만한 내용, 즉 검증할 만한 근거자료가 무엇인지를 탐지하고, 이렇게 짝이 이뤄졌을 경우 그 결과를 즉시 독자나 시청자들에게 전달한다.

2016년 대선 토론을 사례로 전문적인 팩트체커가 사실검증을 한 것과 '클레임버스터'의 기능을 비교했을 때, 전문적인 팩트체커들이 검증을 해야 할 필요성이 있다고 선택한 사실들과 선택하지 않은 사실들에 대해 '클레임버스터'도 인간 팩트체커가 선택한 사실들을 더 많이 고르고 선택하지 않은 사실들은 더 적게 고르는 일관성이 발견됐다. 이 경향은 통계적으로 유의미했다. 그러나 더 많은 정치적 담론이 오가는 소셜미디어에서는 여전히 인간 팩트체커의 검증 대상 선정과 '클레임버스터' 사이에 불일치가 많아 알고리즘 개선의 필요성이 드러났다.

오세욱(2017)은 자동화된 사실확인 기술들이 어떠한 방식으로 작동하고 있는지를 지식 기반 방식, 맥락적 방식, 형식 기반 방식, 기계 학습 방식 등 네 가지 유형으로 구분해 정리했다. 지식 기반 방식은 가능한 많은 정보 및 문서들을 확보한 후에 새로 등장한 팩트와 비교해서 팩트 여부를 확인하는 방식이다. 구글의 '지식 금고'가 대표적이라고 할 수 있다. 그러나 이 방식에서는 기존의 지식 베이스에 없던 전혀 새로운 사실이 나올 경우에는 사실확인이 불가능하다는 난점이 있다. 맥락적 방식은 위키피디아, SNS 등 소셜네트워크 상에서 정보가 확산되는 과정을 분석해 관련 내용의 팩트 여부를 확인하는 것으로 인디애나대 연구팀이 제시한 '지식 그래프'가 대표적이다. 그러나 이 방식은 사실 자체를 확인하는 것은 아니라고 할 수 있다.

형식 기반 방식은 각 장르별 텍스트의 유형을 구분해 사실 여부를 확인하는 것이다. 즉, 특정 형식을 충족하는지 여부를 통해 자동으로 사실 여부를 확인하는 것이다. 구글의 팩트체크 표식(label)이 대표적이며 구글은 이 표식을 인간의 수작업이 아닌 클레임 리뷰 마크업이라는 일정 형식을 통해 구현한다. 기계 학습 방식은 사실에 대해 인간이 알고 있는 바를 수학적 모델로 구성해 이를 기계가 학습하게 한다. 반복적 학습을 통해 새로운 내용이 나올 경우 기계가 자동으로 사실 여부를 판단하도록 하는 것으로 미국 텍사스대, 듀크대, 스탠퍼드대 연구진과 구글 리서치 팀이 공동으로 진행 중인 '클레임버스터'가 대표적 사례다.

오세욱은 현재 단계에서 자동화된 사실확인 기술들은 방대한 정보의 빠른 처리를 통해 인간의 최종적인 사실확인을 도와주는 수준이며 단지 기계적으로 처리했다고 해서 그 내용이 초당파적이거나 사실임을 입증하지는 않는다는 점을 강조한다. 기계 또는 기술이 수행한 결과에 대해서도 사실확인이 필요하며 그 방안으로서 기술의 투명성이 필요하다는 것이다.

자동 사실확인 기술을 위해 선결되어야할 것은 알고리즘이 사실이라고 인지할 수 있도록 하기 위해 기사가 일정한 형식적 구성요건을 갖추는 것이다. 오세욱·황구현(2018)은 한국의 팩트체크 데이터베이스라고 할 수 있는 'SNU 팩트체크' 데이터를 해외의 사례와 비교검토했다. 비교사례는 구글 뉴스의 팩트체크에 사용되는 클레임 리뷰 마크업, BBC의 스토리라인 온톨로지(Storyline Ontology), '투명성 선언'(Transparency Initiative)[9]의 hnews 마이크로 포맷 등이었다.

미국의 우수 저널리즘을 위한 프로젝트(PEJ, Project for Excellence in Journalism)가 투명 취재원 4개 이상 포함, 복합적 관점이 제시된 기사, 이해 당사자가 4개 이상 포함된 기사 등을 최고 수준의 기사라고 판단하는 사례에서 볼 수 있듯이 자동화된 사실확인 기술들은 품질 높은 기사들이 가져야 할 요건들을 기술적으로 미리 규정하고 이를 충족하고 있는지를 확인해, 보다 사실에 근접한 내용이라고 판단한다. 일례로 구글의 클레임 리뷰 마크업은 총 97개의 요건을 제시한다. 사건 발생시간, 출처 정보, 등장인물, 수정 내역, 식별자, URL 등이 담겨 있어야 한다. 이는 컴퓨터가 스스로 내용을 읽고 사실인지 여부를 판단하는 수

---

9) 영국의 공익단체인 미디어 스탠더즈 트러스트(Media Standards Trust)가 2006년 출범 당시 컴퓨터과학자 팀 버너스리와 공동으로 제안했다. 온라인 뉴스의 출처나 변경 사항을 메타데이터로 관리하여 뉴스의 투명성을 제고하고자 했다(오세욱·황구현, 2018).

준에 이르지 못했기 때문에 특정 형식적 요건을 정의해 놓고 이를 준수할 경우 팩트체크임을 자동으로 인식하는 것이다.

오세욱 등에 따르면 'SNU 팩트체크' 메타데이터의 경우 일어난 사실에 대해서만 정리하는 13개의 팩트데이터와 검증된 내용 중 언론사에서 팩트체크한 내용을 분석하여 정리하는 14개의 관련 데이터가 있다. 메타데이터 분석 결과 대부분 기사에서 팩트를 뒷받침하는 근거자료, 원문 출처, URL 등의 표기를 제대로 하고 있지 않은 것으로 확인되었다. 'SNU 팩트체크' 모니터링 팀에서 수동 추출해서 관련 데이터를 입력하기도 하지만, 궁극적으로 이러한 영역의 정보도 언론사가 입력하는 것이 기사의 투명성을 높여 나가는 길이라고 연구자들은 주장한다.

국내에서 팩트체크는 이제 시작단계라고 할 수 있다. 팩트체크에 노출된 시민들이 팩트체크에서 제시된 사실을 받아들여 기존의 신념을 교정할 것인지, 아니면 기존의 신념을 근거로 팩트체크의 결과를 회피하거나 오히려 기존의 신념을 더 강화할 것인지, 팩트체크가 정치인들에게도 스스로의 발언을 경계하게 하는 효과를 낳을지, 팩트체크를 수행하는 주체들이 20세기 저널리즘의 윤리규범인 객관주의에 더해 디지털 시대가 요구하는 투명성이라는 과제를 받아들일지는 팩트체크의 경험이 쌓여감에 따라 지속적으로 연구결과가 나와야 할 주제들이다.

# 참고문헌

김선호·김위근. 2017. "팩트체크를 체크한다", 〈미디어이슈〉 3(7).

김선호·백영민. 2018. "19대 대선기간 후보자 간 의혹제기에 대한 팩트체크 뉴스의 설득효과", 〈언론정보연구〉 55(1), 161~194.

노성종·최지향·민영. 2017. "'가짜 뉴스효과'의 조건", 〈사이버커뮤니케이션학보〉 34(4), 99~149.

박아란. 2017. "가짜 뉴스에 대한 법률적 쟁점과 대책", Fake News(가짜 뉴스) 개념과 대응방안 세미나 발제문.

_____. 2018. "팩트체크와 명예훼손", 〈언론정보연구〉 55(4), 139~174.

백영민·김선호. 2017. "팩트체크 뉴스 노출, 영향력 인식, 공유 행동에 대한 탐색적 연구", 〈한국언론학보〉 61(6), 117~146.

염정윤·정세훈. 2018. "가짜 뉴스에 대한 인식과 팩트체크 효과 연구", 〈한국언론학보〉 62(2), 41~80.

오세욱. 2017. "자동화된 사실확인(fact checking) 기술(technology)의 현황과 한계", 〈사이버커뮤니케이션학보〉 34(3), 137~180.

오세욱·정세훈·박아란. 2017. 《가짜 뉴스 현황과 문제점》. 서울: 한국언론진흥재단.

오세욱·황구현. 2018. "'팩트'의 형식적 구성요건에 대한 탐색적 연구", 〈언론정보연구〉 55(4), 54~98.

이나연. 2018. "한국 언론의 팩트체크", 〈언론정보연구〉 55(4), 99~138.

정은령. 2018. "한국 팩트체크 저널리즘의 특징", 〈언론정보연구〉 55(4), 5~53.

최원형. 2017. 3. 30. "언론사 14곳 손잡은 '팩트체크' 플랫폼 떴다", 〈한겨레〉.

황용석·권오성. 2017. "가짜 뉴스의 개념화와 규제수단에 관한 연구", 〈언론과 법〉 16(1), 53~101.


Adair, B. & Holan, A. 2011, March. 11. "Remembering David Broder and his passion for Fact-Checking", PolitiFact. Retrieved from http://www.politifact.com/truth-o-meter/article/2011/mar/11/remembering-david-broder/

Allcott, H. & Gentzkow, M. 2017. "Social Media and Fake News in the 2016

Election", *Journal of Economic Perspectives*, 31(2), 211~236.

Ansolabehere, S. & Iyengar, S. 1996. "Can the Press Monitor Campaign Advertising? An experimental study", *Harvard International Journal of Press/Politics*, 1(1), 72~86.

Amazeen, M. A. 2014. "Checking the Fact-Checkers in 2008: Predicting political ad scrutiny and assessing consistency", *Journal of Political Marketing*, 15(4), 433~464.

_____. 2015. "Revisiting the Epistemology of Fact-checking", *Critical Review*, 27(1), 1~22.

_____. 2017. "Journalistic Interventions: The structural factors affecting the global emergence of fact-checking", *Journalism*, Sept.

Amazeen, M. A., Thorson, E., Muddiman, A., & Graves, L. 2018. "Correcting Political and Consumer Misperceptions: The effectiveness and effects of rating scale versus contextual correction formats", *Journalism & Mass Communication Quarterly*, 95(1), 28~48.

Barnhurst, K. G. 2014. "The Interpretive Turn in News", In M. Schreiber & C. Zimmermann(eds.) *Journalism and Technological Change: Historical perspectives, contemporary trends*. Frankfurt-on Main: Campus Verlag.

Chalaby, J. K. 1996. "Journalism as an Anglo-American Invention: A comparison of the development of French and Anglo-American journalism, 1830s~1920s", *European Journal of Communication*, 11(3), 303~326.

Dobbs, M. 2012. *The Rise of Political Fact-Checking*. New America Foundation. February.

European Commission. 2018b. Communication on Tackling Online Disinformation: a European Approach. Retrieved from ec. europa. eu/digital-single-market/en/news/communication-tackling-online-disinformation-european-approach

Fink, K., & Schudson, M. 2014. "The Rise of Contextual Journalism, 1950s~2000s", *Journalism*, 15(1), 3~20.

Forde, K. R. 2007. "Discovering the Explanatory Report in American Newspapers", *Journalism Practice*, 1(2), 227~244.

Fridkin, K. , Kenney, P. J. & Wintersieck, A. 2015. "Liar, Liar, Pants on Fire: How fact-checking influences citizens' reactions to negative advertising", *Political Communication*, 32(1), 127~151.

Gans, H. J. 1979. *Deciding What's News: A study of CBS evening news, NBC nightly news, Newsweek, and Time.* Ill. : Northwestern University Press.

Goffman, E. 1959. *The Presentation of Self in Everyday Life.* New York, NY: Doubleday.

Graves, L. 2016. *Deciding What's True: The rise of political fact-checking in American journalism.* New York, NY: Columbia University Press.

_____. 2017. "Anatomy of a Fact Check: Objective practice and the contested epistemology of fact checking", *Communication, Culture & Critique*, 10(3), 518~537.

_____. 2018. "Boundaries Not Drawn: Mapping the institutional roots of the global fact-checking movement", *Journalism Studies*, 19(5), 613~631.

Graves, L. & Glaisyer, T. 2012. *The Fact-checking Universe in Spring 2012.* New America.

Graves, L. , Nyhan, B. & Reifler, J. 2016. "Understanding Innovations in Journalistic Practice: A field experiment examining motivations for fact-checking", *Journal of Communication*, 66(1), 102~138.

Grice, H. P. 1975. "Logic and Conversation." In P. Cole & J. L. Morgan (eds.). *Syntax and Semantics, Vol. 3: Speech acts.* New York, NY: Academic Press.

Hallin, D. C. 1992. "The Passing of the 'High Modernism' of American Journalism", *Journal of Communication*, 42(3), 14~25.

Hassan, N. , Arslan, F. , Li, C. & Tremayne, M. (2017, August). "Toward Automated Fact-checking: Detecting check-worthy factual claims by ClaimBuster". In Proceedings of the 23rd ACM SIGKDD International Conference on Knowledge Discovery and Data Mining. ACM.

Jamieson, K. H. & Waldman, P. 2004. *The Press Effect: Politicians, journalists, and the stories that shape the political world.* Oxford: Oxford University Press.

Jang, S. M. & Kim, J. K. 2018. "Third Person Effects of Fake News: Fake news regulation and media literacy interventions", *Computers in Human Behavior*, 80, 295~302.

Jang, S. M., Geng, T., Li, J. Y. Q., Xia, R., Huang, C. T., Kim, H. & Tang, J. 2018. "A Computational Approach for Examining the Roots and Spreading Patterns of Fake News: Evolution tree analysis", *Computers in Human Behavior*, 84, 103~113.

Jarman, J. W. 2016. "Influence of Political Affiliation and Criticism on the Effectiveness of Political Fact-checking", *Communication Research Reports*, 33(1), 9~15.

Kovach, B. & Rosenstiel, T. 2007. *The Elements of Journalism: What news people should know and the public should expect*. New York, NY: Three Rivers Press.

Lewandowsky, S., Ecker, U. K., Seifert, C. M., Schwarz, N. & Cook, J. 2012. "Misinformation and its Correction: Continued influence and successful debiasing", *Psychological Science in the Public Interest*, 13(3), 106~131.

Lim, C. 2018. "Checking How Fact-checkers Check", *Research & Politics*, 5(3), 1~7.

Lippmann, W. 1922. *Public Opinion*. New York, NY: Harcourt, Brace and Company.

Lord, C. G., Ross, L. & Lepper, M. R. 1979. "Biased Assimilation and Attitude Polarization: The effects of prior theories on subsequently considered evidence", *Journal of Personality and Social Psychology*, 37(11), 2098~2109.

Marietta, M., Barker, D. C. & Bowser, T. 2015. "Fact-checking Polarized Politics: Does the fact-check industry provide consistent guidance on disputed realities?", *The Forum*, 13(4), 577~596.

McKinnon, L. M. & Kaid, L. L. 1999. "Exposing Negative Campaigning or Enhancing Advertising Effects: An experimental study of Adwatch effects on voters' evaluations of candidates and their ads", *Journal of*

*Applied Communication Research*, 27, 217~236

Merpert, A., Furman, M., Anauati, M. V., Zommer, L. & Taylor, I. 2018. "Is that Even Checkable? An experimental study in identifying checkable statements in political discourse", *Communication Research Reports*, 35(1), 48~57.

Nabi, R. L., Moyer-Gusé, E. & Byrne, S. 2007. "All Joking Aside: A serious investigation into the persuasive effect of funny social issue messages", *Communication Monographs*, 74(1), 29~54.

Nerone, J. 2013. "History, Journalism, and the Problem of Truth." In B. Brennen(ed.). *Assessing Evidence in a Postmodern World*. Milwaukee, WI: Marquette University Press.

Nyhan, B. & Reifler, J. 2010. "When Corrections Fail: The persistence of political misperceptions", *Political Behavior*, 32(2), 303~330.

_____. 2015a. "The Effect of Fact Checking on Elites: A field experiment on US state legislators", *American Journal of Political Science*, 59(3), 628~640.

_____. 2015b. "Estimating Fact-checking's Effects: Evidence from a longterm experiment during campaign 2014". Unpublished manuscript. Retrieved from www. americanpressinstitute. org/wp-content/uploads/2015/04/Esti mating-Fact-Checkings-Effect. pdf.

Petty, R. E. & Cacioppo, J. T. 1986. *Communication and Persuasion: Central and peripheral routes to attitude change*. New York, NY: Springer.

Pfau, M. & Louden, A. 1994. "Effectiveness of Adwatch Formats in Deflecting Political Attack ads", *Communication Research*, 21(3), 325~341.

Pingree, R. J., Brossard, D. & McLeod, D. M. 2014. "Effects of Journalistic Adjudication on Factual Beliefs, News Evaluations, Information Seeking, and Epistemic Political Efficacy", *Mass Communication and Society*, 17(5), 615~638.

Schudson, M. 1978. *Discovering the News: A social history of American newspapers*. New York, NY: Basic Books.

Shin, J., Jian, L., Driscoll, K. & Bar, F. 2017. "Political Rumoring on

Twitter During the 2012 US Presidential Election: Rumor diffusion and correction", *New Media & Society*, 19(8), 1214~1235.

Shin, J. & Thorson, K. 2017. "Partisan Selective Sharing: The biased diffusion of fact-checking messages on social media", *Journal of Communication*, 67(2), 233~255.

Spivak, C. 2010. "The Fact-checking Explosion: In a bitter political landscape marked by rampant allegations of questionable credibility, more and more news outlets are launching truth-squad operations", *American Journalism Review*, 32(4), 38~44.

Stroud, N. J. 2008. "Media Use and Political Predispositions: Revisiting the concept of selective exposure", *Political Behavior*, 30(3), 341~366.

Taber, C. S. & Lodge, M. 2006. "Motivated Skepticism in the Evaluation of Political Beliefs", *American Journal of Political Science*, 50(3), 755~769.

Tajfel, H. & Turner, J. C. 1979. "An Integrative Theory of Intergroup Conflict." In Austin, W. G. & Worchel, S. (Eds.). *The Social Psychology of Intergroup Relations*. Monterey, CA: Brooks/Cole.

Tandoc Jr, E. C., Lim, Z. W. & Ling, R. 2018. "Defining 'fake news': A typology of scholarly definitions", *Digital Journalism*, 6(2), 137~153.

Tuchman, G. 1978. *Making News*. New York, NY: The Free Press.

Uscinski, J. E. & Butler, R. W. 2013. "The Epistemology of Fact Checking", *Critical Review*, 25(2), 162~180.

Wintersieck, A. L. 2017. "Debating the Truth: The impact of fact-checking during electoral debates", *American Politics Research*, 45(2), 304~331.

Wood, T. & Porter, E. 2016. "The Elusive Backfire Effect: Mass attitudes' steadfast factual adherence", *Political Behavior*, 32(2), 303~330.

Young, D. G. 2008. "The Privileged Role of the Late-night Joke: Exploring humor's role in disrupting argument scrutiny", *Media Psychology*, 11(1), 119~142.

Young, D. G., Jamieson, K. H., Poulsen, S. & Goldring, A. 2018. "Fact-checking Effectiveness as a Function of Format and Tone: Evaluating FactCheck. org and FlackCheck. org", *Journalism & Mass Communication*

*Quarterly*, 95(1), 49~75.

Zelizer, B. 1993. "Journalists as Interpretive Communities", *Critical Studies in Media Communication*, 10(3), 219~237.

Zelizer J. E. 2007. "Without Restraint: Scandal and politics in America". In Carnes M. C. (ed.). *The Columbia History of Post-World War II America*. New York, NY: Columbia University Press.

맺음말

# 신뢰받는 팩트체크 저널리즘을 향하여*

정은령 | 서울대 언론정보연구소 SNU 팩트체크 센터장

팩트체크 저널리즘의 완성은 실제로 팩트체크를 수행하는 것이다. 팩트체크 저널리즘은 그 수행과정에서 저널리즘의 기본원칙인 객관성, 공정성 등을 준수하지만 검증 대상을 선정하는 기준이나 조사과정, 판정 등은 일반적인 저널리즘 수행과 차이가 있다.

이 장에서는 팩트체크를 실행하는 데 지켜야 할 주요 원칙을 미국의 3대 팩트체크 기관으로 꼽히는 '폴리티팩트', 〈워싱턴 포스트〉의 '팩트체커', '팩트체크닷오알지' 등에서 확립해 온 규범들을 중심으로 살펴보기로 한다(〈표 7-1〉 참조). 미국 팩트체크 기관의 사례를 준용하는 이유는 한국의 경우와 마찬가지로 미국의 팩트체크 저널리즘이 주로 전통적인 언론사에 의해 실행되고 있기 때문이다.

---

\* 맺음말의 내용은 필자가 공동저자로 참여한 《팩트체크 저널리즘의 주요원칙》(2018)의 내용을 보강하여 작성한 것이다.

## 팩트체크의 과정

미국의 팩트체크 기관들이 각각의 고유한 특성에도 불구하고 공유하고 있는 것은 팩트체크의 과정(process)이다. 팩트체크의 과정은 검증대상의 선정(selection) → 검증대상의 사실성에 대한 조사(research) → 검증한 사실의 기술(writing & editing) → 판정(verdict)의 순서로 구성된다.

### 검증대상의 선정

무엇을 팩트체크할 것인가라는 선택의 문제는 팩트체커들에게 끊임없이 주어지는 도전적인 과제다. 팩트체크를 하는 저널리스트들은 검증대상 선정에 무선표집(random sampling) 등의 사회과학적인 방법을 취하지 않는다. 검증대상 선정에는 뉴스거리를 게이트키핑할 때와 같은 뉴스 가치판단(news judgement)을 적용한다. '폴리티팩트' 창설자인 빌 어데어는 이에 대해 "우리는 뉴스 판단에 따른다. 우리는 모두 사회과학자가 아닌 저널리스트들"(We are guided by news judgement. We are all journalists, we are not social scientist)이라고 말했다(Graves, 2016: 93).

검증대상의 선정이 과학적인 절차를 통해 이뤄지지 않는다는 점 때문에 선택편향(selection bias)이 작동한다는 비판은 끊이지 않는다. 팩트체크 기관들이 동일한 주제를 검증대상으로 선정해 교차 검증하는 일이 드물다는 점(Lim, 2018; Marietta, Barker & Bowser, 2015)은 검증대상 선정을 하는 데 자의성이 두드러진다는 비판의 논거로 제기되어 왔다.

그러나 팩트체커들은 주관적으로 보일 수 있는 선정과정에서 일관되고 엄격한 원칙을 준수하려고 노력한다. 의견이 아니라 사실을 검증해야 한다는 것과 진보와 보수, 좌와 우 어느 쪽에도 치우치지 않고 오로지 정확성(accuracy)만을 검증한다는 것이 그 원칙이다.

## ① 사실검증

'팩트체크닷오알지', '폴리티팩트', 〈워싱턴 포스트〉의 '팩트체커'가 공통적으로 강조하는 것은 검증대상이 의견(opinion)이 아니라 사실이라는 것이다. 검증이 가능한 사실을 포함하고 있는 의견은 그 대상이 된다.

정치인의 우발적인 말실수 등을 말꼬리 잡기식으로 검증하는 가차 저널리즘(gotcha journalism)은 배격되며, 유권자들의 삶에 중요한 영향을 미치는 관련성(relevance)이 높은지, 상식을 가진 사람들이 들었을 때 사실인지 여부에 대해 오인(misleading)할 가능성이 높은지, 소셜미디어 등을 통해 지속적으로 확산될 가능성이 큰지 등이 고려 대상이 된다.

검증대상을 고를 때는 실제로 어떠한 말을 했는가와 더불어 어떤 맥락에서 그러한 말을 했는가(words matter, context matters)가 동시에 고려된다. 미국의 팩트체크 연구에서 비판 되었던 것처럼(Uscinski & Burtler, 2013), 미래에 대한 예측이나 정치적 수사 또는 일부 사실을 담고 있다 하더라도 무엇이 원인이고 결과인지를 특정하기 어려운 인과적 주장들은 조심스럽게 제외되어야 한다.

## ② 선정의 불편부당성

보수와 진보로 양극화된 정치체제에서 어느 한쪽 진영으로도 치우치지 않고 균형(balance)을 잡는 것은 팩트체커들의 도덕성과 연관되는 민감한 문제다. 〈워싱턴 포스트〉의 '팩트체커'를 창설한 마이크 돕스(2012)는 이와 관련해 "(팩트체크를 통해) 어느 한쪽만을 비판한다면 그것은 더 이상 팩트체크라고 말할 수 없다. 정치운동의 도구가 되는 것일 뿐이다"라고 단언했다. 팩트체커들의 국제연대기구인 IFCN은 진보나 보수 성향의 언론사들의 팩트체크팀 운영에 대해, '모기업은 정치적 경향성을 가질 수 있다 해도, 팩트체크팀은 그와 독립적으로 불편부당성을 견지해야 한다'고 강조한다.

진보진영에 비해 보수진영이 더 많이 팩트체크의 대상이 된다는 것은 미국의 팩트체커들이 지속적으로 공격 받아 온 지점이다. '팩트체크 닷오알지'의 경우 이러한 논란을 방지하기 위해 동일한 시간을 배분해 공화당과 민주당의 자료를 검토하기도 한다.

그러나 팩트체커들은 산술적인 균형을 추구하지는 않는다. 일례로 〈워싱턴 포스트〉의 '팩트체커'는 자신들의 활동원칙에서 "백악관과 의회를 모두 다수당이 장악했을 경우, 다수당에 대해 더 많은 팩트체크를 하는 것은 당연한 일"이라며 정량적인 평가가 아니라 정성적인 평가를 하는 것이 불편부당성을 침해하지 않는다는 점을 강조한다.

### ③ 공개자료 이용

팩트체크를 하는 저널리스트들은 의정활동 과정에서의 정치인들의 발언뿐만 아니라, 언론 매체와의 인터뷰, 트위터, 페이스북 포스팅 등의 소셜미디어 기록, 보도자료, 선거운동 자료집 등을 포괄하여 검증대상을 선정하고 조사한다. 이를 가능케 하는 것은 일상적으로 생산되는 문서화된 자료들이다. 이러한 원자료들은 팩트체크의 물적 토대라고 할 수 있다.

미국의 경우, 정치인들의 의회 발언부터 인터뷰까지 거의 모든 발언을 실시간으로 제공하는 *Congressional Quarterly*의 CQ. Transcript와 렉시스넥시스(LexisNexis) 등이 원자료로 이용된다. 이러한 자료를 기반으로 팩트체크 저널리스트들은 스프레드 시트를 이용해 정치인, 공직자들의 발언을 상시적으로 집적하는 데이터베이스를 마련해 둔다. 한국의 경우에도 정확한 팩트체크를 위해서는 정치인들의 공개적인 발언의 스크립트가 실시간으로 정리되어 공개될 필요가 있다.

## 조사

팩트체크의 조사(research) 과정은 진실을 향한 삼각측량(*triangulating the truth*)이라고 할 수 있다. 조사과정은 전체성, 비당파성, 투명성 등의 원칙을 견지하며 수행되어야 한다. 검증대상자를 배제하지 않고 참여시켜 발언권을 주며, 가능한 모든 자료들을 검토하고, 상호 반대되는 주장을 하는 전문가들의 해석을 청취하며, 기명으로 사실을 밝힐 수 있는 신뢰성 있는 취재원만을 인용하는 것이 조사의 주요한 실행 수칙들이다.

### ① 조사의 출발점은 발언자

미국의 팩트체크 기관들은 검증대상을 조사할 때 문제가 된 발언을 한 당사자와 가장 먼저 접촉할 것을 권고한다. 이는 치밀한 취재를 통해 증거를 수집한 뒤 결정적인 인용을 얻기 위해 당사자를 인터뷰하는 탐사보도 등의 작법과 팩트체크 저널리즘의 두드러진 차이다. '팩트체크 닷오알지'는 검증대상이 선정되면 발언의 당사자에게 발언의 사실성을 입증할 것을 요구한다. 만약 이 입증이 충분하지 않다고 판단하면 그때부터 독자적인 조사작업을 시작한다.

발언의 당사자로부터 조사를 시작하는 것은 당사자에게도 반론권을 부여하기 위한 공정성(fairness)의 측면도 있지만, 이 방법이 경제적이기 때문이기도 하다. 발언자만큼 발언이 어떤 맥락에서 나온 것인지, 해당 발언의 내용이 어떤 근거에서 도출된 것인지를 잘 알고 있는 사람은 없기 때문에 독자적인 조사를 위한 자료 수집을 효율적으로 할 수 있다는 점에서 발언자로부터 출발하는 것이 타당하다는 것이다.

무엇보다도 발언자는 이 과정을 통해 자신의 발언이 팩트체크의 대상이 된다는 것을 알게 됨으로써 팩트체크의 결과를 일방적으로 통보받는 것이 아니라 팩트체크의 과정에 참여할 수 있게 된다. 이러한 참여는 발언 당사자들이 향후에 발언을 할 때 좀더 사실성 있는 발언을 하도록 주의하는 효과를 거둘 수 있다(Nyhan & Reifler, 2015).

② 독자성의 준수

언론보도 경쟁의 전형이라고 할 수 있는 특종보도는 팩트체크에서 중요한 의미를 갖지 않는다. "이미 다룬 기사이니 다시 다룰 필요 없다"는 설명이 팩트체크에서는 통하지 않는다. 동일한 사실을 다른 언론사가 팩트체크했다는 것이 기사의 선도를 떨어뜨리는 것이 아니라 오히려 교차 검증을 통해 신뢰성이 높아지는 것으로 간주된다. 연구자들은 상이한 팩트체크 기관 간의 판정이 얼마나 일관성을 유지하고 있는가에 따

〈표 7-1〉 미국 3대 팩트체크 기관 검증절차 및 원칙

| | 팩트체크닷오알지 | 폴리티팩트 | 팩트체커 |
|---|---|---|---|
| 검증 대상 선정 | - 대통령 선거시기에는 후보와 상원의원 발언 중심, 대선 시기가 아닐 경우 의회 중심으로 주제 선정<br>- 토크쇼, TV광고, 선거 웹사이트, 후보자의 소셜미디어, 문서 기록, 대통령 발언, CQ의 독자 질문 등을 모두 검토<br>- 사실에 근거한 발언들을 검토<br>- 공화당이나 민주당 동일 시간 배분해 검토 | - 연설, 기사, 보도자료, 캠페인 자료, 소셜미디어, 독자의 이견 등을 검증 자료로 검토<br>- 검증이 가능한 사실인지, 오도(misleading)될 가능성이 높은지, 중요성이 높은지, 타인에 의해 확산되거나 반복될 가능성이 높은지, 보통 사람이 들었을 때 사실인지 의문을 품을 만한 사안인지를 선정 기준으로 삼음 | - 검증 가능한 사실만을 선정. 때때로 정치적 수사(rhetoric)의 근원을 조사<br>- 유권자에게 가장 중요하다고 판단되는 이슈, 중요성과 뉴스 가치가 있는 발언들에 주목하며 말실수 등은 다루지 않음<br>- 비당파성을 견지하면서 부정확한 발언을 한 것에 주목. 그러나 백악관과 의회가 모두 한 당에 의해 지배되고 있을 경우 권력이 집중된 쪽을 팩트체크 |
| 조사 과정 | - 발언이 사실인지 입증할 1차적 책임은 발언 주체에게 있음<br>- 발언 주체에게 근거자료 요구<br>- 입증이 불충분할 경우 독립적인 조사 시작: 독립적인 조사를 할 경우 의회 증언 등이 1차 자료, 의회 예산처 등 비정파적 정부기관, 존경하고 신뢰할 수 있는 외부 기관의 데이터 혹은 전문가 등에 이존<br>- 모든 원 자료들은 기사를 작성할 때 링크됨 | - 공개 인터뷰만을 사용하며, 모든 팩트체크의 원자료를 링크와 함께 제시<br>- 발언자에게 1차적으로 사실 여부를 받을 것 요구<br>- 발언자가 사실을 입증하지 못할 경우 과거 팩트체크 기록, 데이터베이스, 전문가 자문을 활용<br>- 1차 자료와 원본 문서의 중요성을 강조<br>- 타 언론의 역할 보도를 사용할 때는 폴리티팩트가 독자적으로 검증할 수 없었다는 사실을 밝힘 | - 발언한 당사자에게 1차적으로 입증 책임<br>- 가능한 모든 경우에 독자들도 팩트체크를 한 기자들이 검증을 위해 활용한 원 자료에 접근 가능하도록 링크 제시 |
| 판정 | - 매 기사마다 그 기사를 쓰지 않은 4명의 에디터와 책임자가 편집 최종적 판정 과정에 참여<br>- 시각적인 판정표 없이 '사실의 왜곡' 등의 판정을 팩트체크 기사 말미에 기술<br>- 팩트체크 결과가 구즌 뉴스에 게시되는 경우 사실, 거짓을 밝히는 시각적인 판정표 제시 | - '사실'부터 '새빨간 거짓말'까지 6단계로 사실성 판정해 독자적인 판정표인 '진실 검증기'를 통해 제시<br>- 팩트체크 기사를 쓴 기자와 편집자가 1차적으로 상위에 판정 결과를 부가하면 이들 3인의 에디터가 판정, 두 명의 판정결과를 제시 | - '사리에 맞는 사람'의 기준으로 결론 도출<br>- 팩트체크에 관한 해설기사가 아니라 사실 거짓 등의 판정이 가능한 경우 독자적인 피노키오 테스트를 통해 검증(피노키오 개수의 사상의 정도를 피노키오와 제패토 마크를 통해 시각적으로 표현 |

출처: 《팩트체크 저널리즘의 주요원칙》, 박아란·이나연·정은령, 2018.

라 팩트체크의 신뢰성에 관해 논쟁을 벌여 왔다(Amazeen, 2015; Lim, 2018; Marietta, Barker & Bowser, 2015).

동일한 검증대상을 다룰 때, 수칙으로 강조되는 것은 타사의 취재보도를 통해 밝혀진 사실을 그대로 인용하지 않고 독자적으로 원자료를 취득해야 한다는 것이다. 다른 팩트체크 기관이나 언론사가 보도했다고 해서 이를 그대로 인용하며 검증을 생략할 수는 없다.

### ③ 물적 증거의 수집

팩트체크에서 동원하는 증거는 취재원으로부터 얻은 몇 개의 인용구로 충분하지 않다. 공신력 있고 당파적이지 않은 기관으로부터 나온 통계 자료, 법원 판결, 학술논문 결과, 측정의 질과 공정성을 신뢰할 수 있는 측정치 등 단단한(hard) 물적 자료를 근거자료로 사용해야 한다. '팩트체크닷오알지'는 독립적인 조사를 할 경우 ① 의회 증언 등의 1차 자료, ② 의회 예산처(Congressional Budget Office) 등 비정파적 정부기관, ③ 존경하고 신뢰할 수 있는 외부 기관의 데이터 혹은 전문가 등에 의존하라고 밝히고 있다.

증거 수집의 전형적인 절차는 사실성이 없는 정보라는 것이 의심될 때 최초의 출처가 어디였는지를 추적한 뒤 확산경로를 탐색하는 것이다. 정치인들의 발언에서 흔히 발견되는 오류는 잘못된 보도를 별도의 검증작업 없이 그대로 인용하거나 왜곡해석된 자료를 재활용해서 쓰는 것에서 기인한다. 팩트체커들은 발언의 오류가 시작된 원출처를 확인하여 통계나 논문, 전문가의 해석, 현장취재 등을 통해 그 오류성을 밝힌다.

### ④ 이견(異見) 수용

팩트체크의 조사과정에서는 피할 수 없이 전문가의 분석을 얻어야 하는 일이 발생한다. 이때 팩트체커들에게 권고되는 것은 어느 한쪽의 정치 지향에 휘둘리지 않도록 다양한 의견을 청취하라는 것이다. "독립적인 취재원을 얻지 못했을 때는 … 보수진영의 의견을 들은 뒤 진보진영의 얘기를 듣고, 양자 간에 겹치는 부분이 무엇인지를 확인하라"〔If you can't get an independent source … go to a conservative and go to a liberal and see where they overlap (Graves, 2017: 527).〕는 것은 팩트체커들이 전문가들에게서 조언을 구해야할 때 흔히 주어지는 권고다. 이는 "진실 파악을 위한 삼각측량"(Graves, 2016) 으로 표현된다.

하나의 검증대상에 대해서도 정치적 입장, 과학적 해석의 차이 등으로 인해 반대되거나 모순되는 다양한 해석이 존재할 수 있다. 팩트체커는 모든 해석의 가능성에 열린 태도를 갖고 자료를 수집하고, 이미 틀지어진 결론에 맞추어 편의에 따라 출처를 선별적으로 고르지 않아야 한다. 이견의 수용은 팩트체크의 불편부당성을 보장하는 중요한 지침이다.

### ⑤ 익명 인용 지양

익명 인용은 저널리즘에서 조심스럽게 다뤄지는 도구다. 기명 인용이 원칙이지만 익명이 아닐 경우 취재원의 안전을 보호할 수 없을 때 혹은 취재의 핵심적인 내용임에도 불구하고 익명이 아니고는 정보를 얻을 수 없을 때 제한적으로 익명을 사용하는 것이 원칙이다.

팩트체크에서는 익명 인용을 특히 제한한다. 일례로 '폴리티팩트'는

"익명 인용자가 진실을 폭로할 수는 없다"(You can't have an anonymous source debunking a fact)는 것을 팩트체크의 핵심 수칙으로 강조한다. 검증해야 할 대상이 논쟁적이고, 특정인 혹은 특정 발언이나 사안의 사실성에 대해 판정한 결과를 유권자인 시민들에게 제시하는 것인 만큼 그 출처를 밝히지 못한다면 팩트체크를 보는 이용자들은 팩트체크 자체의 의도에 의구심을 가질 수밖에 없다. 이와 관련해 '폴리티팩트'는 어쩔 수 없이 타 언론의 익명 보도를 인용할 수밖에 없을 때는 '폴리티팩트'가 왜 독자적으로 검증할 수 없었는지를 밝힌다.

기사 작성

팩트체크 기사는 역 피라미드 방식을 다시 뒤집어 독자들이 결론을 마지막에 읽을 수 있도록 기술된다는 것이 특징이다. 팩트체크의 목적은 시민들에게 자신의 삶에 영향을 미치는 중요한 공적 사안에 대한 식견을 갖게 하는 것이기 때문에, 문제에 대해 즉각적으로 답을 제시하기보다는 팩트체크의 판정이 이루어지기까지의 과정을 독자들에게 드러낸다. 팩트체크 기사 작성에서 드러나는 특징은 시의성에 얽매이지 않는다는 것과 조사과정에서 확보한 자료를 가능한 많이 밝힌다는 것이다.

① 시의성 탈피
마감시간 준수는 저널리즘 수행의 일상적 과정이다. 그러나 팩트체크 기사의 경우는 마감시간을 맞추기 위해 조사가 덜 된 채로 기사를 게재하지 않는다. 이는 다른 저널리즘 행위들과 팩트체크를 구분하는 가장

명시적인 차이일 수 있다.

## ② 자료의 투명 공개

팩트체커에게 강조되는 윤리는 투명성이다. 독자에게 팩트체크가 어떻게 이루어졌는지 그 근거를 밝히는 것은 투명성 원칙의 실천이다. '팩트체크닷오알지'는 검증을 위한 조사과정에서 동원한 모든 원자료는 기사 속에 링크하도록 한다. 〈워싱턴 포스트〉의 '팩트체커'도 기자들이 판정을 위해 이용했던 모든 자료를 가능한 모든 독자들이 접근해 기자들과 동일한 검증과정을 거칠 수 있도록 공개한다. '폴리티팩트'는 판정에 이르기까지의 조사과정에서 동원된 각종 자료와 인터뷰이를 웹사이트의 사이드 메뉴에 모두 밝힌다.

자료의 투명 공개는 독자들이 제시된 자료들을 근거로 검증을 하더라도 팩트체커들이 내린 것과 같은 결론에 이를 수 있다는 신뢰를 독자들로부터 확보할 수 있도록 한다. 조사과정에서 동원했던 자료들이 어떠한 정치적 지향으로도 편향되지 않았다는 것을 드러내는 것이기도 하다.

## 판정

팩트체크 저널리즘의 발원은 '그는 이렇게 말했고, 그녀는 이렇게 말했다'류의 기계적 객관주의를 넘어서서, 저널리스트가 진실의 판정자 (*arbiter of truth*) 가 되는 것을 감당해야 한다는 문제의식이었다. 그러나 팩트체크의 전 과정에서 팩트체커가 가장 곤혹스러워하는 것은 판정이다. 판정의 영역으로 들어서면 팩트체크는 결국 주창주의 저널리즘의 아류가 아니냐는 비판에 직면한다.

예를 들어, 2011년 "팩트체킹의 종말"(*The End of Factchecking*)[1]이라는 글을 쓴 〈폴리티코〉(*Politico*)의 벤 스미스(Ben Smith) 기자는 팩트체크가 잘해 봐야 유사 과학적인(*pseudo scientific*) 표제 아래에서 좋은 저널리즘을 하는 것이고, 나쁘게는 유사 과학적인 표제 아래 저널리즘을 좀먹는 의견 저널리즘(*opinion journalism*)을 실행하는 것이라고 비판하였다(Dobbs, 2012).

팩트체크를 하는 저널리스트들은 사실부터 거짓까지의 스펙트럼을 가진 판정에 대해 "판정은 과학이자 예술"(*as much art as science*)이라는 점을 인정한다(Graves, 2016). 즉, 판정에서 '사실'과 '대체로 사실'을 가르는 기준은 주관적이다. 따라서 팩트체커는 임무의 본질인 동시에 치명적인 약점이 될 수 있는 판정 영역에서 객관성과 신뢰성을 확보할 수 있도록 제도적인 장치를 마련해 운영한다.

'팩트체크닷오알지'와 '폴리티팩트'는 주관성을 억지하기 위해 한 사람의 기자의 판정에 맡기지 않고 다수의 에디터들이 판정에 참여한다. '팩트체크닷오알지'는 팩트체크 기사를 쓰거나 데스킹하지 않은 에디터와 팩트체커, 디렉터 등 4명이 판정에 참여한다. '폴리티팩트'는 팩트체크 기사를 쓴 기자가 1차적으로 판정 결과를 부기(附記)하면 이를 세 명의 에디터가 추가적으로 검토한다. 최종적으로 3인이 투표한 결과, 두 명 이상이 찬성한 판정결과를 게시한다.

---

1) https://www. politico. com/blogs/ben-smith/2011/08/the-end-of-fact-checking
   -038488

팩트체킹의 판정결과는 때로 직관적으로 표현된다. '진실'부터 '새빨간 거짓말'까지 6단계로 사실성의 정도를 가리는 '폴리티팩트'의 '진실검증기', 〈워싱턴 포스트〉 '팩트체커'의 '피노키오 지수' 등이 그 예다. 그러나 모든 팩트체크 사이트들이 '진실 검증기'와 같은 직관적인 판정기준을 제시하는 것은 아니다. 일례로 영국의 팩트체크 기관인 '풀 팩트'는 "등급 매기기가 첫눈에 매력적이기는 하지만, 어떠한 주장을 총체적으로 이해하는 데 필요한 만큼의 정보를 제공하지 않으며 어떤 주장이 사실과 거짓 중의 하나가 아닌 것은 왕왕 있는 일이기 때문에 등급 매기기가 사안의 전체적인 그림을 제공하지 않을 수 있다"는 이유로 시각적으로 등급을 매겨 제시하지 않는다.

## 오류의 수정

독자에 대한 투명성에서 강조되는 또 하나의 수칙은 오류를 공개적으로 수정한다는 것이다. 팩트체크에는 오류가 있을 수 있다. 단순한 기술상의 오류부터 시작해 판단의 근거가 됐던 출처의 오류가 발견되는 등 조사과정의 문제점이 드러날 수도 있다.

'팩트체크닷오알지', '폴리티팩트', 〈워싱턴 포스트〉의 '팩트체커'는 모두 오류 수정의 원칙을 홈페이지에 명시하고 있다. 공통적인 사항은 오류가 발견될 경우, "즉시", "공개적으로" 수정한다는 것이다. 이러한 오류의 수정은 팩트체크의 불완전함을 드러내는 것이기보다는 신뢰도를 높이는 길이다.

## 팩트체크의 윤리

팩트체크의 과정은 '무엇을 검증할 것인가'로부터 시작해 검증한 결과를 기반으로 사실성을 가려내고 이에 대한 판정을 정보 이용자들에게 제시하는 것으로 끝난다. 사실성이 의심스러운 정보를 검증하여 제시함으로써 민주사회의 시민들이 중요한 공적 사안에 대해 식견을 갖고 판단할 수 있게 한다는 것이 팩트체크 기관들이 내건 사명이지만, 과연 누가 팩트체커를 팩트체크할 것인가라는 도전에 직면하게 된다. 스스로 이러한 문제에 답하기 위해 팩트체크 기관들 간의 국제적 연대 기구인 IFCN은 2016년 팩트체크의 국제기준이라 할 수 있는 원칙("Code of Principles") 2)을 제정했다. 원칙은 크게 다섯 가지로 구성된다(〈표 7-2〉 참조).

제시되는 다섯 가지 원칙의 핵심은 불편부당성, 독립성, 투명성이라고 할 수 있다. 정치적으로 양극화된 사회에서 팩트체크가 어느 한쪽의 정치적 도구로 전락하지 않아야 하며, 정치권력이나 금권에 휘둘리지 않고 독립적으로 판결을 내릴 수 있어야 한다는 것이다. 이러한 목표를 단지 선언적으로 내세우는 것이 아니라 팩트체크의 전 과정은 물론, 팩트체크의 결과가 오류로 밝혀지는 것까지 독자에게 공개함으로써 신뢰를 획득하고자 한다.

팩트체크의 주요 원칙을 일상적으로 수행하는 것은 오랜 전통을 가진 언론기관이라고 하더라도 쉽지 않은 일이다. 그러나 이러한 주요 원

---

2) https://www.poynter.org/news/new-home-ifcn-code-principles

<표 7-2> IFCN 원칙

| 1원칙:<br>불편부당성과<br>공정성 준수 | 우리는 모든 팩트체크에 관해 동일한 기준을 적용한다. 어느 한쪽에 편중된 팩트체킹을 하지 않는다. 어떠한 팩트체크든 동일한 과정을 거치도록 하며 증거가 결론을 이끌어내도록 한다. 팩트체크하는 이슈에 관해 어떠한 정책적 입장도 취하지 않으며 옹호하지 않는다. |
|---|---|
| 2원칙:<br>정보원 투명성<br>준수 | 우리는 독자들이 우리가 발견한 것들을 검증할 수 있도록 한다. 우리는 정보원의 개인적인 안전이 침해당하지 않는 한, 정보원을 최대한 자세히 밝혀 독자들이 우리가 수행한 것을 동일하게 반복할 수 있도록 한다. 정보원을 밝힐 수 없을 때는 가능한 자세하게 정보를 제공한다. |
| 3원칙:<br>재정과 조직에<br>관한 투명성<br>준수 | 우리는 재정의 원천을 투명하게 밝힌다. 외부 기관으로부터 재정지원을 받았을 때, 지원자가 우리의 팩트체킹 결과에 영향을 미치지 않는다는 점이 보증되어야 한다. 우리는 조직 안의 주요 인사들의 전문적인 배경을 자세히 밝히며, 우리의 조직 구조와 법적 지위에 대해 설명한다. 우리는 독자들이 어떻게 우리와 소통할 수 있는지를 분명하게 제시한다. |
| 4원칙:<br>방법의 투명성<br>준수 | 우리는 어떻게 검증 대상의 선정과 조사가 이루어졌으며, 결과가 기술되고, 편집, 발행 되었는지, 그 방법론에 대해 설명한다. 우리는 독자들이 검증해야 할 주장들을 우리에게 보내기를 권장하며 우리가 왜, 어떻게 팩트체크를 하는지 투명하게 밝힌다. |
| 5원칙:<br>공개적이고<br>정직한 수정 준수 | 우리는 수정 정책을 공개하며 이를 꼼꼼히 준수한다. 우리는 수정원칙에 따라 명백하고 투명하게 수정하며 독자들이 수정된 안을 볼 수 있다는 것을 확신할 수 있도록 할 방법을 찾는다. |

칙의 견지 없이는 팩트체크도 또 하나의 편향된 정보를 제공하는 주창주의 저널리즘을 벗어날 수 없다.

팩트체크 저널리즘의 핵심원칙인 불편부당성과 독립성, 투명성은 언론의 신뢰를 확보하기 위해서 필수적으로 강조되어야할 덕목이다. 팩트체크가 좋은 저널리즘에 이르는 단 하나의 방법은 아니지만, 신뢰의 위기를 겪고 있는 한국 언론이 시도해 볼 만한 혁신안인 이유는 여기에 있다.

# 참고문헌

박아란 · 이나연 · 정은령. 2018.《팩트체크 저널리즘의 주요원칙》. 서울: 한국언론진흥재단.

Amazeen, M. A. 2015. "Revisiting the Epistemology of Fact-checking". *Critical Review*, 27(1), 1~22.

Dobbs, M. 2012. "The Rise of Political Fact-checking: How Reagan inspired a journalistic movement: A reporter's eye view". *New America Foundation*, February.

Graves, L. 2016. *Deciding What's True: The rise of political fact-checking in American journalism*. New York, NY: Columbia University Press.

_____. 2017. "Anatomy of a Fact Check: Objective practice and the contested epistemology of fact checking". *Communication, Culture & Critique*, 10(3), 518~537.

Lim, C. 2018. "Checking How Fact-checkers Check". *Research & Politics*, 5(3).

Marietta, M., Barker, D. C. & Bowser, T. 2015. "Fact-checking Polarized Politics: Does the fact-check industry provide consistent guidance on disputed realities?". *The Forum* 13(4), 577~596. De Gruyter.

Nyhan, B. & Reifler, J. 2015. "The Effect of Fact Checking on Elites: A field experiment on US state legislators". *American Journal of Political Science*, 59(3), 628~640.

# 저자 약력 (가나다순)

## 김양순

KBS 디지털뉴스부 팀장. KBS에서 법조팀, 정치부, 경제부 기자를 거쳐 데이터 저널리즘 기자로 일했다. KBS에서는 처음으로 팩트체크 기사를 쓰기 시작해 지금도 꾸준히 전담하고 있다. 이달의 기자상, 이달의 방송기자상, 데이터저널리즘어워드 탐사보도상, 온라인저널리즘어워드 대상 등 다수의 기자상을 수상했다. 미국 일리노이대 어바나-샴페인 캠퍼스에서 저널리즘으로 석사학위를 받았고, 디지털 시대에 좋은 뉴스를 만들어 많은 이들에게 닿게 하기 위해 노력하고 있다.

## 박아란

한국언론진흥재단 선임연구위원. 서울대 경영학과 학사, 서울대 언론정보학과 석사, 미국 오리건대 저널리즘 & 커뮤니케이션 스쿨에서 언론학 박사학위를 취득하였다. 〈조선일보〉 사회부 기자로 일했으며 한국언론학회 총무이사, 한국언론학보 편집이사, 한국언론법학회 총무이사 등을 역임했다. 《인터넷 표현의 자유》(2014), 《미디어와 명예훼손》(2015) 등의 국내 저서와 다수의 논문을 발표했으며, *Carter-Ruck on Libel and Privacy*(2010), *Justices and Journalists*(2017), *Communication, Digital Media and Popular Culture in Korea*(2018) 등의 해외 서적도 공동집필했다.

## 오대영

JTBC '팩트체크'팀장. 서강대에서 경영학과 영문학을 전공했다. 정치부, 사회부 등을 거쳤다. 2014년 JTBC 〈정치부 회의〉에 출연했고, 〈주말 뉴스현장〉 앵커를 맡기도 했다. 2016년 JTBC 〈뉴스룸〉의 코너인 '팩트체크'를 맡아 2년 6개월 이상 팩트체커로 활동 중이다. 《탄핵, 헌법으로 체크하다》(2017)를 공동 집필했다.

## 오세욱

한국언론진흥재단 선임연구위원. 서울대 동양사학과를 졸업하고 제주대 언론홍보학과 석사를 거쳐 서울대 언론정보학과에서 언론학 박사학위를 취득하였다. 신문과 방송사에서 기자 생활을 했고, 포털에서 뉴스를 담당한 바 있다. 미디어 소프트웨어에 관심을 갖고 연구를 진행하고 있으며, "미디어로서의 봇(bot)"(2016), "자동화된 사실확인(fact checking) 기술의 현황과 한계"(2017), "알고리즘화(Algorithmification)"(2018) 등 다수의 논문을 발표했다.

## 정은령

서울대 언론정보연구소 SNU 팩트체크 센터장이다. 메릴랜드주립대에서 언론학 박사학위를 받았다. 〈동아일보〉 기자로 근무(1989~2007)했으며, 문화부, 사회부 차장을 역임했다. 기자 재직 중 관훈언론상(2005)을 수상했다. 서울대와 연세대에서 강의해 왔다. 언론중재위원으로 활동하고 있다.

## 정재철

〈내일신문〉 외교통일팀 기자. 경희대 신문방송학과, 경희대 언론정보대학원을 졸업했다. 미국 듀크대 방문연구원 시절 세계적 팩트체크 거장인 빌 어데어 교수와 맺은 인연으로 한국에 팩트체크를 전파하는 데 힘쓰고 있다. 4회 연속 글로벌 팩트체킹 서밋에 참가한 유일한 한국인이다. 언론의 공적인 역할에 대한 관심이 크고 관련 기사도 많이 썼다. 덕분에 통일언론상, 인권보도상, 한국조사보도상, 생명사랑대상, 씨티대한민국언론인상, 교통선진문화대상 등을 수상했다. 저서로 《팩트체킹》(2017), 《보험, 행복인생 길라잡이》(2008)가 있다.

### 뉴미디어와 정보사회 개정2판

이 책은 정보사회를 살아가는 데 필요한 지식으로서 매스미디어를 이해하려는 사람들에게 체계적인 이해의 틀을 제공하는 목적에 충실하였으며, 전문적 이론보다는 매스미디어의 실제 현상을 쉽게 이해할 수 있도록 서술하였다. 개정판에서는 기존의 구성을 유지하면서 최근의 다양한 변화, 특히 뉴미디어의 도입에 따른 변화와 모바일 웹, 종합편성채널, 미디어산업에서의 빅데이터 활용 등에 초점을 맞추었으며, 매스미디어의 실제 현상 역시 최신의 사례로 업데이트하였다.

**오택섭 · 강현두 · 최정호 · 안재현 지음 | 크라운판 | 528면 | 값 28,500원**

### 디지털시대의 미디어와 사회

물리적 세계를 넘어 삶마저도 디지털화되는 사회에서 미디어는 어떤 모습이며 어떤 방향으로 나아가고 우리는 이를 어떻게 수용해야 하는가? 디지털이 일상으로 파고들었지만 그간의 기간이 그리 길지는 않았기에 아직 미디어의 디지털화에 따른 변화양상과 역할, 영향 등을 폭넓게 다룬 책이 없었다. 이 책은 미디어의 기술적 진화에 따라 사회와 산업, 시장에 영향을 미치는 과정과 이에 따른 이론적 논의 및 법과 제도의 변화 등을 폭 넓게 살폈다.

**김영석(연세대) 외 지음 | 크라운판 변형 | 462면 | 29,000원**

### 스마트미디어
#### 테크놀로지 · 시장 · 인간

이 책은 테크놀로지, 시장, 인간의 방향에서 스마트미디어에 접근한다. 이를 위해 15명의 언론학자들이 각자의 연구 분야에서의 다양한 물음을 정리하고 답변을 찾는 방식으로 스마트미디어가 야기하는 시장 경쟁, 규제, 이용자 이슈 등을 논한다. 기술의 현재와 사례를 주로 다루는 기존의 스마트미디어 관련 도서에 비해 이 책은 테크놀로지, 시장, 인간에 대한 고민과 탐색, 전망에 중점을 두어 독자에게 스마트미디어 사회를 더욱 깊게 이해할 수 있게 하고 향후 관련된 더 풍부한 논의를 촉진시킬 것이다.

**김영석(연세대) 외 지음 | 신국판 | 468면 | 값 22,000원**

## 사회과학 통계분석 개정판
### SPSS/PC+ Windows 23.0

문항 간 교차비교분석, t-검증, ANOVA, 상관관계분석, 회귀분석, 통로분석, 인자분석, Q 방법론, 판별분석, 로지스틱 회귀분석, 반복측정 ANOVA, ANCOVA, MANOVA, LISREL(AMOS), 군집분석, 다차원척도법, 신뢰도분석, 생존분석(생명표), Kaplan-Meier 생존분석, Cox 회귀분석 등 사회과학 통계방법을 총망라했다. 각 장에는 논문을 쓸 때 필요한 절차와 내용을 설명한 논문작성법을 제시했으며 개정판에서는 분석력이 강화된 SPSS/PC+ 23.0의 실행방법을 설명했다.

**최현철(고려대) 지음 | 4×6배판 변형 | 828면 | 38,000원**

## SPSS 명령문을 활용한 사회과학 통계방법

SPSS의 명령문, 즉 신택스를 어떻게 구성하고 실행하는가를 보여주는 데 집중한 책이다. SPSS의 메뉴판을 이용한 데이터 분석 방법은 처음에는 쉽게 느껴질 수 있지만 새로운 데이터 분석 환경에서 한계에 부딪힐 수 있다. 이에 비해 SPSS 명령문 작성에 익숙해지면 SPSS가 아닌 다른 통계분석 프로그램에도 쉽게 적응할 수 있다. 쉬운 내용을 시작으로 어려운 내용을 전달하는 단계적 방식으로 글의 난이도를 조정하였으며 수학 공식을 유도하는 과정에서 어떤 아이디어가 담겼는지 설명하는 데 많은 노력을 기울였다.

**김영석(연세대) · 백영민(연세대) · 김경모(연세대) 지음**
**4×6배판 | 356면 | 28,000원**

## 현대언론사상사

이 책은 '밀턴'에서 '맥루한'까지 미국 저널리즘의 근간을 이룬 서구 사상가들을 다루고 있다. 현대언론사상의 백과사전이라고 할 수 있을 정도로 300년간의 서구 사상가와 사상들을 집합시켰다. 저널리즘은 오로지 눈앞의 현실이며 실천일 뿐이라고 믿는 사람들에게 그 현실과 실천의 뿌리를 살펴볼 것을 촉구하고 역사성을 회복하라고 호소하고 있다.

**허버트 알철 | 양승목(서울대) 옮김 | 신국판 | 682면 | 35,000원**

### 융합과 통섭
#### 다중매체 환경에서의 언론학 연구방법

'융합'과 '통섭'의 이름으로 젊은 언론학자 19명이 모였다. 급변하는 다중매체환경 속 인간과 사회를 능동적으로 이해하고 설명하는 것은 언론학 연구의 임무이자 과제다. 이를 위해서는 관례와 고정관념을 탈피하려는 다양한 고민과 시도가 연구방법으로 이어져야 한다. 38대 한국언론학회 기획연구 워크숍 발표자료를 엮은 이 책은 참신하고 다양한 언론학 연구방법을 고민하는 이들에게 소중한 지침서가 될 것이다.

**한국언론학회 엮음 | 크라운판 변형 | 520면 | 32,000원**

### 정치적 소통과 SNS

뉴스, 광고, 인간관계에까지 우리 일상 어디에나 SNS가 있다. 그렇다면 과연 우리는 SNS에 대해 얼마나 알고 있을까? 커뮤니케이션 연구와 교육의 최전선에 있는 한국언론학회 필진이 뜻을 모아 집필한 이 책은 SNS에 관한 국내외의 사례와 이론을 폭넓게 아우른다. 왜 우리는 SNS를 사용하게 되었나부터, 어떻게 사용하고 있나, 또 앞으로 어떻게 사용해야 하나까지 과거, 현재, 미래에 대한 통찰이 담겨 있다.

**한국언론학회 엮음 | 크라운판 변형 | 456면 | 27,000원**

### SNS 혁명의 신화와 실제
#### '토크, 플레이, 러브'의 진화

요즈음 전성기를 구가하고 있는 소셜미디어는 사람들 간 진지한 관계나 대화를 담보할 수 있는가? 인류의 오래된 희망인 관계의 수평화 · 평등화를 가능케 할 것인가? 이 책은 내로라하는 커뮤니케이션 소장학자들이 발랄하면서도 진지한 작업 끝에 내놓은 결과물이다. 소셜미디어의 모든 것을 분해하고, 다시 종합하는 이 책을 통해 독자들은 소셜미디어 혁명의 허와 실을 간파하게 될 것이다.

**김은미(서울대) · 이동후(인천대) · 임영호(부산대) · 정일권(광운대) 지음**
**크라운판 변형 | 320면 | 20,000원**

## 미디어 효과이론 제3판

이 책은 이용과 충족이론, 의제 설정이론, 문화계발효과이론 등 고전이론의 최신 업데이트된 연구결과를 비롯해 빠르게 진화하는 미디어 세계의 이슈들에 대해서도 다뤘다. 미디어 효과연구 영역을 폭넓게 다룬 포괄적인 참고도서이자 최근의 미디어 효과연구의 진행방향을 정리한 보기 드문 교재로 미디어 이론 연구를 위한 기준을 제공할 것이다.

**제닝스 브라이언트 · 메리 베스 올리버 편저 | 김춘식(한국외대) · 양승찬(숙명여대) · 이강형(경북대) · 황용석(건국대) 옮김**
**4×6배판 | 712면 | 38,000원**

## 매스 커뮤니케이션 이론 제5판

제5판에서는 특히 인터넷시대의 '뉴미디어'가 출현과 성장 과정 속에서 기존의 매스미디어 이론과 연구결과를 토대로 이야기했던 것을 수정 · 보완하는 데 주력했다. 또한 저자는 변화하는 미디어 환경 속에서 기존 매스 커뮤니케이션이 어떻게 변화할지에 관심을 두고 내용을 전개한다. 새로운 이론적 접근에 대한 소개가 추가되었고, 각 장에서의 이슈는 뉴미디어 현상과 연관하여 다루어진 특징이 있다.

**데니스 맥퀘일 | 양승찬(숙명여대) · 이강형(경북대) 공역 | 712면 | 28,000원**

## 커뮤니케이션 이론
### 연구방법과 이론의 활용

매스 커뮤니케이션의 기본개념부터 다양한 이론적 논의와 연구방법, 연구사례에 이르기까지 언론학 전반을 조감해 주는 교과서이다. 다른 책과 구별되는 큰 장점은 제반 이론을 소개하면서 과학의 특성인 실용성과 누적성이 절로 드러나도록 하는 뚜렷한 관점을 가지고 있다는 것이다. 우선, 소개되는 이론에 관련한 실제 연구사례들을 수집해 제시한다. 더불어 이론이 등장해 어떻게 비판되고 지지되고 발전되었는지 역사적으로 추적한다.

**세버린 · 탠카드 | 박천일 · 강형철 · 안민호(숙명여대) 공역**
**크라운판 변형 | 548면 | 22,000원**